名师名校名校长

凝聚名师共识
回应名师关怀
打造名师品牌
培育名师群体

"一核·三链·三模·六化"校本教研新样态
——典型教育教学案例

钟旻芬 著

西南大学出版社
国家一级出版社 全国百佳图书出版单位

图书在版编目（CIP）数据

"一核·三链·三模·六化"校本教研新样态：典型教育教学案例 / 钟旻芬著. -- 重庆：西南大学出版社, 2024.6. -- ISBN 978-7-5697-2485-1

I . G623

中国国家版本馆CIP数据核字第2024VU8691号

"一核·三链·三模·六化"校本教研新样态——典型教育教学案例
"YI HE·SAN LIAN·SAN MO·LIU HUA" XIAOBEN JIAOYAN XIN YANGTAI——DIANXING JIAOYU JIAOXUE ANLI

钟旻芬　著

责任编辑： 刘江华
责任校对： 陈　郁
装帧设计： 言之凿
出版发行： 西南大学出版社（原西南师范大学出版社）
印　　刷： 北京政采印刷服务有限公司
成品尺寸： 170mm×240mm
印　　张： 14.5
字　　数： 246千字
版　　次： 2024年6月　第1版
印　　次： 2024年6月　第1次印刷
书　　号： ISBN 978-7-5697-2485-1
定　　价： 58.00元

前 言

教师的发展是推动学校进步的力量之源,教师的素质直接影响着学生的成长。随着教育改革的不断深入,教师的发展面临着诸多挑战和机遇,传统的学校校本教研管理模式已经不能满足现代教育的需求,如何适应教育改革的新要求、提升教师的专业素养,从而提高学校教育教学质量,各地中小学都在积极探索实施校本教研管理新方法和新路径。例如,北京师范大学附属实验学校实行"学科带头人+研究团队"的管理模式,由学科带头人带领研究团队进行教育教学研究和实践。又如,上海市实验学校采用"项目制管理"模式,将教师分为多个小组,每个小组负责一个具体的教学研究项目,通过项目管理的方式提高教师的研究能力和教学质量。比如,广东省实验中学实行"课程研发与实施一体化"的管理模式,将课程研发和实施紧密结合起来,让教师在教学实践中不断改进和完善课程。再如,杭州市第二中学实行"名师工作室"模式,将优秀教师组织在一起,共同开展教学研究和实践活动,提高整个学校的教育教学质量。笔者在广泛学习和借鉴优秀学校典型做法的基础上,结合自身十多年的校本教研管理经验,总结出"一核·三链·三模·六化"校本教研管理方法,形成管理新样态。"一核"即校本教研的顶层设计要以"会教研、善教学、懂管理"为核心理念,以期提升学校教育教学质量;"三链"指的是通过稳固"基础链"、瞄准"发展链"和构建"创新链","三链"联动的方式,从学校制度建设、教师发展和课程改革三个方面全面提升管理实效;"三模"指的是两个教学模式和一个校本教研实践范式,两个教学模式是学科教学渗透德育的"三阶三维五环"模式和小学数学"疑思课堂"教学模式,一个范式是"实证+"校本教研实践范式，通过有效的教学教研模式撬动学校课改发展和质量提升；"六化"即通过进行"微"讲座、"微"课题、"微"课堂、"微"备课、"微"阵地、"微"展评，抓住实践工作中的细微的现象、问题和需求，并以问题解决为结果，最终实现校本研修"培训化"、教育问题"课题化"、学科教研"主题化"、集体备课"系列化"、搭建舞台"精品化"、品质教研"特色化"。

附：

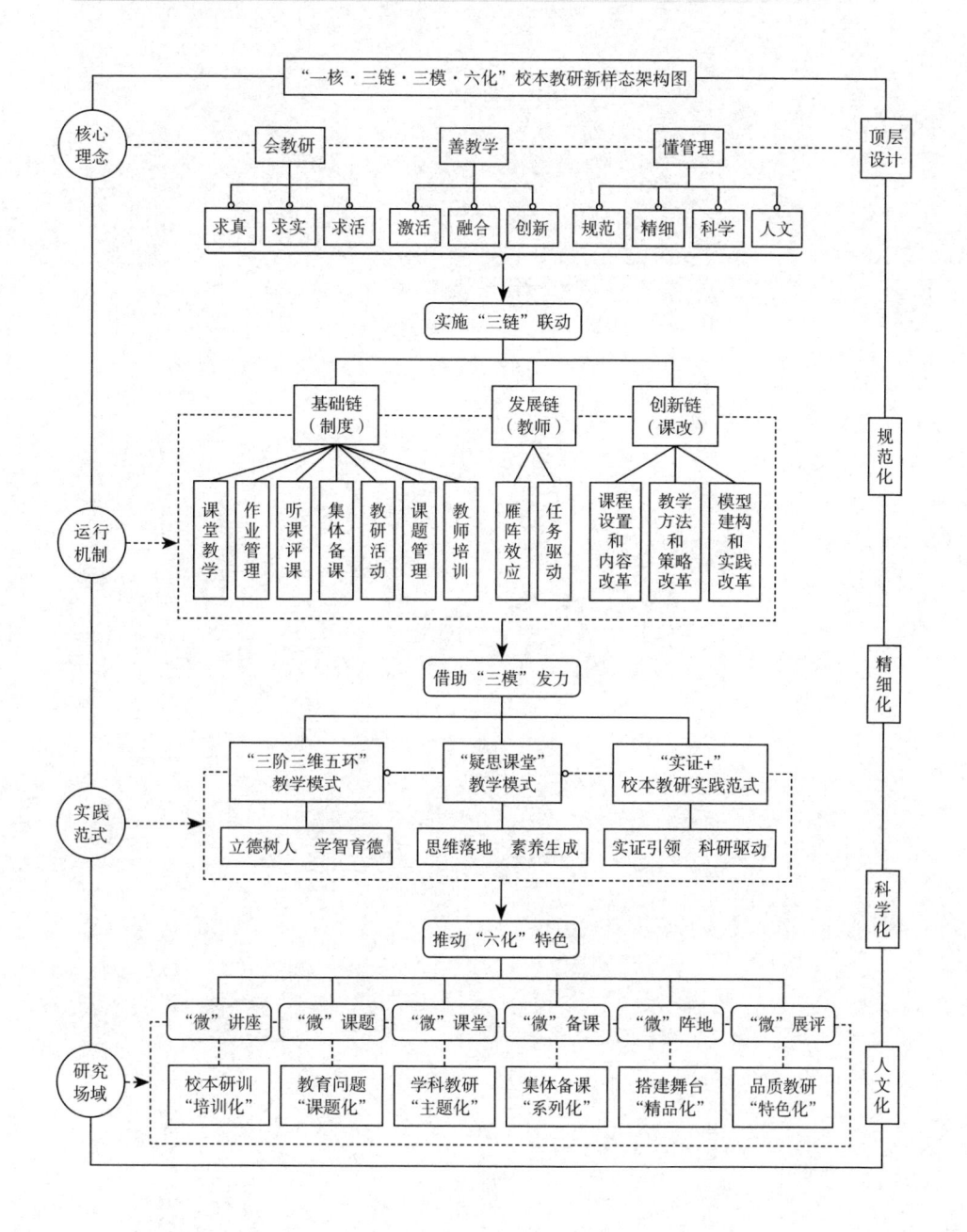

"一核·三链·三模·六化"校本教研新样态架构图

核心理念 | 顶层设计

- 会教研：求真、求实、求活
- 善教学：激活、融合、创新
- 懂管理：规范、精细、科学、人文

实施"三链"联动

运行机制 | 规范化

- 基础链（制度）：课堂教学、作业管理、听课评课、集体备课、教研活动、课题管理、教师培训
- 发展链（教师）：雁阵效应、任务驱动
- 创新链（课改）：课程设置和内容改革、教学方法和策略改革、模型建构和实践改革

借助"三模"发力

实践范式 | 精细化

- "三阶三维五环"教学模式：立德树人 学智育德
- "疑思课堂"教学模式：思维落地 素养生成
- "实证+"校本教研实践范式：实证引领 科研驱动

推动"六化"特色

研究场域 | 科学化 / 人文化

- "微"讲座：校本研训"培训化"
- "微"课题：教育问题"课题化"
- "微"课堂：学科教研"主题化"
- "微"备课：集体备课"系列化"
- "微"阵地：搭建舞台"精品化"
- "微"展评：品质教研"特色化"

目 录

第一篇 在设计理念上，坚持"一核"引领

一、以学生的素养培育为根本，促进学生全面发展 …………… 2
  案例1 跨学科学习活动主题 "数学连环画：走进三月三·
    探秘壮乡文化" ……………………………………… 3
二、以教师的专业发展为重点，助力教师抱团成长 …………… 11
三、以学校的校本教研为抓手，促进学校质量提升 …………… 12

第二篇 在实践活动上，实施"三链"联动

一、抓牢教学常规，夯实"基础链" ……………………………… 26
二、打造抱团发展，打通"发展链" ……………………………… 30
三、突破课改瓶颈，形成"创新链" ……………………………… 32
  案例2 借力"品质教研"，撬动"德智课堂" ……………… 37
  案例3 构建"三链融合+五项工程"科技教育体系 …… 42

第三篇 在操作层面上，借助"三模"发力

一、学科教学渗透德育模式："三阶三维五环"教学模式 ……… 52
  案例4 自治区级精品课《图形的旋转（一）》教学设计与评析… 70
  案例5 市级一等奖课例《图形的运动》教学设计与评析… 85
  案例6 县级一等奖课例《百分数的应用（四）》
    教学设计与评析 ……………………………………… 94
  案例7 县级一等奖课例《式与方程》教学设计与评析…… 99

1

案例8　送教下乡课例《蚂蚁做操》教学设计与评析……………103

二、指向核心素养培育课模：小学数学"疑思课堂"教学模式 … 111

　　案例9　县级一等奖课例《旋转与角》教学设计与评析………122

　　案例10　触摸数学概念本质　促进思维深层发展：基于小学数学
　　　　　　"疑思课堂"教学模式下八桂教学通的应用…………133

　　案例11　市级一等奖说课稿　依托数字资源，助力"双减"提质
　　　　　　增效；触摸概念本质，促进思维深层发展：以北师大版
　　　　　　教材四年级上册《旋转与角》教学为例……………142

　　案例12　让学生的学习真正发生——《年月日》教学
　　　　　　实践与思考……………………………………………147

三、基于实证的教研模式："实证+"校本教研实践范式…………156

　　案例13　教师成长案例：走进"国培"推进"实证+"
　　　　　　校本教研样态…………………………………………167

　　案例14　与时俱进，奏出青春的一片深情……………………171

　　案例15　数字化赋能"实证+"校本教研实践范式的区域探索…176

　　案例16　立足校本　促进信息技术与学科教学的融合创新 …188

第四篇　在体系构建上，推动"六化"特色

一、"微"讲座，校本研修"培训化"…………………………………196

二、"微"课题，教育问题"课题化"…………………………………197

三、"微"课堂，学科教研"主题化"…………………………………201

四、"微"备课，集体备课"系列化"…………………………………201

　　案例17　深耕"集体备课"，撬动"疑思课堂"……………202

五、"微"阵地，搭建舞台"精品化"…………………………………210

六、"微"展评，品质教研"特色化"…………………………………211

后　记 …………………………………………………………………212

第一篇

在设计理念上，

坚持"**一核**"引领

学校的校本教研工作要紧紧抓住"会研究、善教学、懂管理"的核心理念来进行顶层设计，以期提升学校教育教学质量。围绕核心，以教师的专业发展为重点，"会研究"助力教师专业成长；以学生的素养培育为根本，教师"善教学"促进学生全面发展；以学校的校本教研为抓手，以教研文化撬动教学改革，在管理者和教师共同的理解和愿景下，"懂管理"推动学校质量提升。

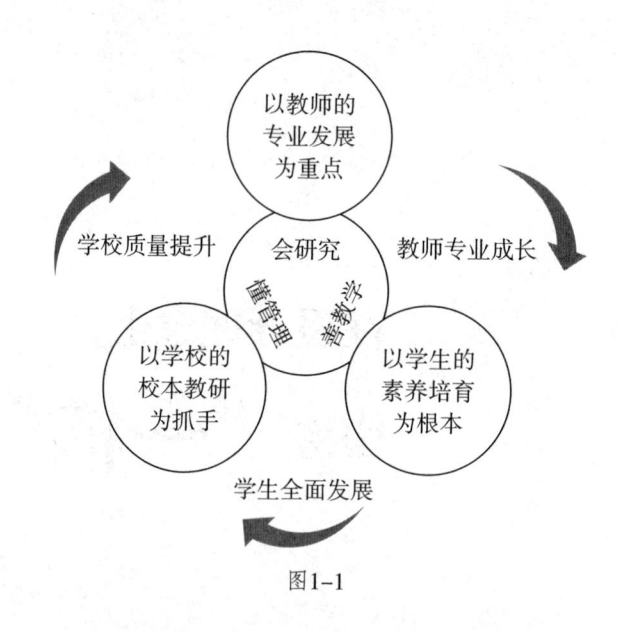

图1-1

一、以学生的素养培育为根本，促进学生全面发展

学校是培养人才的主要场所，学校教育教学的目标在于培养学生全面发展，使其具备适应未来社会发展的核心素养。因此，学校校本教研工作的顶层设计要以学生的核心素养培育为根本任务，以期更好地满足社会发展的需要。

1. 明确核心素养的内涵和要求

核心素养是知识、技能、价值观和思维品质等多方面的综合表现。学科课程标准指出了各学科核心素养的具体内容和表现形式。例如，小学数学学科核心素养简称为"三会",即:会用数学的眼光观察现实世界,会用数学的思维思考现实世界,会用数学的语言表达现实世界。"三会"是数学课程的最终目标。核心素养有11种主要表现:数感、量感、符号意识、运算能力、几何直观、空间观念、推理意识、数据意识、模型意识、应用意识、创新意识。不同的学习内容有不同的素养培育要求,因此,学校的校本教研工作的展开应以学科核心素养的具体内涵和要求为重要依据,为教师的教育教学提供指导和支持。

2. 注重跨学科整合和融合

"跨学科学习"是一种重要的学习方式,它出现在各学科义务教育课程标准当中,是当前教育的热点。义务教育数学课程标准的各个领域的知识描述中,都出现了跨学科的学习方式,明确提出跨学科学习至少应该在数学学习中占10%。这个百分比足以说明跨学科学习的重要性。因此,学校应积极开展跨学科的教学活动和项目研究,促进不同学科知识互相融合,不仅增长学生知识,拓宽学生眼界,也培养学生的综合能力和创新思维。此外,学校还可以通过建立跨学科的课程体系和评价机制,推动学科之间的整合和融合,从而提高学生的学科核心素养。

案例引言:以小学数学跨学科学习活动主题"数学连环画:走进三月三·探秘壮乡文化"为例,将数学知识与其他学科知识相结合,融入壮乡传统节日"三月三"的民俗特色,学习内容变得多元,既弘扬了民族传统文化,又使学生在学习活动中获得更为丰富的知识和情感体验,提高学生的综合素质。

案例1 跨学科学习活动主题 "数学连环画:走进三月三·探秘壮乡文化"

一、主题内容

《义务教育数学课程标准(2022年版)》提出"综合与实践"是小学数学学习的重要领域。本主题属于该领域中的第一学段,重视学生在三月三真实情境和问题中，综合运用数学和其他学科的知识与方法，去发现、提出、分析、解决问题的过程，感悟跨学科知识之间的联系，积累活动经验，感悟思想方法，形成和发展数学核心素养。本主题涉及的主要学科有数学、语文、美术。数学学科涉及的知识主要是能根据数学连环画，理解数量关系，感受数学知识与现实生活的联系；语文学科涉及的知识主要是结合自己的生活，运用学过的数学知识记录自己的经历，或述说一个含有数学知识的小故事；美术学科涉及的知识主要是能依据数学故事绘制连环画。

二、学生分析

低段学生好奇、好玩、好动，应让学生多表达、多动手、多思考，激发学生学习积极性和对数学的应用兴趣。让学生结合自己的生活经验和已有的数学学习经验，通过绘画记录自己对加减乘除数学问题的思考过程。力争通过创编和讲解一个个含有壮乡文化的小故事，让学生充分感受数学知识与现实生活的紧密联系，学会数学化的表达和交流。

三、活动目标

（1）学生通过讲述数学故事，学会用数学语言表达交流"三月三"传统节日活动。

（2）通过绘制数学连环画，学生学会用数学眼光去看、去观察"三月三"传统节日活动。

（3）学生交流连环画中数学知识的意义及蕴含的数量关系，学会用数学思维去思考、解决"三月三"传统节日活动中的数学问题。

四、学生活动

"数学连环画：走进三月三·探秘壮乡文化"这个跨学科学习主题活动是在二年级下期开展的。二年级的学生已经积累了一定的数学知识，并能够根据生活经验用数学的思维思考现实世界，用数学语言表达现实世界。本主题主要通过以下三个步骤开展：第一是结合《传统节日》这一课，让学生认识我国传统节日，了解传统节日相关故事的内容，讲述自己经历或听过的传统节日故事。学生运用数学知识记录自己经历"三月三"的相关庆祝活动，或者通过查阅资料，讲述或编写含有数学知识的小故事。第二是结合学生编写的数学小故事，指导学生绘制数学连环画，将故事情节中的场景和角色以连环画的形式呈现。第三是结合数学连环画引导学生交流，学生用自己的语言表达数学连环画中数学知识的意义及蕴含的数量关系，理解他人数学连环画所蕴含的数学信息及关系，学会数学化的表达与交流。

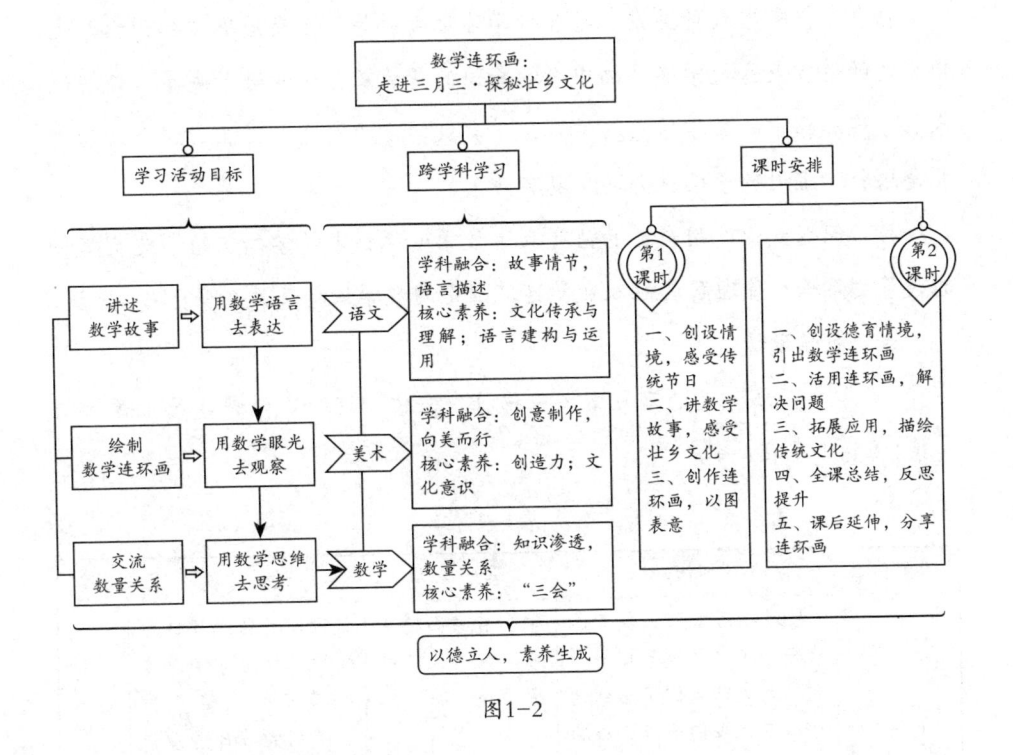

```
                    ┌─────────────────┐
                    │   数学连环画：     │
                    │ 走进三月三·探秘壮乡文化 │
                    └─────────────────┘
         ┌────────────────┼────────────────┐
   ┌──────────┐    ┌──────────┐    ┌──────────┐
   │ 学习活动目标 │    │  跨学科学习  │    │  课时安排  │
   └──────────┘    └──────────┘    └──────────┘
```

（学习活动目标分支）
- 讲述数学故事 → 用数学语言去表达 → 语文
- 绘制数学连环画 → 用数学眼光去观察 → 美术
- 交流数量关系 → 用数学思维去思考 → 数学

（跨学科学习分支）
- 语文：学科融合：故事情节，语言描述；核心素养：文化传承与理解；语言建构与运用
- 美术：学科融合：创意制作，向美而行；核心素养：创造力；文化意识
- 数学：学科融合：知识渗透，数量关系；核心素养："三会"

（课时安排分支）
- 第1课时：一、创设情境，感受传统节日；二、讲数学故事，感受壮乡文化；三、创作连环画，以图表意
- 第2课时：一、创设德育情境，引出数学连环画；二、活用连环画，解决问题；三、拓展应用，描绘传统文化；四、全课总结，反思提升；五、课后延伸，分享连环画

以德立人，素养生成

图1-2

五、任务设计

任务一：讲述数学故事。让学生讲述有关我国传统节日的故事，了解故事的结构，会讲述自己见过或听过的故事。布置学生运用数学知识记录自己经历"三月三"的相关庆祝活动，或者通过查阅资料，讲述或者编写含有数学知识的小故事。这个活动主要是培养学生用数学语言去表达现实世界，结合壮乡"三月三"传统节日，培养学生民族自豪感和文化自信。

核心问题：你能运用数学知识记录自己经历"三月三"的相关庆祝活动，或者通过查阅资料，讲述或者编写含有数学知识的小故事吗？

任务二：绘制数学连环画。结合学生编写的数学故事，指导学生绘制数学连环画，将故事情节中的场景和角色用连环画的形式绘制出来。这个活动主要是培养学生用数学眼光去观察现实世界，用连环画的形式记录数学故事。

核心问题：你能将数学故事情节中的重要场景和角色用连环画的形式绘制出来吗？

任务三：交流数量关系。结合数学连环画引导学生交流数学知识，学生用自己的语言表达数学连环画中数学知识的意义及蕴含的数量关系，理解他人数学连环画中的数学信息及关系，学会数学化的表达与交流。这个活动主要是培养学生用数学思维去思考现实世界。

核心问题：你能用自己的语言表达数学连环画中数学知识的意义及蕴含的数量关系吗？你理解其他人数学连环画中的数学信息及关系吗？

六、教学设计

"数学连环画：走进三月三·探秘壮乡文化"这个跨学科学习主题活动（第1课时）见表1-1。

表1-1

环节名称	教师活动	学生活动	设计意图	时间
（一）创设情境，感受传统节日	1.导入：语文课上我们已经学习了《传统节日》，这篇课文让我们了解到这些节日在我们中华民族的土地上延续了几千年的历史，并成为中华民族的特色和象征，我们称这些节日为传统节日。2.你能猜出这些画面是什么传统节日的活动吗？	学生看画面猜节日。议一议猜的方法和依据。	创设有关传统节日的情境，唤醒学生对传统节日的记忆，向往美好的节日情景和氛围，引导学生了解传统文化，激发学生对民族传统文化的热爱，增强民族自豪感，为接下来讲好节日故事做好铺垫。	3分钟
（二）讲数学故事，感受壮乡文化	播放有关"三月三"传统文化视频。1.过渡：每年的农历三月初三，是我们广西壮族的重要传统节日，每到这	1.学生互相交流、分享，习得一定的讲故事基础技能。2.组内互相交流。	1.创设有关"三月三"的教学情境，增添音乐学科的歌曲律动，数学知识隐于其中，让学生如临其	17分钟

续表

环节名称	教师活动	学生活动	设计意图	时间
	天，壮乡人民就会以对唱山歌、赶歌圩、跳竹竿、抛绣球等户外活动载歌载舞过节日。 2.相信同学们在体验壮族"三月三"民族传统节日的时候，会看到听到很多有趣开心的事情。 挑战一：传统节日趣事我来说。 1.引导学生回顾讲故事的关键要素（人物、情节、环境等）把握故事结构。 2.鼓励学生讲述自己见过或听过的有关"三月三"传统节日故事。 挑战二：数学故事我来讲。 1.刚才同学们讲述了很多有关"三月三"传统节日的故事，在这些故事的基础上加上有关联的数学信息就变成了数学故事。 2.讲述或编写含有数学知识的壮族"三月三"小故事，并分享交流。	每组选一名代表面向全体同学交流有关"三月三"的数学故事。	境，调动了学生学习的积极性，为接下来的学习增添趣味性。 2.通过交流富有故事情节的传统节日趣事，让学生习得一定的讲故事基本技能，感受壮乡特色文化。 3.通过有趣的故事情节，运用语文学科的语言描述，数学学科的知识渗透，多学科进行整合，激发学生对讲数学故事的兴趣，从中培养学生学科素养——用数学语言表达现实世界。	
（三） 创作连环画、以图表意	1.引导学生回顾画连环画的注意事项。 （我们在美术课上已经学会了怎么画连环画，谁来说说画连环画要注意什么呢？） 2.出示含有数学信息的连环画，引导学生观察数学连环画的特点。 （含有数学信息，重点情	学生回顾画连环画注意事项。 学生交流汇报数学连环画的特点。 学生创作有关"三月三"传统文化的数学连环画。	用连环画的形式表示数学故事可以增加学习的趣味性和吸引力，提高学生对数学的理解和应用能力。 让不善于用语言表达的学生有不同的表达渠道。同时，连环画也可以激发学生的创造力和思维能力，培	20 分钟

续表

环节名称	教师活动	学生活动	设计意图	时间
	境可以用图加文字展示，各环节有关联。） 3.把刚才分享的"三月三"数学故事用连环画的形式画出来。 （可以自己创作，也可以小组合作，小组合作要做好分工安排。）		养学生的问题解决能力和学科素养——用数学眼光观察现实世界。	

"数学连环画：走进三月三·探秘壮乡文化"这个跨学科学习主题活动（第2课时）见表1-2。

表1-2

环节名称	教师活动	学生活动	设计意图	时间
（一）创设德育情境，引出数学连环画	同学们上一节课在体验壮族"三月三"民族传统节日的同时，用自己的画笔、文字，把所看、所感、所悟记录下来，形成了一幅幅含有数学知识的连环画。让我们跟随这些美丽的数学连环画进入今天的课堂吧！	欣赏数学连环画。	创设有关"三月三"的教学情境，增添音乐学科的歌曲律动，美术课的色彩美学，数学知识隐于其中，让学生如临其境，调动学生学习的积极性，为接下来的学习增添趣味性。	3分钟
（二）活用连环画，解决问题	活动一：连环画中，探数学 1.壮族歌曲，我来唱。 （1）说一说。 播放一、二年级学生对歌场景，引导学生观察连环画（在拉山歌比赛中，二年级组有320个同学，一年级组有245个同学，他们都穿着各式各样漂亮的壮族服装），你能看懂这位同学所画连环画的内容	1.学生交流发现画中主要内容和数学信息。 2.提数学问题，列式解答。 3.组内交流，发表个人见解。 4.小组成员展示连环画，并组织其他同学观察、发现画中数学信息和问题。	通过富有故事情节、色彩鲜艳的连环画，运用语文学科的语言描述，道德与法治的家国情怀，艺术学科的创意制作，数学学科的知识渗透，多学科进行整合，激发学生的学习兴趣和好奇心，从中发现数学信息，培养学生的观察能力和寻找数学信息	27分钟

续 表

环节名称	教师活动	学生活动	设计意图	时间
	吗？从中你能发现什么数学信息？ （2）算一算。 你能提出哪些数学问题？请列式解答。 （3）议一议。 对于这幅连环画，你还有什么想法？ 2.请两个小组分别上台展示。 （1）背篓绣球，我来接。 （选取以学生玩背篓绣球为主题的绘画作品） （2）五色糯米饭，我分享。 （选取以五色糯米饭为主题的绘画作品） 活动二：交流讨论，话数学 组织学生分享有关"三月三"的数学连环画（铜鼓、竹竿舞、壮锦、画彩蛋、艾叶糍粑……）。 1.展示其他小组的作品，其余学生根据图中信息猜测要表达的故事。 2.由作者分享自己的"数学故事"。 3.为什么大家猜对或没猜对。 活动三：内化联系，延数学 1.这些连环画都有哪些共同的特点？ 2."三月三"只是我们壮族的传统节日，你知道中国还有哪些传统节日吗？	列式计算并解答。 学生离开位置欣赏别组的连环画。 生生交流、分享。 总结本课连环画的特点。 学生交流、分享。	的意识，唤醒学生原有的认知经验，为接下来的学习营造氛围。 通过小组展示交流，让学生用自己的语言表达画中的数学信息及蕴含的数量关系：单价×数量=总价，学会数学化的表达（加减乘除、整体与部分关系），在交流中解决问题，体会成功的喜悦。 数学知识与"三月三"传统文化节日相结合，使学生在数学、语文、美术三个科目的跨学科学习中，运用加、减、乘、除解决问题，打通学科之间的壁垒，培养学生用数学眼光看现实世界，用数学思维思考现实世界，用数学语言表达现实世界。 引导学生了解传统文化，激发学生对民族传统文化的热爱。	

续表

环节名称	教师活动	学生活动	设计意图	时间
（三）拓展应用，描绘传统文化	1.我们还可以选择哪个传统节日活动场景和数学知识进行连环画创作？小组内说一说吧！ 2.相信大家的脑海中已经浮现出了许多传统节日的美丽场景了，请选定一个传统节日活动场景，运用今天的学习所得，进行连环画创作吧！	学生交流讨论后独立创作连环画。	跨学科主题教学强调学科融合，此环节将数学学科和美术学科、语文学科相结合，给学生布置连环画制作任务，让每个学生都能参与进来，发挥学生的创造力，提高其运用能力。	7分钟
（四）全课总结，反思提升	1.通过本节课的学习，有什么收获和感想？ 2.你在本节课中的表现怎样？在小组内评一评吧。	学生总结本课学习内容，小组互评本课表现。	尊重学生的个性发展，在评价中自我反思。	3分钟
（五）课后延伸	继续完成数学连环画，把连环画中的故事与家人或同学分享。			

教学反思：数学连环画教学将数学、美术、语文三个科目有效地融合在一起，有趣的情节、丰富的色彩形象深深地吸引着学生，很容易激发学生的学习兴趣。由于学生的认知水平有限、课时有限，所以在教学本课前，已在二年级下册语文第三单元聚焦传统文化的课文中，以简洁的语言、图文并茂的形式，介绍了壮美的祖国山川、熟悉的传统佳节、神奇的汉字和丰富的中国美食，美术课中学生已经学习了连环画的创作。数学课第1课时将"三月三"传统民俗文化和有关数学计算的知识结合起来进行连环画创作，为本数学课教学做好了铺垫，降低了教学难度。课堂教学中学生的学习兴趣非常浓厚，每个人都积极参与到活动中，教学效果、作业效果都非常好。但在教学中也发现二年级的学生年龄较小，在故事中主要情节的画面表现及形象的连续性方面，学生做得不够完整，这对学生而言有一定的难度。好在现在的学生好学，知识面广，喜欢有挑战的学习内容，教师耐心引导，学生是很乐于

接受挑战的。通过本次数学连环画的探索之旅，我们对数学连环画又有了进一步的认识。从我收到的作品来看，有些同学过于侧重内容，缺少趣味性；有些小朋友过于突出绘画，失去了数学味儿。这也是我们在后续评价、修正过程中要注意指导的地方。我想有问题才能让教学探索得更深入，通过画数学让我们看到学生的思维过程，不论是进一步拓宽思维，还是修正思维过程，这都是值得一直做下去的！

通过以上设计，"数学连环画：走进三月三·探秘壮乡文化"跨学科学习主题设计能够将数学知识与传统文化节日结合起来，使学生在数学、语文、美术三个科目的跨学科学习中，打通学科之间的壁垒。

3. 培养学生创新精神和实践能力

创新精神和实践能力是学生适应未来社会的重要素养。教师教学不只是考虑将学科知识传授给学生，学生是否能通过学习形成能力和正确的价值观，并将所学知识应用于解决实际问题，这是值得思考的重要问题。例如，小学生学习了数学的统计知识后，可以让学生思考：在现实世界中，你在哪里见过统计的应用？你能运用统计的知识来解决什么问题？又如，学习了"平均数"之后，可布置一些实践性作业，帮家里计算一个星期平均每天的生活费、伙食费是多少，体会爸爸妈妈赚钱的不易。此外，教师要为学生创新精神和实践能力的发展创造条件和机会，例如，提供多元化的学习环境，开展合作实践项目，进行专项训练等，使学生的学科核心素养在实践活动中悄然提升。

二、以教师的专业发展为重点，助力教师抱团成长

学生核心素养的培育离不开教师，学校的校本教研工作顶层设计应注重教师自身的专业发展，为教师专业发展提供培训支持和平台搭建，鼓励所有教师积极参与校本教研活动，并深度参与其中，以有效提升教研品质、打造优秀团队，团队的力量也会反过来成就教师专业成长和内涵发展。

1. 建立有效的工作机制

建立有效的工作机制是形成教师学习共同体的保障。学校要有针对性地设立不同的教研团队，各团队明确奋斗目标和分工，让每位教师在明确自己的职责和期望的基础上，共同朝着目标发展并形成紧密的团队。学校也需要建立有效的交流机制，让团队成员能够及时发表和交流信息，共享和共建资源，解决教学问题。此外，学校还需要建立公平的评价机制，对团队成员的工作进行公正的评价和反馈，激励他们不断提高自己的工作效率和质量。

2. 提升教师的专业素养

通过"理论+实践+反思+重建"方式能较好地提升教师的专业素养。首先，坚持学习是教师专业素养提升的关键所在，通过学习不断增加教师的学科知识储备，了解前沿的教育理论，学习新的教学方法和策略。其次，教师将学到的理论应用于教学实践，灵活应用信息技术手段，培养学生的创新精神和实践能力。再次，教师要善于开展自我反思，撰写反思随笔，总结教学中的不足和成功之处。最后，需要改进的地方要做好记录，并调整和重建。

3. 培养团队精神和文化

优秀的团队会形成团队成员之间团结协作和相互支持的团队精神，它决定着团队能否高效完成各项任务，能走多远。在学校校本教研活动设计中，要注重培养教师的团队精神，建立一种积极进取、追求卓越的团队文化，用优秀的团队文化去激发教师的工作热情，提高职业幸福感，从而提高工作效率和质量，促进教师抱团发展。

三、以学校的校本教研为抓手，促进学校质量提升

校本教研是教师专业发展和学校质量提升的重要抓手之一，校本教研强调在真实的教学实践中开展研究，解决实际的问题。在这过程中，教师个

体与集体共生共长，形成一种以"会研究、善教学、懂管理"为核心的校本教研文化，构建"规划→执行→检查→反馈→结果"的教学教研管理体系，采取"五研（严）、五有、五提升"管理策略，通过依赖人、凝聚人、发展人，全体领导和老师共同理解学校管理的目标和计划，共同推动学校管理文化，以支撑学校教育改革，以助力教学质量提升（见图1-3）。

（一）校本教研文化的核心理念

"会研究"的关键词是：求真+求实+求活。研究要立足实际教学中的真需要、真问题，需要站在理论的高度去思考、去实践，在捕捉问题、分析问题和解决问题过程中获得真成长；开展研究时要观察教情、学情，研究结论和成果要应用于教育教学实践，落到实处，见到实效；科学定位研究主题，遵循规律生成真招实招，促进破解问题和创新，激发活力。

"善教学"的关键词是：激活+融合+创新。在教学中，教师要怀着关爱与期待启迪学生智慧，激活学生的学习内驱力、已有认知和深度思维；善于运用信息技术赋能课堂教学，巧妙将德育教育渗透到学科教学的全过程；不断探索新的教学方式和学习策略，开展多维度、多层级和多样态的教学评价和学生评价。

"懂管理"的关键词是：规范+精细+科学+人文。管理的基石是规范，包括制定规章制度、工作流程和内容标准。管理的关键是精细，对工作的各环节进行精细化管理；管理的保障是科学，科学化管理才能确保出成效有成果，需要运用科学的理论和方法来解决实际问题；管理的核心是人文，通过"依靠人、凝聚人、发展人"的思路实施人文化管理，从领导者到教师，共同理解和认同计划的制订和执行，掌握基本的管理原理和方法，带着共同的目标和愿景更好地管理团队和学生，提高组织的运行效率，提升教育教学质量和学生学习体验。

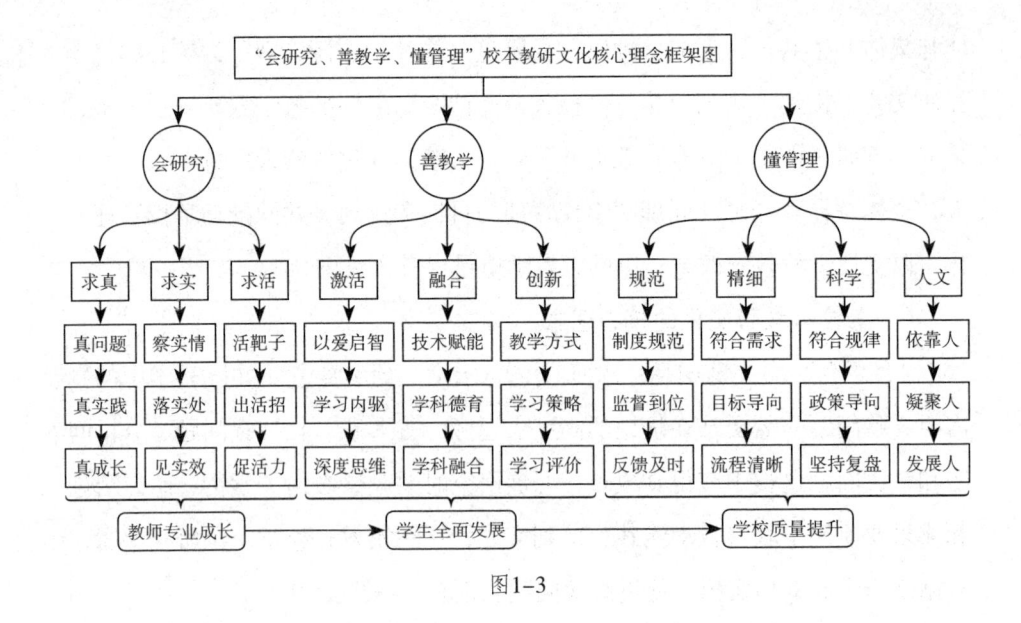

"会研究、善教学、懂管理"校本教研文化核心理念框架图

```
                    会研究              善教学              懂管理
                  ┌──┼──┐          ┌──┼──┐          ┌──┼──┐
                 求真 求实 求活     激活 融合 创新     规范 精细 科学 人文
                  │   │   │         │   │   │         │   │   │   │
                真问题 察实情 活靶子  以爱启智 技术赋能 教学方式  制度规范 符合需求 符合规律 依靠人
                真实践 落实处 出活招  学习内驱 学科德育 学习策略  监督到位 目标导向 政策导向 凝聚人
                真成长 见实效 促活力  深度思维 学科融合 学习评价  反馈及时 流程清晰 坚持复盘 发展人
                  └─────┬─────┘      └─────┬─────┘      └─────┬─────┘
                    教师专业成长          学生全面发展          学校质量提升
```

图1-3

（二）校本教研的管理体系

学校要建立以目标为导向、以问题为导向、以结果为导向的校本教研管理体系，通过"规划→执行→检查→反馈→结果"的关键流程，对教学教研活动进行有效管理和必要支持，来实现目标导向、问题导向和结果导向的管理。这种管理体系突出了针对性、操作性、适用性和延续性，通过有步骤、有计划的实施，确保每一个环节都支持学校的教育教学质量提升。图1-4是对校本教研管理体系各环节的简要释义。

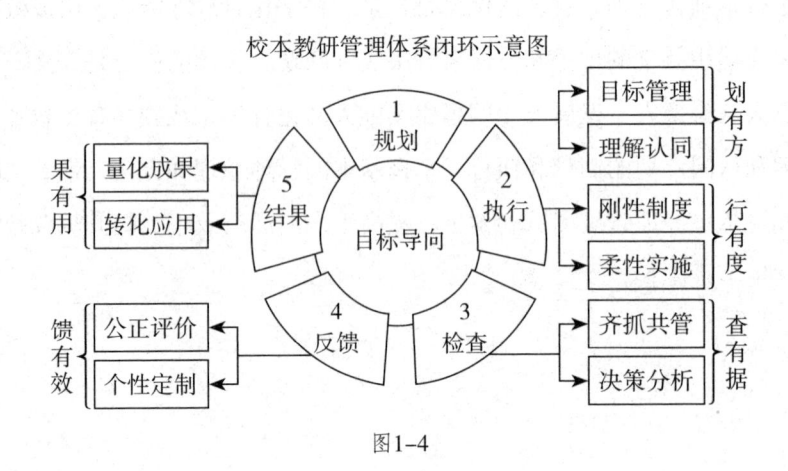

校本教研管理体系闭环示意图

```
                    1 规划 ──── 目标管理    划
                                理解认同    有
                                           方
        量化成果                            
  果 ──  5 结果     目标导向   2 执行 ── 刚性制度  行
  有     转化应用                         柔性实施  有
  用                                               度
        公正评价    4 反馈     3 检查 ── 齐抓共管  查
  馈 ── 个性定制                         决策分析  有
  有                                               据
  效
```

图1-4

1. 划有方：目标管理+理解认同

"划有方"指的是校本教研活动要有明确的目标和方向。目标应立足校本，结合学校实际的教育需求和资源情况从课堂教学改革、教研活动规划、课程建设、教师队伍建设、教师培训等方面制订合理的计划，包括明确教学教研活动的目的、实施步骤及预期成果等。通过会议学习、印发材料、交流沟通等方式确保所有参与者对计划和目标有共同的理解和认同。

2. 行有度：刚性制度+柔性实施

"行有度"指的是教师按照既定的计划、遵守既定的规则和标准进行校本教研活动，如课题研究、读书分享、听课评课活动等。在执行过程中，面对可能出现的各种情况和生成问题要有适当的灵活性，要结合实际情况采取柔性实施的原则，避免造成制度实施刻板化，从而影响教师参与校本教研的积极性。

3. 查有据：齐抓共管+决策分析

"查有据"指的是检查环节除了学校管理者执行之外，还需要教师充分发挥主人翁精神，共同参与监督和评估校本教研活动各环节的进展和质量。基于目标和问题进行检查，以数据和事实为依据建言献策，以确保评估的客观性和准确性，保证校本教研活动的质量和效果。

4. 馈有效：公正评价+个性定制

"馈有效"指的是对教学和教研活动的评价应坚持公正无私，针对存在问题、基于结果导向提供个性化的建议，帮助教师了解自己的优点和不足，根据自身具体情况进行改进和提升。

5. 果有用：量化结果+转化应用

"果有用"指的是结果阶段要关注校本教研活动的成果和效果。对工作产出进行量化，并依靠教师的力量从实践经验中提炼出研究成果，这些成果应能转化为实际应用，以促进教学质量的提升。

（三）校本教研的实施策略

学校校本教研可通过"五研（严）、五有、五提升"的策略，从管理内容、管理要求、管理效果三个方面实施，确保校本教研的科学性、实效性。校本教研的实施策略如图1-5所示。

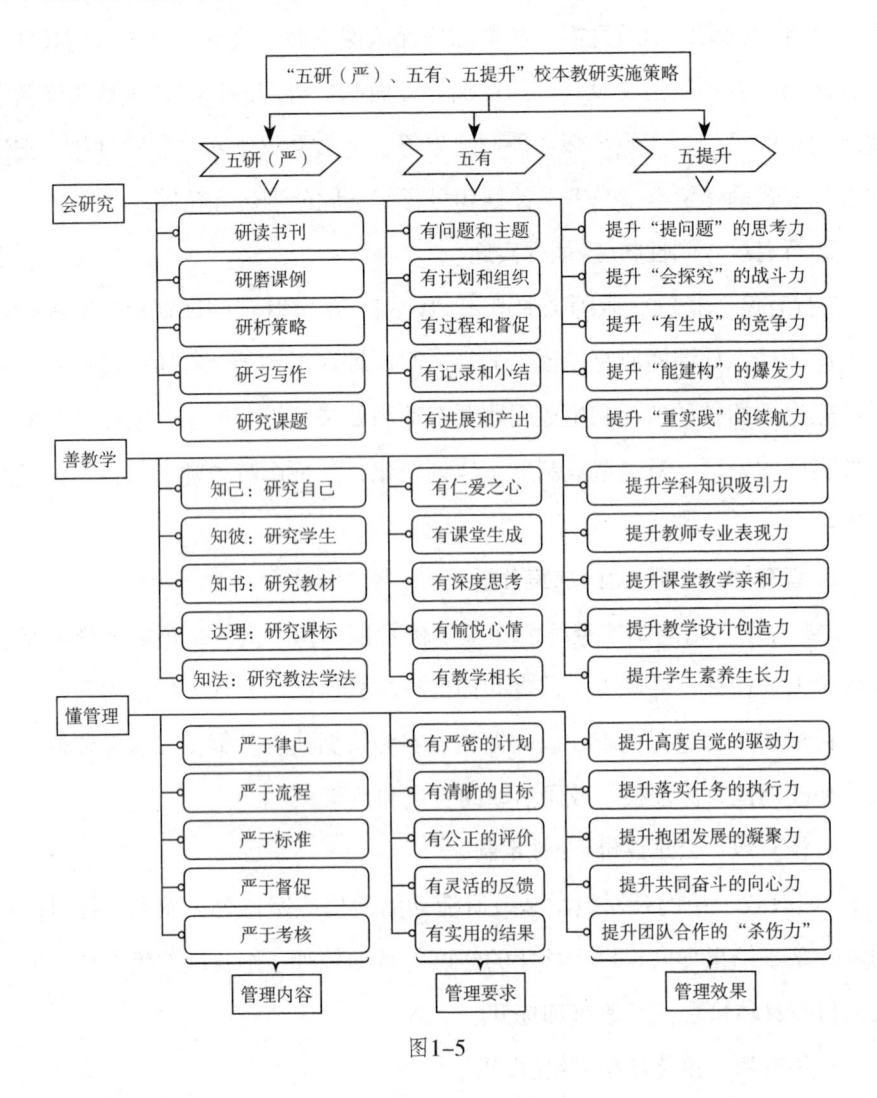

```
                    "五研（严）、五有、五提升"校本教研实施策略
                    ┌──────────────┬──────────────┐
                  五研（严）         五有          五提升
  会研究
          ┌─ 研读书刊          有问题和主题      提升"提问题"的思考力
          ├─ 研磨课例          有计划和组织      提升"会探究"的战斗力
          ├─ 研析策略          有过程和督促      提升"有生成"的竞争力
          ├─ 研习写作          有记录和小结      提升"能建构"的爆发力
          └─ 研究课题          有进展和产出      提升"重实践"的续航力
  善教学
          ┌─ 知己：研究自己    有仁爱之心        提升学科知识吸引力
          ├─ 知彼：研究学生    有课堂生成        提升教师专业表现力
          ├─ 知书：研究教材    有深度思考        提升课堂教学亲和力
          ├─ 达理：研究课标    有愉悦心情        提升教学设计创造力
          └─ 知法：研究教法学法 有教学相长       提升学生素养生长力
  懂管理
          ┌─ 严于律己          有严密的计划      提升高度自觉的驱动力
          ├─ 严于流程          有清晰的目标      提升落实任务的执行力
          ├─ 严于标准          有公正的评价      提升抱团发展的凝聚力
          ├─ 严于督促          有灵活的反馈      提升共同奋斗的向心力
          └─ 严于考核          有实用的结果      提升团队合作的"杀伤力"
                    管理内容           管理要求         管理效果
```

图1-5

1. 会研究

（1）管理内容

研读书刊。从书刊、报纸、网页中学习教育教学理论、案例、学科课程标准，以及国家政策和前沿的教育信息，从而获得间接经验，了解教育动态。

研磨课例。打磨课例时，采用"定框架—抠环节—磨细节"三大环节来进行。①定框架。第一次进行课例研磨,要聚焦核心素养和核心问题,锁定本课教学目标,设置巧妙的教学情境,明确教学思路和主线,基于目标导向确定学生活动内容任务,确定好教学框架内容之后初拟教学预案。"定框架"要达到聚焦素养培育、教学目标清晰、教学主线分明的效果。②抠环节。第二次进行课例研磨,要在各环节教学中凸显学科本质,突出核心素养的落脚点,共谋适合学生发展的教学策略,找创新点丰富教学活动,注重以文字、思维导图等方式进行知识小结,抠好各教学环节以及新旧知识点之间的衔接。"抠环节"要实现环环相扣、本质凸显、策略灵活的效果。③磨细节。第三次进行课例研磨,要在细节处精心打磨,打磨教学理念、学法、教法,使之更符合学生学习规律,课堂提问更加精准,注意筛选合适的教学素材,美化教学课件,精心打磨板书设计等。"磨细节"要做到知识呈现是通俗易懂的,教学过程是动态发展的,学生活动是指向目标的。研磨课例三环节如图1-6所示。

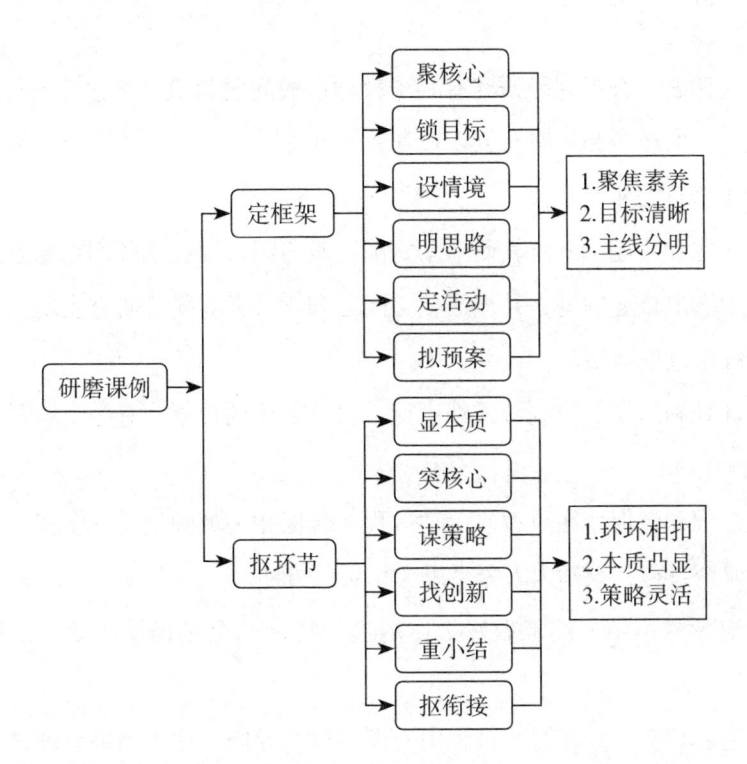

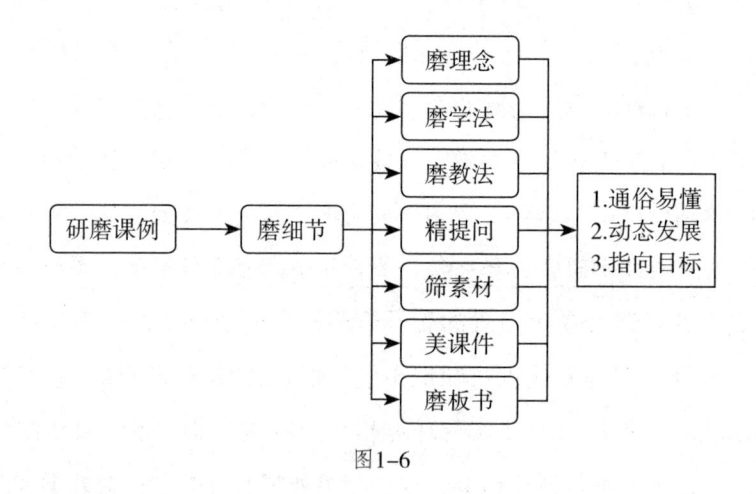

```
研磨课例 → 磨细节 → 磨理念
                  磨学法
                  磨教法  →  1.通俗易懂
                  精提问     2.动态发展
                  筛素材     3.指向目标
                  美课件
                  磨板书
```

图1-6

研析策略。研究分析教育教学有关策略，找到合适的教学方法和教育手段。同时在课堂教学和教育实践中开展实证研究，找到策略有效的证据或事实，从而掌握多种策略，提升研究能力。

研习写作。研究学习写作的技巧，撰写教育教学反思、论文和案例等，提升写作能力。

研究课题。开展课题研究有利于教师形成问题意识，通过行动研究，积累问题解决的经验和策略，更新教育教学理念。

（2）管理要求

有问题和主题。开展教研活动之前，教研组长要在老师们想要解决的实际问题中选取核心问题，并根据核心问题和学科素养凝练研究主题。学校领导要全程跟进教研活动。

有计划和组织。要制订详细可行、目标明确的计划，有序组织开展教研活动。

有过程和督促。注重教研活动过程，督促相关教师全员、全程、全身心参与教研全过程，鼓励人人分享思考和贡献方法。

有记录和小结。注意做好工作留痕，将活动全过程及活动小结等做好记录。

有进展和产出。在教研过程中要以目标为导向，注重结果呈现，有研究进展和研究成果产出。

（3）管理效果

强化基础和前提，提升"提问题"的思考力。进入研究之前要有问题，教研组长通过线上征集、访谈交流等方式，收集教师提出的现实的、急需解决的核心问题，再依据问题提炼研究主题。

强化关键和保障，提升"会探究"的战斗力。对研究主题进行论证和思考，不断更新教学思路和方法，探索适合学生综合发展的教学策略与模式。

强化重点和进展，提升"有生成"的竞争力。鼓励教师在研讨中积极思考畅所欲言，闪现解决问题的新方法和新手段，推动教师转变教学观念和思维方式。

强化标志和灵魂，提升"能建构"的爆发力。不断积累和提炼破解教学难题的方法和路径，提高课堂教学的实效性和针对性。记录人要做好提炼成果的记录和资源管理。

强化转化和应用，提升"重实践"的续航力。通过将成果转化为实践应用，从实际出发，通过实践经验来检验成果。学校要提供展示平台，例如，展示活动、评比活动、官网宣传等，推进研究成果落地转化应用。

2. 善教学

（1）管理内容

知己：研究自己。教师要研究自己在教学技能、教学手段以及学识方面的长处与不足，理性认识个人性格特征，有助于专业水平的提升和教学风格的形成。

知彼：研究学生。了解学生的年龄特点、已有知识和生活经验，预设学生学习困难点。

知书：研究教材。通读教材，整体把握教材特点和内容编排，掌握知识结构，注重挖掘教材中的德育元素，将德育目标与学科目标进行整合。做到教学活动和教学目标从教材出发。

达理：研究课标。只有学习和理解学科课程标准的理念和要求，才能在教学设计中体现学科育人的深度，在教学实践中让核心素养培育真正落地。

知法：研究教法学法。根据不同的课型和教学内容，合理运用体现学科教学渗透德育和启发学生思维的教法，以及促进学生自主学习、合作交流和积极探究问题的学法，促进教学相长。

（2）管理要求

有仁爱之心。习近平总书记对教师提出要有"乐教爱生、甘于奉献的仁爱之心"。爱是教育的出发点，有了爱就会为教育教学工作注入无限激情和创造力，学生在充满关怀和爱意的学习环境中，才能积极地思维和自由地发挥。

有课堂生成。有生成的课堂是真实的，是追求学生成长的过程。教师在课堂中给学生创造探究、交流、展示、辨析、验证和猜想的机会，从中善于发现闪光点和捕捉课堂生成，并有效运用为课堂添彩。

有深度思考。评价课堂有效与否的关键之一是学生在课堂中的思维所达到的程度如何。不要认为教师深情深入地讲解知识更有效。其实不然，学生经过深入思考更能促进知识的获取和理解，记忆与应用。

有愉悦心情。德国教育家第斯多惠说过："教育艺术的本质不在于传授本领，而在于激励、唤醒、鼓舞。"让学生处于愉悦状态的育人环境中是必要的。首先，教师要灵活处理教材让学生感受到学习的知识是有用的、有趣的，要创造分享展示机会让学生感受到成功的喜悦，通过及时评价、设置挑战活动等方式，激发学生的内驱力，唤醒探究欲望，鼓励学生用不同的方法解决问题。其次，当教师保持一种愉悦心情进入课堂，这种美好也是会传递给学生的。

有教学相长。一节好的课，倘若学生学得好，教师的教学水平也会得到提升，教与学是相互促进的。一个只顾自己教得精彩的教师，难以激发学生的学习兴趣，获取学生的信任，教学效果就会大打折扣；相反，教师把学生的学放在主体位置，想方设法让学生主动学、学得好，专业能力自然而然得到提升。

（3）管理效果

备课，提升学科知识吸引力。备课要备出实质。坚持深度备课，理解教材，确保内容的实质性和科学性，用恰当的手段，如实验、探究、推理、互动等活动，突出学科特点，呈现学科自身的魅力，提升学科知识吸引力。坚持每次集体备课解决一个核心问题，形成课堂解决方案。

说课，提升教师专业表现力。说课要说出道理。说课的流程一般有教材分析、学情分析、教学目标、教法和学法、教学过程和板书设计等环节。注意结合学科课程标准的理念和教材内容，说清楚教学设计意图，说清楚怎样基于教学目标展开教学流程等。在说课中展现出个人的教学理念，提升教师专业表现力。

上课，提升课堂教学亲和力。上课要上出效果。提升教师的教学亲和力，有助于建立良好的师生关系，营造良好的课堂氛围，从而调动学生学习积极性，促进学生有明显进步和收获。

听课，提升教学设计创造力。听课要听出细节。我国著名京剧大师梅兰芳说过："不看别人的戏，就演不好自己的戏。"教学也是这样的，需躬身实践，通过多听课，捕捉微观层面的信息和经验，找到创新点和亮点，丰富个人的教学理解和视野，反思和评估自己的教学策略和设计，在进行教学设想时就有了多种参考和可能，就可以借他山之石琢己身之玉，有效提升教学设计创造力。

评课，提升学生素养生长力。评课要评出精髓。评课要评出一节课的核心要点和精华，提出可行性建议。更重要的是以学生核心素养培育为基础，多元化、多维度地进行学习评价，帮助学生认识到自身优势和改进之处，激其进步，实现学生素养的发展。

总之，通过校本教研"五课"管理，能助力教师专业成长，而教师的成长则证明校本教研的成效。校本教研"五课"管理如图1-7所示。

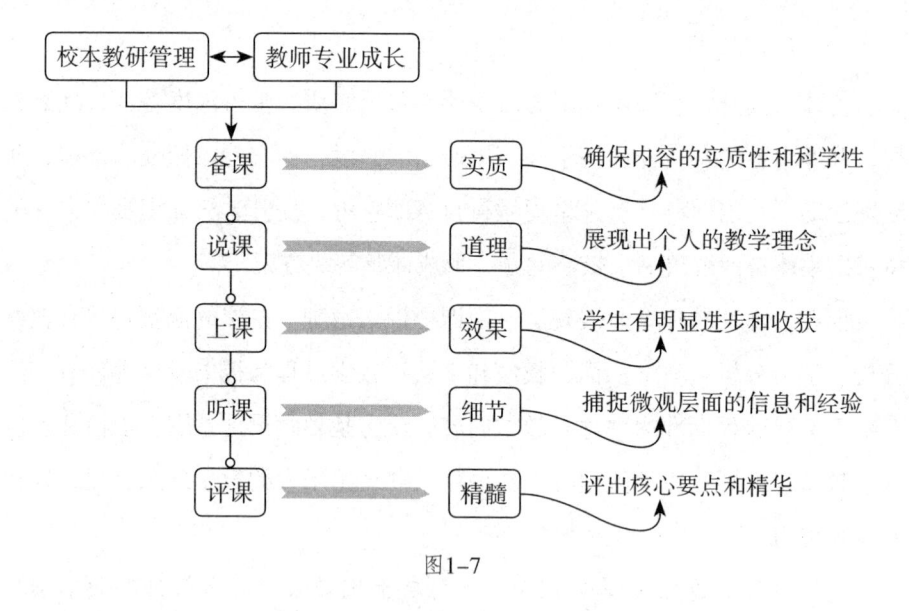

```
校本教研管理 ←→ 教师专业成长
            ↓
         备课 ⟹ 实质 — 确保内容的实质性和科学性
         说课 ⟹ 道理 — 展现出个人的教学理念
         上课 ⟹ 效果 — 学生有明显进步和收获
         听课 ⟹ 细节 — 捕捉微观层面的信息和经验
         评课 ⟹ 精髓 — 评出核心要点和精华
```

图1-7

3. 懂管理

（1）管理内容

严于律己。管理品质影响着教育质量，管理必须管中有序、管中要严，每个人都严于律己，方能促成学校健康发展。

严于流程。学校校本教研管理，应从小事着眼，细微入手，清晰化管理流程，把管理做精做细，让教育教学照章行事，规范有序。

严于标准。管理制度要贴合实际制定标准，操作性强，标准与执行连贯，有安排、有落实，确保各项活动扎实有效开展。

严于督促。定期检查工作的执行情况，教师参与到工作关键节点上的管理，及时做好监督和温馨提示。

严于考核。对工作的效率和成果进行量化管理，收集和分析相关数据和事实，严格考核，有效评估工作的有效性。

（2）管理要求

有严密的计划。管理应立足全面，制定详细的计划和工作步骤，并且确保所有相关人员都理解工作计划和目标，明确具体任务安排。

有清晰的目标。明确工作的目标和预期成果，将目标与教师个人发展紧密联系，让每位老师都意识到参与教研活动的重要性。

有公正的评价。对标工作目标进行评估，找出成功之处和需要改进的地方，评而有法，以评促教，激发教师的工作积极性。

有灵活的反馈。通过定期进行检查和反馈，从而保持校本教研的动态管理，及时解决研究过程中的问题，反馈要以人为本，灵活反馈，达到提醒、激励改进的目的。

有实用的结果。对整个过程进行复盘，识别成功的实践和经验，转化为实际应用，进行推广。

（3）管理效果

提升高度自觉的驱动力。校本教研管理的重要任务是激发教师的高度自觉，创造机会和平台，制定激励机制，让教师在研究中获得成就感，增强内在驱动力。

提升落实任务的执行力。按照规划的步骤去执行，确保人员、资源和设备等得到最大化的应用。责任领导进行过程性的指导，遇到问题及时组织讨论，采取相应措施。

提升抱团发展的凝聚力。创设包容且互助、平等而热烈的教研氛围，鼓励教师在校本教研活动中进行合作与交流，增进了解，借助团队展评、成果分享、经验交流等方式，不断提升抱团发展的凝聚力。

提升共同奋斗的向心力。用特有的教研文化凝聚团队，用核心的教研理念统一思想，用团队的目标形成愿景，打造最强的向心力。

提升团队合作的"杀伤力"。这里的"杀伤力"指的是团队在共同面对新问题和新挑战时，所呈现出来超强的解决问题能力和应对能力。在校本教研中，注重团队互助，优劣互补，从而提升整体实力。

第二篇

在实践活动上，实施"三链"联动

学校的校本教研工作，以实施"三链"联动的方式提升管理实效。一是抓实教学教研常规，稳固"基础链"；二是促进团队协同发展，瞄准"发展链"；三是突破课程改革瓶颈，构建"创新链"。

一、抓牢教学常规，夯实"基础链"

1. 科学建制，确保教学有序和教研有效开展

学校要做好教学计划和课程安排、教材选用和教学资源管理、质量监测和评价制度、教师培训和发展、学生辅导和管理，通过建立健全这些教学常规制度，推进学校教学常规管理制度化、科学化和规范化建设，使教学教研工作有规可依，有章可循，分工明确，责任到位，确保教学有序和教研有效开展。教师钻研教材，认真备课，严抓课堂，提高效率，作业细节，有效落实，倾注爱心，转化进步，集体备课，合作共赢，使教师在工作中取人之长、补己之短，不断完善提升自己的教育教学和管理水平。

2. 精细管理，促进教学质量和教研品质提升

以教学为中心，对常规教学工作实施精细化管理，积极探索符合学校实际的高效课堂教学和教研模式，以"实践+问题"为主线，以"教学+教研"为抓手，以"制度+模式"为策略，以"实证+科研"为核心，为教研组和备课组的良好教学研究氛围的形成提供载体，通过精细化管理，做到"管理抓落实、备课抓实质、课堂抓质量、作业抓规范、教研抓品质"，借助信息技术手段，走出一条扎实、高效的教研相长之路。

在教学管理上，学校教学管理部门要明确教学管理职责和权责，提供优质教学资源支持，定期对教师的教学质量进行评估和反馈，重视教学过程和结果的质量，追求高效、有效的教学效果，定期开展教学研究和教师培训，提升教师的教学能力和专业素养，做到"六个坚持"：坚持研究教材、分析学情制度；坚持集体备课制度；坚持学习和自我反思教育教学实践制

度；坚持作业批改、个别辅导制度；坚持及时查漏补缺制度；坚持教学检查制度。

在教研管理上，树立科研为教学服务和校本教研为先导的科研理念，强化科研网络管理，推进"学校—校本教研处—教研组（课题组）—备课组—教师"五级科研工作管理的有效运作，做到"六个聚焦"：聚焦教师发展，促进学校教师研修培训化；聚焦教育问题，教研工作应该聚焦当前社会、本校教育中存在的问题，通过开展行动研究和研讨破解教育问题；聚焦教育资源，思考什么样的资源和设备能促进学生自主学习掌握新知，促进教师改进教学，从而提高教育质量；聚焦核心素养，核心素养的教育理念已经被广大教师认同和应用，要研究如何更好地发展学生的综合素质和竞争力；聚焦教育创新，关注前沿的教育创新理念和典型做法，并立足学校实际进行挖掘和提炼，形成适应本校师生发展的教育教学模式和创新路径；聚焦教育技术，关注教育信息化的发展和信息技术的有效应用，提升教师教学质量和学生学习效果。

3. 与时俱进，迎合政策要求和学校实际需求

教学常规管理的实施要坚持与时俱进原则，随时关注教育发展动向，及时修订常规中与国家、地方政策要求相关的内容，定期修订常规中与学校发展不相适应的内容。

例如，教育部在全国范围内全面推行课后服务，我们针对这项新举措制定了新的管理要求，彰显学校爱心教育的办学理念。我校以"五定三化"的工作要求，由教务处牵头组织科研、德育、总务、校办等职能部门，多次调研部署，形成了系统有效的课后服务工作机制。"五定三化"课后服务管理体系框架图如图2-1所示。

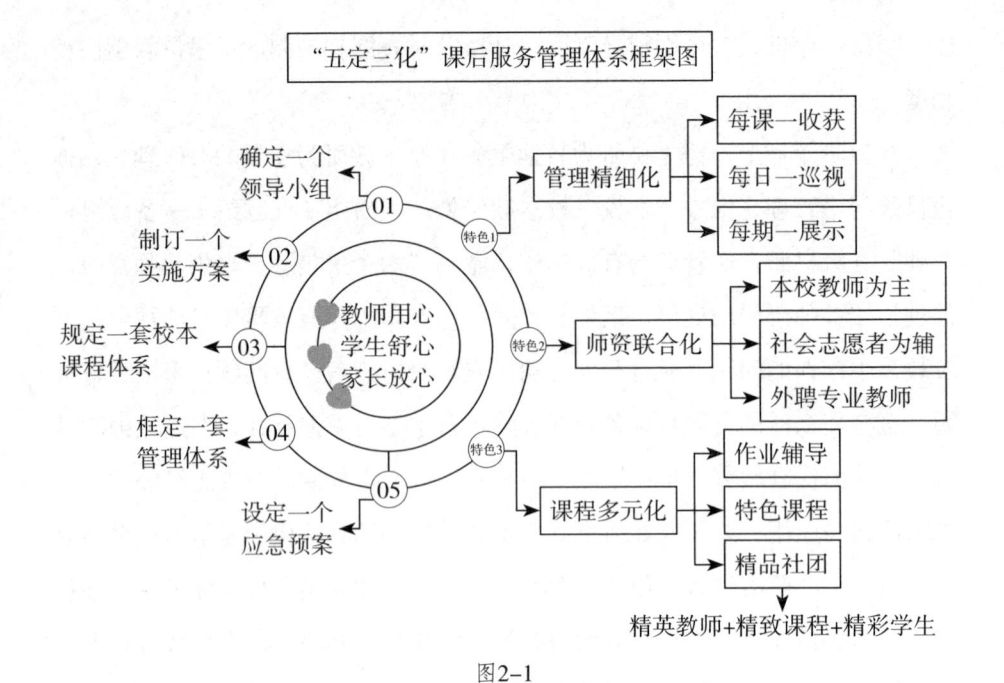

"五定三化"课后服务管理体系框架图

图2-1

"五定"即：确定一个领导小组，制订一个实施方案，规定一套校本课程体系，框定一套管理体系，设定一个应急预案。

确定一个领导小组。成立了由校长任组长、副校长为副组长、中层领导和教研组长为成员的工作领导小组，下设作业辅导组、兴趣社团组、安全管理组、后勤保障组四个工作小组。由教务处具体负责课后服务工作。

制订一个实施方案。制订《扶绥县实验学校校内课后服务实施方案》，围绕指导思想、工作原则、服务时间、对象、内容以及安全保障等方面做了明确的规定。

规定一套校本课程体系。按照我校课后服务课程计划，形成由音乐、体育、美术、科学、人工技能、信息技术六大类组成的课后服务课程体系，为学生提供了丰富多彩的课程。同时根据学生网上预选课程的数据，我们学校将继续开发新课程，淘汰不受欢迎的课程，以满足学生个性化的需求。

框定一套管理体系。课后服务管理体系包含费用管理、工作人员职责、外聘教师管理、安全管理、考评制度等，以保证规范、有序、高效地实施课后服务工作。

设定一个应急预案。除了安全管理制度外，我们还制定了课后服务应急预案，为的是有效预防、及时控制和妥善处置各类突发事件，维护教学秩序稳定。

"三化"即管理精细化，师资联合化，课程丰富化。

管理精细化。在课后服务管理方面，我们明确工作人员职责时，把每一项工作落实到具体的负责人，做到工作专人专管，落实责任制。我校还制定了"每课一收获，每日一巡视，每期一展示"的监督机制。每一节课都有考勤和计划，教师考勤学生，力求一课一收获。每日开展课堂巡查和安全巡视，放学有监管，管理过程有记录、有反馈。每学期，兴趣社团进行一次课程展示，确保课后服务高质量地开展。

师资联合化。我校在利用好本校教师特长的基础上，充分挖掘社会热心人士、志愿者等师资资源，采取了以学校教师为主，社会志愿者为辅，适当从校外聘请了专业教师的形式，来保障课后服务的师资配备。我校射击、跆拳道、鼓号队的教练均来自外聘教师和社会志愿者。

课程多元化。一是精心构建"作业辅导+特色课程+精品社团"的服务模式。在"双减"政策指引下，我校根据五项管理中作业管理要求和学生年龄特点，一、二年级采用"3+2"、三到六年级采用"4+1"模式开设课后服务课程。"3+2"指的就是3天作业辅导加上2天特色课程，"4+1"指的就是4天作业辅导加上1天特色课程。在构建"作业辅导+特色课程"的基础上，我们增加了"精品社团"课程，"精品社团"主要承担校级以上比赛和展示活动，在授课时间上不受"3+2""4+1"限制，精品社团课程模式一般为"2+3"。此设计为学生搭建了多元的成长环境和个性化发展的"舞台"。以精英教师和精致课程，成就精彩学生。二是兴趣社团课程丰富多彩。开设有乐器、舞蹈、玩转科学、口才训练等近30个类型的特色课程。为了培养学生良好的阅读习惯，在课程设计上，增加了每班每月一节阅读课程。由各年级组长安排每周2个班级在老师的带领下到开放式阅览区和电子阅览室开展阅读活动。一、二年级没有书面作业，除了精心设计作业外，在课后辅导时间内，以形式多样、充满趣味的游戏完成读、背、认、计算等能力训练，如背书大闯关、扩字游戏、课文诵读分组PK赛、词语接龙、故事分享会、击鼓传花口算大挑战、借助希沃白板制作知识闯关游戏等。学生在丰富多彩的活动中，真正实现身动、心动、脑动、情动、意动、手动的多元融合体验。

二、打造抱团发展，打通"发展链"

优质的师资队伍是学校发展的核心力量。以"有理想信念、有道德情操、有扎实学识、有仁爱之心"的"四有"好老师标准为指导，以"抱团发展"为金钥匙，解锁教师专业成长的问题，打通教师"发展链"，建成一支具有与时代相通的教育理念、专业性强、有满足社会需要的敬业精神的教师团队，善教成范。

1. 雁阵效应，助力教师抱团成长

一是组建教师学习团队。如，以学科教学为研究方向的教研团队，以课程开发为研究方向的研发团队项目组，以教学改革为研究方向的课改团队等，依靠团结协作精神，实现教师共生共长，走得更远、更好。二是制定团队发展目标。制定切合实际、鼓舞人心的团队目标，有利于团队成员对本团队目标达成共识和认同，并携手共进。三是建立教师交流互助机制。学校组织教师进行集体备课、主题研讨、课标学习、教材解读等教学研讨活动，组织教师外出交流学习，教研团队合作研究教改项目，鼓励教师相互支持、学习与合作。例如，采取师徒结对方式，新入职教师、年轻教师向资深师傅请教教育教学方式方法，观摩和模仿师傅的课堂教学，从而掌握教育的技术和原理，快速提高自己的教育教学能力。

2. 任务驱动，赋能教师专业发展

通过任务驱动可以激发教师的学习热情和主动性，增强团队成员之间的互助和信任，提高团队凝聚力，促进教师不断提升自己的教育水平和专业素养，更好地适应教育改革的要求。指向教师发展的任务驱动可分以下几种类

型，如图2-2所示。

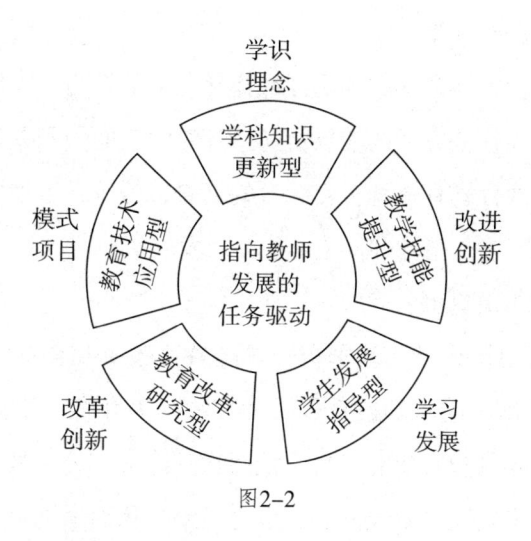

图2-2

（1）学科知识更新型

这类任务驱动旨在帮助教师树立终身学习的意识，不断更新和拓展自身学科知识和教学理念，以适应新课改要求。例如，教师可以阅读教育书籍和学术文献、参与学科主题研讨、开展研究项目、与同行交流等，以保持对学科知识和课程标准要求的深入了解。

（2）教学技能提升型

这类任务驱动旨在帮助教师提升教学技能，不断改进和创新教学设计，从而提高教学质量。教师教学技能的提升包括教学设计能力、教法和学法、学情分析、纪律管理等方面。例如，教师可以通过浏览教育类的公众号和平台、观看名师视频、参加专业培训课程、参与相关研讨会或工作坊等，学习新的教学技巧和方法，并将其应用到实际教学中。

（3）教育技术应用型

教育技术应用型任务驱动旨在培养教师有效借助信息技术的应用来提升课堂教学效益。当前，教育信息化经历了1.0到2.0的迭代升级，各校都意识到信息技术在教育中的运用越来越重要。学校教师可以通过参加信息技术应用培训、使用教育软件和工具、探索在线教学平台等方式，提高自己在教学中运用教育技术的能力。

（4）学生发展指导型

这类任务驱动旨在帮助教师更好地指导学生的学习和发展。例如，教师可以开展学生培优补差方面的辅导活动，针对学生的个别差异进行差异化教学，关注学生的德育智育体育美育劳育的培养，等等，帮助学生解决学习和其他方面的困扰问题，指导和促进学生全面发展。

（5）教育改革研究型

这类任务驱动旨在鼓励教师积极参与教育改革和创新实践，积极探索适应时代发展和学生需求的教育模式和方法，为教育改革提供有力支持。例如，教师可以参与教育研究项目、撰写教育论文、分享教学经验等，教师在实践中不断积累经验，解决问题，取得成果，从而增强自信心和自我认同感，提升科研能力。

三、突破课改瓶颈，形成"创新链"

在学校课改中，我们需要建立一个教育"创新链"来支持教育教学改革的实施，坚持以素养为导向，从多个环节进行全面改革和有效互动，在这个过程中，每一个环节都是相互关联、相互影响的，并形成一个有机的整体，这样才能培养出适应社会发展需要的高素质人才，从而推动学校教育改革和课程改革的深化。

1. 课程设置和内容改革

切实有效地落实国家基础教育课程管理政策，开足开齐国家课程，立足学校实际重新审视课程设置，提高学校课程的整体质量，注重学生的综合素质和实践能力的培养，根据学生的需求和社会的发展要求进行调整和优化，从"基础课程""专门课程""差异课程"三大板块，将国家、地方、校本三级课程进行统整，通过国家课程延伸与拓展以及多元化的校本课程系列，促进全体学生主动地发展，全面提升学生核心素养，为学生的全面发展奠定坚实的基础，开创学校办学特色，全面推进学校课程体系建设。

2. 教学方法和策略改革

（1）完善教学设计

教学设计是教学活动的重要环节，优秀的教学设计是取得好的教学活动效果的基础。因此，教师教学方案设计要分析学生特点，教材特点和课程标准要求，结合学科核心素养培育，明确学生在本课需要达到的知识、技能和情感目标，根据教学目标和学生特点，选择合理的教学资源，安排有利于学生创新思维和实践能力培养的教学活动。图2-3为以学科德育视角下的教学设计为例的教学设计流程图。

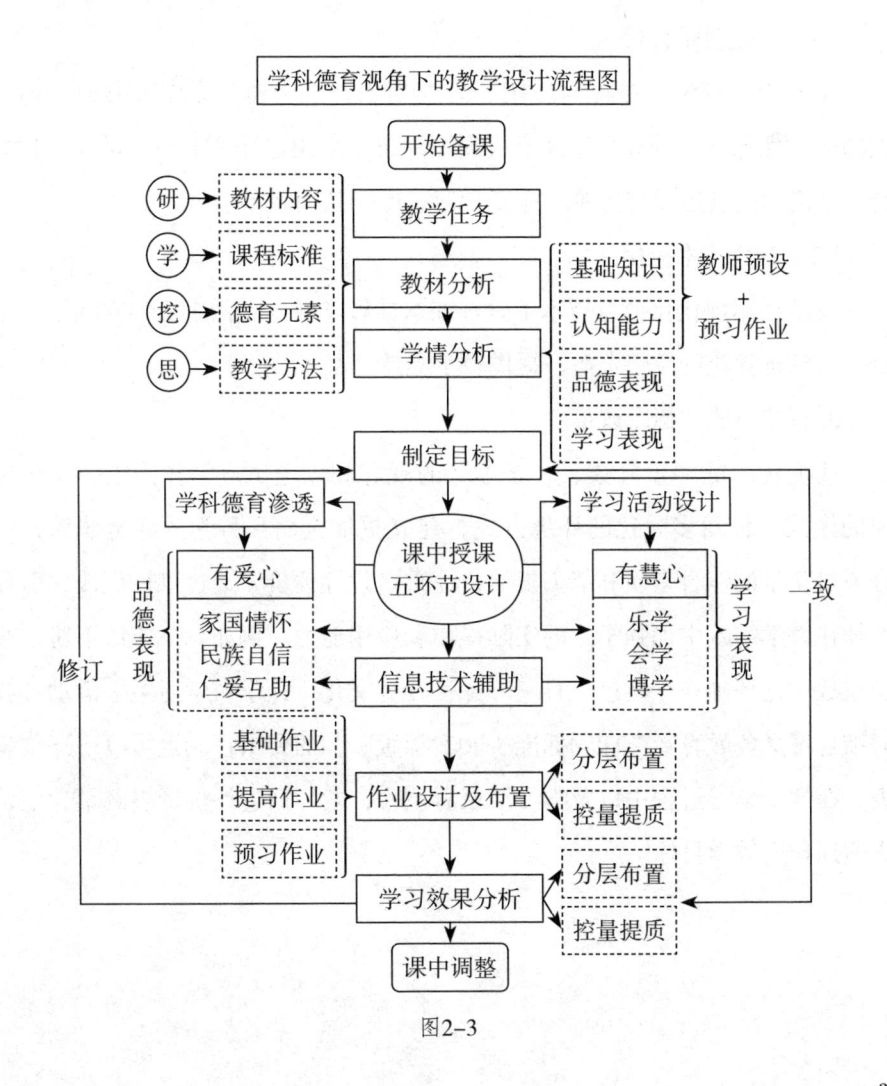

图2-3

（2）选择教学策略

改变以教师为中心的传统讲授式教学，采取以学生为主体的探究式和合作式学习，使学习活动更为活跃、互动性更强。选择适合的教学策略，如小组讨论、动手操作、小老师讲解、角色扮演等，激发学生学习内驱力。

（3）学习环境营造

师生共同制定课堂公约，明确课堂行为准则和期待，建立良好的课堂秩序。课堂上，设置科学合理的学习任务和课堂活动，鼓励学生共同参与、相互帮助和交流分享，营造一个民主、包容、和谐的学习环境。

（4）多元教学评价

从知识与理解、技能与应用、思维与创新、沟通与合作等方面，通过教师即时性课堂评价和学生课堂表现性评价，采用定性评价和定量评价相结合，帮助学生克服学习困难、端正学习态度，从而获得进步。

（5）教育技术应用

灵活运用现代化教育技术手段，如八桂教学通、希沃白板、在线学习平台等，甄选优质的数字资源，提供教学支持。

3. 评价方式和标准改革

改变传统的"重分数、轻素养"的观念和以考试成绩作为唯一评价标准的模式，创新多元化的评价方式，建立更加全面和科学的评价体系，综合考量学生的综合素质和能力发展，注重过程性评价，通过以评促改，引导教师在教学实践中加强学生的实际操作和应用能力。例如，二年级下册，开展"数学连环画——走进三月三·探秘壮乡文化"跨学科学习主题活动。我们结合《义务教育数学课程标准（2022年版）》的要求，制定了以下评价量表，在学生学习过程中以及学习结束后填写，老师通过评价量表测量学生是否达到预期教学目标。

评价量表1：小组合作学习评价表见表2-1。

表2-1

小组名称				
组长		组员		
组长的组织工作（在相应处画"√"）	非常好	好	一般	差
小组合作情况	目标达成情况	沟通与协作能力	参与度与贡献	解决问题能力

评价老师签名：

评价量表2：学生主题学习自评表见表2-2。

表2-2

学号：

评价项目	评价分值	4	3	2	1
用数学语言表达		我能准确、清晰地讲述含有数学知识的故事，能合理地组织数学语言，运用相关联的数学信息，创造性地对现实世界进行表述。	我能讲述含有数学知识的故事，数学信息相关联。	我能讲述含有数学知识的故事。	我能断断续续地讲述故事。
用数学眼光观察		我能结合自己的经历，观察"三月三"传统节日中的有关数学知识，并能用连环画的形式绘制下来。	我能结合自己的经历，观察"三月三"传统节日中的有关数学知识。	我能结合自己的经历，观察生活中的数学知识。	我不知道怎么观察生活中的数学知识。
用数学思维思考		我能理解其他同学绘制的连环画里面包含数学知识的意义，能分析数学信息之间的数量关系，能根据这些数学信息、数量关系解决相关数学问题。	我能理解其他同学绘制的连环画里面包含数学知识的意义，能分析数学信息之间的数量关系。	我能理解其他同学绘制的连环画里面包含数学知识的意义。	我需要别人讲解了，才知道连环画里面的数学知识。

评价量表3：教师评价学生学科素养能力用表见表2-3。

表2-3

学号：

评价项目	评价等级	A	B	C	D
用数学语言表达		能准确、清晰地讲述含有数学知识的故事，能合理地组织数学语言，运用相关联的数学信息，创造性地对现实世界进行表述。	能讲述含有数学知识的故事，数学信息相关联。	能讲述含有数学知识的故事。	能断断续续地讲述故事。
用数学眼光观察		能结合自己的经历，观察"三月三"传统节日中的有关数学知识，并能用连环画的形式绘制下来。	能结合自己的经历，观察"三月三"传统节日中的有关数学知识。	能结合自己的经历，观察生活中的数学知识。	不知道怎么观察生活中的数学知识。
用数学思维思考		能理解其他同学绘制的连环画里面包含数学知识的意义，能分析数学信息之间的数量关系，能根据这些数学信息、数量关系解决相关数学问题。	能理解其他同学绘制的连环画里面包含数学知识的意义，能分析数学信息之间的数量关系。	能理解其他同学绘制的连环画里面包含数学知识的意义。	需要别人讲解了，才知道连环画里面的数学知识。

4. 教育资源和设施建设

增加对教育资源的投入，如更新教学设备、增添图书数量和种类等，以提高教学效果。加强教育设施的建设，如建设多媒体教室、教师电子备课室、功能室、运动场所、网络设备等，为师生提供先进的教学设备和技术支持。引进优质的教学资源或平台网站，如八桂教学通、新世纪小学数学公众号等，为教师备课授课提供方便，鼓励教师研究教学，大胆开发和应用数字化教育资源。

5. 模型建构和实践改革

通过探索、建构高质量的教学模式和教研范式，促进每一位教师研读学科课程标准和各种教育书刊，积极研究、反思自己的教学策略和行为，促进教师的成长、教学方式的转变，改进学校教学教研现状，提升课堂教学质量。

案例引言：笔者撰写了一篇学校案例《借力"品质教研"，撬动"德智课堂"》，荣获2022年崇左市教育信息化应用及探索优秀案例。该案例从教学模式和教研模式入手，阐述教育信息化技术在教学和教研中的应用及探索，促进了教师的发展和学生的成长。

案例2　借力"品质教研"，撬动"德智课堂"

一、案例概况

近年来，国家从"破五唯的评改""五项管理"到"双减"，教育政策密集出台，教育信息化也从1.0时代迈入2.0时代，这是一场深层次的教育变革。这样的背景之下，我校加快了信息化环境下新模式和新途径的探索步伐，借助信息技术，赋能课堂教学，提升教研品质，形成行之有效的教学教研模式，推进"双减"政策落地见效。

二、工作成效

（一）获得核心素养根植于课堂的途径

一直以来，我校教师注重信息化教学的不断优化，在实践探索中，获得核心素养根植于课堂的有效途径。如培养学生数学核心素养的路径是：联系生活，追本溯源→质疑析疑，锤炼思维→释疑决疑，提升能力→综合实践，拓展思维。

（二）形成有例可循的校本教学资源库

通过互动性的课堂教学、教学研究平台应用，进一步优化我校教育信息资源共建共享条件，形成有例可循的校本教学资源库，积累大量研究成果。

（三）推动研究型教师队伍的加速建设

新的教学教研模式的实施，促进教师专业化成长、抱团式发展，打造品质教研团队，推动研究型教师队伍的加速建设，为学校高质量发展赋能。学校涌现出一大批优秀教师，教育教学质量优良，教学比赛成绩喜人。

（四）教学评研训一体化校本特色初显

逐步形成符合学校发展和教师专业成长的校本教研模式，形成"善思+集智+展评+研训+实践"的教研活动特色。以课例研究为载体，在体现教、学、评、研、训一体化的"5466"校本教研模式下，依托11种具体表现，在信息技术辅助下，我校走出一条扎实、高效的教研相长之路（见图2-4）。

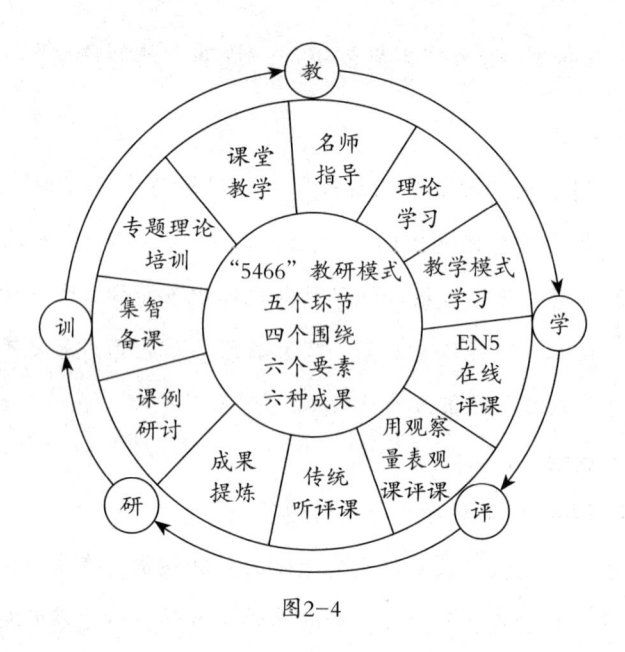

图2-4

三、主要做法

（一）集智聚力，形成德智课堂教学模式

教师巧用八桂教学通、希沃白板及希沃易课堂等互动功能，演绎交互课堂，不断优化策略，集智聚力，逐步形成行之有效的德智课堂"335"教学模式。

德智课堂，即立足于学校"德爱立人、睿爱启智"的办学特色和"立德树人"的教育根本任务，把德育融注于知识载体之中，借助信息技术手段，巧妙渗透于学科教学，使学生德育智力双向发展。"335"即"三融、三阶、五环"。如，数学学科教学模式如图2-5所示。

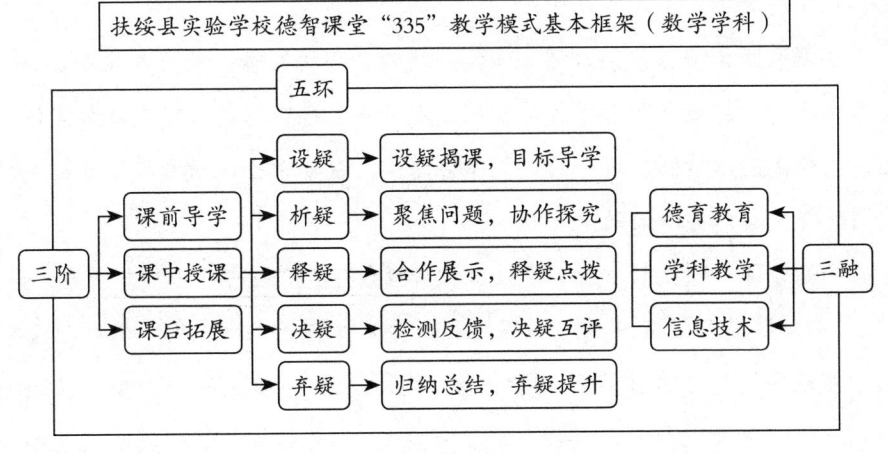

扶绥县实验学校德智课堂"335"教学模式基本框架（数学学科）

```
                        五环
              ┌──→ 设疑 ──→ 设疑揭课，目标导学
              │
       课前导学 │
              ├──→ 析疑 ──→ 聚焦问题，协作探究 ──→ 德育教育
  三阶   课中授课├──→ 释疑 ──→ 合作展示，释疑点拨 ──→ 学科教学   三融
       课后拓展 ├──→ 决疑 ──→ 检测反馈，决疑互评 ──→ 信息技术
              │
              └──→ 弃疑 ──→ 归纳总结，弃疑提升
```

图2-5

笔者运用德智课堂"335"教学模式，执教六年级数学课《图形的运动》，在2022年全区中小学教育教学信息化作品评选活动中获一等奖。该课运用问卷星做学情分析，静态图形动态处理，发挥希沃电子白板的交互功能，突破图形旋转运动的知识难点，播放神舟十三号载人飞船返回视频，渗透爱国教育。将德育教育、信息技术与学科教学三者有机结合，让课堂充满魅力。

杨雪生老师执教部编版六年级语文课《桥》，在2021年崇左市中小学信息技术与学科教学深度融合优秀课例展示观摩评选活动中获一等奖。该课利用八桂教学通平台授课，师生共同经历语文课"一读、二找、三品、四练、五拓"五个环节。首先通过平台插入山洪暴发的视频，为学生创设情境，身临其境地感受洪水的来势汹汹。再用聚光灯功能聚焦数字教材中描写老汉的关键词句，多形式研读赏析，感受老汉的大公无私和镇定自若。最后通过平台的插入资源功能，插入各行各业人士无私奉献行为事迹的视频，激发学生学习人物大公无私的美好精神品质。

（二）抱团发展，形成有效校本教研模式

经过不断的实践与反思，我校总结提炼出主题式单元集体备课模式和基于课例研究的"5466"校本教研模式。

1. 主题式单元集体备课模式

主题式集体备课依循激活、厘清、提升三部曲策略，应用八桂教学通、国家中小学智慧教育平台等优质资源，在分头主备中形成教学设计和课件初案，发布到EN5学校应用中的"集体备课"，在集中备课前开展信息化备课研讨，提高集体备课效果。

2. 基于课例研究的"5466"校本教研模式

"5466"是指"五环节、四围绕、六要素、六成果"，即：教研活动经历"梳理问题，生成主题→集智备课，深化主题→团队展评，实践主题→研训一体，提升主题→反思提炼，推动主题"5个环节；教研团队通过围绕"核心素养、三维目标、教学环节、备课困惑"展开备课研讨；观课议课结合"目标达成、时间安排、媒体运用、教师能力、价值取向、教学效果"6个要素；形成"教学设计、教学课件、教学反思、作业设计、教学录像、案例分析"6种校本研究成果。该模式如图2-6所示。

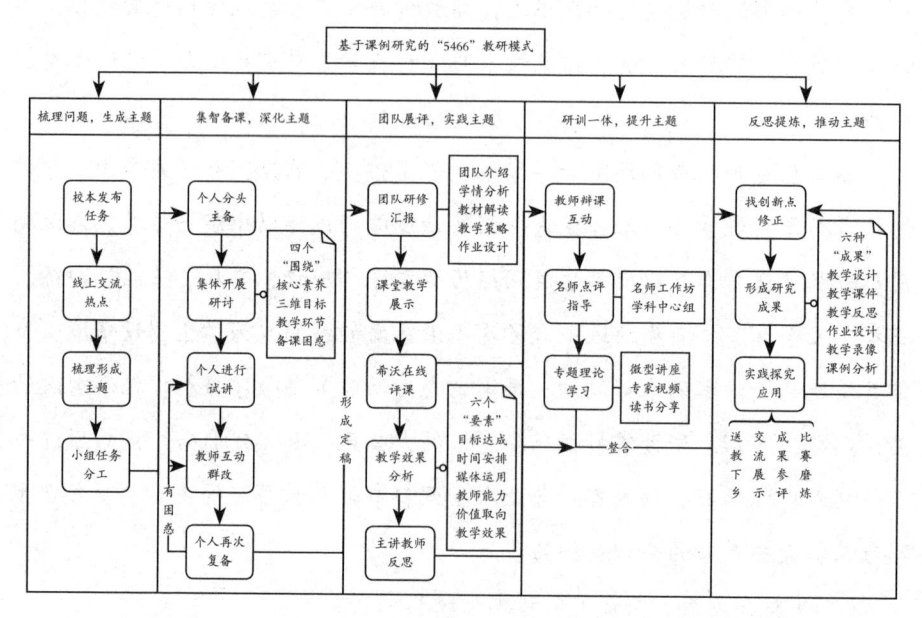

图2-6

基于案例研究的"5466"教研模式，在主题形成、活动形式、集智备课、听课评课等环节，充分运用信息技术手段，通过线上线下教研融合，发挥集体备课的力量，优化教学方式，推动"双减"走向纵深。该模式让教研有了自我反思、同伴互助和专业引领，提升了教研品质。

2022年10月，笔者以"5466"教研模式为载体，参加崇左市2022年主题教研展评活动获得一等奖。

（三）多措并举，"品质教研"撬动"德智课堂"

学校多措并举，通过多形式"品质教研"，撬动德智课堂"335"教学模式的研究不断深入，使课堂教学整体结构逐渐完整、高效，实现核心素养在课堂中落地，并不断积累校本研究成果，推动教育教学质量整体提升。

学校名师把该教学模式送教到乡镇薄弱学校，为乡村教育振兴提供有力的支撑。开展德智课堂"335"教学模式的年级团队展评活动，充分展示教师的成长、教研组的综合实力，给教研带来活力。教师运用德智课堂"335"教学模式参加赛课、展示课，使课堂提质增效。在多样化的成果应用实践中，教师及时捕捉生成性资源，找创新点优化教学资源。

四、发展计划

（一）着眼教师专业成长，打造校本教研名师

依托教研网络和有效教研，构建教师成长学习共同体，打造校本教研名师。

（二）依托"三个课堂"建设，提升校本教研层次

依托"三个课堂"建设，优化信息化办学条件，积极开展校本教研活动，使校本教研工作有新突破、新高度。

（三）以课题研究为载体，物化校本教研成果

坚持科研兴校，以课题研究为载体开展行动研究，推动理论研究，促进校本教研成果得到物化。

（四）发挥名校名师优势，引领辐射促提升

充分发挥我校是广西中小学云课堂名校优势，在本校名师带动引领下，录制精品课放到平台上供广大教师们观摩学习。通过送教下乡等活动，推广优质教育资源和有效教学教研模式，助推一线教师专业发展。

案例引言：2019年1月，笔者来到扶绥县实验学校担任科研副校长职务，管理学校科研、科技教育、信息化等工作。同年5月，学校选派三名学生参加第18届广西青少年机器人竞赛暨东盟国家青少年机器人邀请赛3D打印笔工程挑战赛，获得小学组一等奖。同年11月，召开第一届校园科技节，大力营造爱科学的氛围，积极研发"科技"校本课程，如图形化编程班、鲸鱼机器人班、编程无人机班、3D打印笔班、水火箭班等共28个兴趣社团，把科技教育融入学校的育人课程中，开启实验学子的科技梦想，学校彰显科技特色，科技新生力量正在校园蓬勃生长。

案例3　构建"三链融合+五项工程"科技教育体系

近年来，随着科学技术的快速发展，科技教育在培养学生创新精神和实践能力方面的作用日益凸显。党的二十大提出实施科教兴国战略。加强科技创新教育，培养与提高学生的科学素养，学校科技教育任重道远。为了更好地培养科技创新人才，加快素质教育进程，为校园文化注入新的精神内涵，我们以"基础链为保障，发展链为主线，创新链为突破"的三链融合为抓手，采用"科技教育环境的营造与利用、科技教育资源的开发与建设、科技教育团队的组建与培育、学生科技素养的培养与形成、科技教育课程的建设与提质"五项工程来推进，通过"三链融合+五项工程"进一步凸显学校科技教育特色，努力打造学校科技教育品牌（见图2-7）。

图2-7

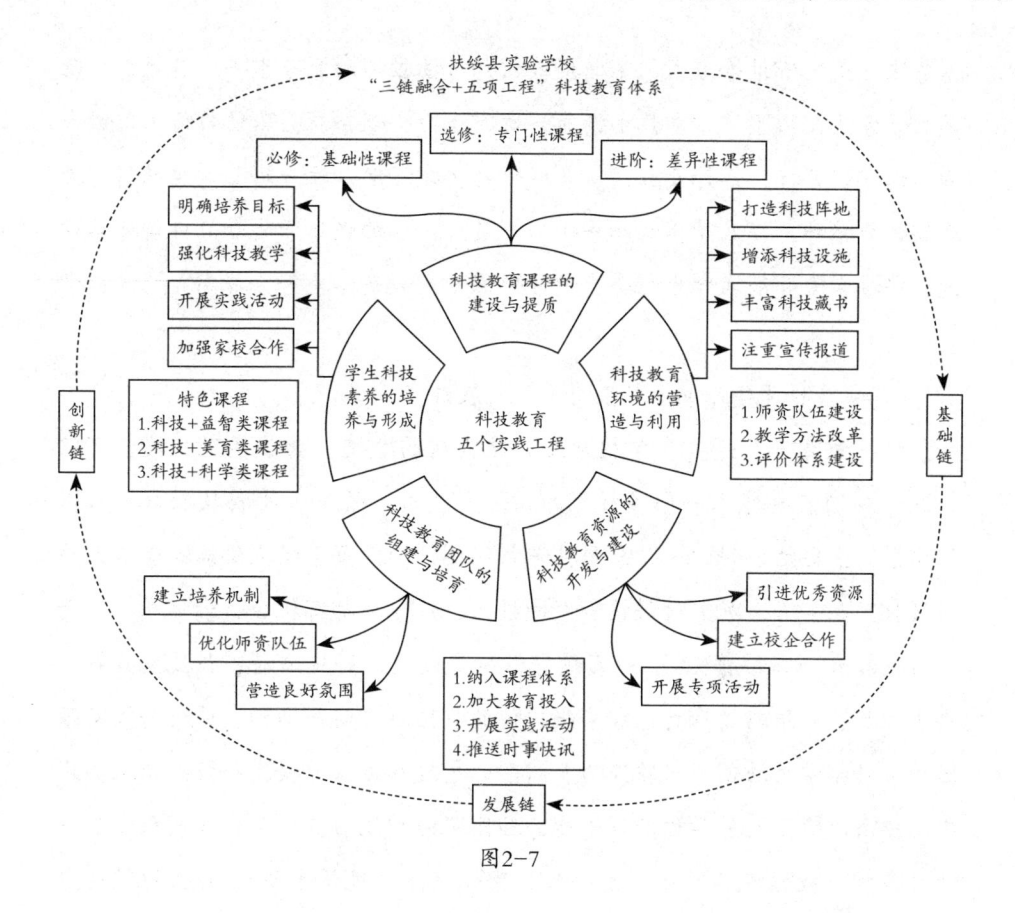

一、三链协同，吹响科技创新集结号

我们需要构建一个专业化、多样化、多元化的科技创新教育体系。"三链"即专业化提升的科学素养培育基础链、多样化供给的科技教育普及发展链和多元化发展的科技特色课程创新链。三大链条是相互联系的完整体系，有利于科学合理地制定科技教育体系和科技教育实践策略，整体推动学校科技教育质量的提升。

（一）专业化提升的科学素养培育基础链

科学素养是科技创新人才的基石。通过建立一个专业化的提升基础链帮助提高学生的科学素养。首先，要加强师资队伍建设，选拔具备扎实专业知识和丰富实践经验的优秀教师担任科技教育辅导员，在科技教育学习活动中，做到定指导、定计划、定内容、定时间、定阵地，并通过培训学习、集体备课、交流研讨等方式，不断提升信息科技教师的业务水平。其次，要改革教学方法，基于"信息技术素养、实践能力、创新能力、协作能力"四个方面的课程目标，设计开放式、多样化的实践活动，注重培养学生的科学素养和创新精神，提高学生的动手能力。最后，要加强科学素养的评价体系建设，将科学素养纳入学生综合素质评价体系，激励学生努力提高自己的科学素养。

（二）多样化供给的科技教育普及发展链

科技教育普及是提高学校师生科学素质的关键。为了实现科技教育的普及，我们需要建立一个多样化的供给发展链。首先，将科技教育纳入课程体系。主要结合科学、信息科技课程实施，确保每个学生都能接受基本的科技教育。其次，加大对科技教育的投入，让学生都有机会接触优质、先进的科技教育。如科普E站和地震预警等科普设施、科技书籍、科技设备等。再次，开展一系列具有特色和实践价值的科技教育实践活动。通过科技实践活动，培养学生的创新思维能力、科学的态度和方法，提高科技知识在实践中的应用能力，发展学生的动手能力和团队协作能力。例如，校园科学节中开设多种科技竞赛活动：创意编程、落体缓降、纸桥承重、3D打印笔创意赛、遥控汽车比赛、纸飞机比远、铁丝陀螺比久、气弓箭比赛、螺旋反冲小车竞速、数学科技竞赛等。最后，要充分利用主题班会和晨会，推送科技教育资源和时事快讯，让学生能够接触到更多的科技教育。

（三）多元化发展的科技教育特色课程创新链

科技特色课程是培养科技创新人才的重要途径。为了提高科技特色课程的质量，我们需要建立一个多元化的发展创新链。首先，要加强课程体系建设，根据不同层次、不同类型的学生需求，设置丰富多样的科技特色课程。其次，要注重课程内容的更新，紧跟科技发展的最新动态，确保课程内容的前沿性和实用性。再次，注重跨学科的融合，使学生在学习不同学科的过程中，形成系统的科学知识体系。最后，要加强课程实践环节，鼓励学生将所学知识应用于实际项目，培养学生的创新能力和实践能力。

1. 科技+益智类课程

通过开设七巧板、华容道、数独、鲁班锁等9门益智类课程，让学生掌握科技和数学的思维方式，培养学生的空间想象能力，提高学生的逻辑思维能力，锻炼学生解决问题的能力，为学生学习其他学科知识打下基础。

2. 科技+美育类课程

通过开设科幻画、电子绘画、科普剧表演、3D打印、创意编程等课程，让学生接触与科技息息相关的不同艺术形式，激发学生的创造力，培养学生的审美能力和创新意识。

3. 科技+科学类课程

通过开设铁丝陀螺、水火箭、落体缓降等课程，使科学成为科技创新特色课程的知识沃土，让科学素养在学生掌握科学的基本概念和原理的基础上生根发芽，从而激发学生科技创新的热情，培养学生的科学探究能力和科技创新能力。

二、五项工程，打出科技教育特色牌

（一）科技教育环境的营造与利用

1. 打造科技阵地

学校提供良好的科技教育环境，创建科普活动室、创客室、科技活动角和多个实践基地，活动场所具备良好的采光、通风和安全设施，便于学生在安全的环境中进行实验操作，激发学生对科技的兴趣。

2. 增添科技设施

加大对科技设施的投入，确保学生有足够的实践空间和条件。根据教学大纲和课程设置，配备相应的科学仪器和各类电脑软件，立足学校实际，配备先进的科技装备。同时，学校要定期更新和维护这些仪器，确保其性能良好，为学生提供高质量的实验条件。

3. 丰富科技藏书

建立了科技图书室和资源中心（科普E站），有适合小学生阅读的科技教育读物，这些资源涵盖各个领域。提供舒适的阅读环境和便捷的电子借阅服务，鼓励学生充分利用图书室资源，拓宽知识面。在科技的熏陶与感染中培养科技兴趣、提升科学素质。

4. 注重宣传报道

依托一系列科技教育活动（校园科技节、特色科技课程等）结合校园广播、主题班会、校园微官网等平台及时进行宣传活动，在师生和班级群中大力普及科技知识，力求科技教育活动项目和相关知识能在学生和社会中得以普及。鼓励学生积极参与科学研究和创新实践，宣传科技创新知识，营造尊重科学、崇尚创新的科技氛围，让科技创新逐步走入每位师生内心，成为一种特殊的基因密码镌刻在血液里。

（二）科技教育资源的开发与建设

1. 引进优质资源

为了提高学生的科学素养和实践能力，学校积极引进优质的科学教育资源。这些资源包括知名的科学教育网站、在线课程、实验教材等，为学生提供丰富的学习材料，例如，"小学科学教育"和"小学科学课程与教学"是科学老师经常学习和使用的微信公众号。同时，学校还定期对引进的资源进行评估和更新，确保其质量和适用性。

2. 建立校企合作

学校与企业的合作是科学教育资源开发与建设的重要途径。学校定期与广西知名的科技公司建立校企合作关系，共同开发科学教育课程、实验项目和实践活动，引入实际案例和实践经验，使学习更加贴近实际应用，提供学生参与的机会，培养他们的科研兴趣和能力。

3. 开展专项活动

为了激发学生对科学的兴趣和热情，学校定期开展各类科技教育专项活动，包括科技知识讲座、科技兴趣社团学习成果展示、科学实验竞赛、校园科学节、开设家长开放日等，通过这些活动，学生可以亲身参与科学实践，提高动手能力和创新意识。同时，专项活动还可以帮助学生建立科学思维和团队协作能力，为他们未来的学习和工作打下坚实基础。

（三）科学教育团队的组建与培育

1. 建立培养机制

制订科学教育培训计划。明确培训的目标、内容、方式和时间安排，确保培训工作的系统性和针对性。组织教师参加各类科学教育培训课程，如教育技术、实验教学方法、课程改革等，提高教师的科学教育教学能力。设立教师成长平台。鼓励教师参加学术研讨会、教育论坛等活动，拓宽教师的专业视野，促进教师之间的交流与合作，组织教师参与课题研究、教学改革等工作，提高教师的实际操作能力和创新思维。

2. 优化师资队伍

引进优秀科学教师。通过事业单位公开招聘、师范类毕业生就业双选招聘等方式，引进具有丰富教学经验和专业素养的信息科技教师，提升整体师资水平。加强师资培训，定期为教师提供专业培训，适时补充科技新知识、新动态：①学科教师注意学生观察能力、信息科技思维能力的培养；②积极推荐相关教师参与区级的专项科技培训；③邀请专家来校作科普宣传讲座，提高教师的科技教育理论水平和实践能力。

3. 营造良好氛围

关注从事科学教育教师的职业发展，为教师提供良好的工作环境和条件，组建专业化的科学教育团队，为学校科学教师提供专业培训和发展机会，使教师能够全身心投入到科学教育工作中。

（四）学生科技素养的培养与形成

1. 明确培养目标

学校明确科技素养培养的目标，将培养学生的科技知识、科技方法、科学态度和科技价值观等作为主要任务，确保学生在全面发展的基础上，具备较高的科学素养。

2. 强化实验教学

实验是科学研究的重要手段，也是培养学生科技素养的有效途径。学校加强实验教学，通过开设实验课程、组织科技实验竞赛等方式，激发学生的实验兴趣，提高实验操作能力，让学生在实践中掌握科学方法，培养实践能力。

3. 开展实践活动

通过举办各类实践活动，如校园科技节、科技讲座、特色课程活动等，让学生了解科技的前沿动态，拓宽科技视野，激发学生的科技兴趣。此外，积极与校外综合实践活动基地密切联系与合作，经常组织学生参观、考察、体验，开展相关探究性学习活动，增强学生的科技体验。

4. 加强家校合作

家庭是学生科学素养培养的重要基地。学校通过家长会、家访等方式，加强与家长的沟通与合作，让家长了解科学素养培养的重要性，共同关注和支持学生科学素养的培养。

（五）科学教育课程的建设与提质

学校以科技创新课程为基础，根据学生的年龄特点和学科发展规律，整合各类课程资源，优化课程设置，融合基础性课程、专门性课程和差异性课程，结合学生的知识和能力基础以及学习兴趣、主动性，把科学素养培养贯穿于学生的学习过程，培养学生模型建构、科学推理、科学论证、质疑创新的能力。

1. 必修：基础性课程

"万丈高楼平地起"，夯实基础，让科技基础课程成为科技创新特色课程的知识沃土。信息科技基础课程是学校教育教学的主阵地，科技创新特色课程要在基础课程的学习基础上生根发芽，比如语文学科要渗透科普文学阅读；美术课要抓好图形化编程；劳动课要抓好"未来田园"的知识渗透。

2. 选修：专门性课程

"添砖加瓦筑高楼"，有了知识基础，必定点燃孩子们的兴趣求知欲。专门性课程就为科技创新特色课程提供发展的第二个台阶，孩子们可以依据自身特长选择适合自己的专门性课程，比如课后服务兴趣社团中的机器人、人工智能、3D打印、创客工坊、未来田园等课程。

3. 进阶：差异性课程

"锦上添花增光彩"，精益求精、止于至善是培养卓越科技人才的方向。通过第一、第二阶段的学习，挖掘、选拔各具特长的学生，依托市、区、国家级各类科技竞技和比赛，广泛开展课外、校外的科普活动，建立科技社团与兴趣小组，开展图形化编程、3D打印创意、科幻绘画、TT无人机等差异性课程，进行精细化培训，参加各层级的比赛，使不同水平的学生达到最近发展区，让科技创新的幼苗茁壮成长。

通过实施科学教育改革，全校师生的科技知识、科技方法、科学态度和科学价值观得到了全面提升，学校科技教育工作获得质的飞跃。

造就了一批具有较高教育教学水平的信息科技和科学骨干教师。学生在各类科技竞赛中取得了优异成绩，在各类创新大赛中屡获佳绩，展现出较高的科学素养。学校科学教育的改革与发展得到了社会各界的广泛关注和认可，为社会培养了大批具备创新精神和实践能力的优秀人才。

第三篇

在操作层面上，
借助"三模"发力

一、学科教学渗透德育模式："三阶三维五环"教学模式

2023年12月，笔者主持《边境地区小学学科渗透德育的"三阶三维五环"模式研究与实践》项目，获得自治区基础教育教学成果评比二等奖，崇左市第二届基础教育教学成果一等奖。实现我校在基础教育教学成果奖项上零的突破。"三阶三维五环"教学模式在我校经历了从数学学科到全学科整校推进的改革历程，按照"边实践、边研究、边总结、边完善"的工作思路，在各种培训、集体备课、研讨课、学术交流、比赛活动中，形成多学科课模变式，并在研究实践中不断完善，实现德育与学科教学相融合，促进立德树人目标在课堂落地。

（一）问题的提出

2017年，教育部印发《中小学德育工作指南》指出，将中小学德育内容融入渗透到教育教学全过程。中共中央办公厅、国务院办公厅印发《加快推进教育现代化实施方案（2018—2022年）》提出，将德育渗透到学科教学中。《义务教育课程方案（2022年版）》提出"落实立德树人根本任务"。崇左市是南疆国门城市，多民族、多文化、多元化的边境地区给学校德育建设提出了严峻挑战，养成学生良好道德素养和正确价值观，对于学生健康成长、民族团结、祖国统一有着深远影响。课堂是德育渗透的主阵地，然而现实中，德育与学科教学脱节为"两张皮"的现象较严重。具体表现及原因如下。

1. 缺乏学科教学融入德育的路径

学科教师教学仅停留在知识传授，只教不育，德育教育成单行线，无法满足学生道德需求；教师不会挖掘、开发和整合教材内容蕴含的德育元素，缺乏有效学科德育教学方法，德育内容无法自然地体现在教学各个环节中，无法体现育人功能。

2. 德育教育与学科教学融合度低

教师欠缺在教学中进行德育融合的能力，即便抓住学科内容的德育资源，但在教学中呈现时显得生硬牵强；教师对德育工作认识不足，没有形成"全员育人、全程育人、全方位育人"的德育工作格局。

（二）解决问题的过程与方法

1. 分析问题，探析原因（2008年6—12月）

以分析问题为源，借助本校2008年区级立项课题《农村小学数学课堂中如何渗透德育教育的研究》契机，通过访谈调研和问卷调查探析德育与学科教学脱节的原因。

2. 理论借鉴，构建模式（2009—2010年）

以构建模式为基，对育人路径和教学模式进行探究，借鉴社会认知理论、人本主义教育理论、情感教育理论、伦理学理论，结合实际，尝试探索出一套教学模式雏形。

（1）在总体设计上，鉴于"缺乏学科教学融入德育的路径"问题，采用丰富德育与学科协同育人的路径解决问题。

① 通过学科教材内容挖掘德育协同育人素材。挖掘教材内容的背景、课题、插图、亮点、资源等素材渗透德育。

② 抓住课堂教学环节创设德育协同育人时机。背景分析中引入德育；情境设置中植入德育；课堂训练中融入德育；活动开展中渗入德育。

③ 聚焦课堂五个融合优化德育协同育人策略。德育目标与教学目标、道德素养与学科素养、德育环境与师生关系、德育内容与学科内容、道德认知与道德行为相融合。

④ 借助信息技术应用提升德育协同育人实效。感受文字蕴含的深厚德育内涵，实现文化育人；以批判性态度进行思考分析，形成正确价值观，实现实践育人；让学生在学习中受到潜移默化的影响，实现活动育人；拓展德育的广度和深度，实现协同育人。

⑤采用课堂教学评价渗透德育协同育人思想。发挥教师评价的育人导向，让学生在自评、互评、师评中知德、行德、美德。

（2）在具体实施中，鉴于"德育教育与学科教学融合度低"问题，项目组着重抓以下三个方面。

① 构建小学学科"三阶三维五环"教学模式，借助有效的教研模式对学科教学渗透德育的课堂展开课例研讨，提升课堂实效。

② 采用多元评价提高德育与学科教学融合实效。

③ 通过德育与学科教学融合的校本课程资源开发和应用，形成优质教学资源。

3. 实验改革，修正模式（2011—2016年）

以实验改革为核，通过课题研究、课例研究、集体备课、教学比赛等多维驱动，助力"三阶三维五环"教学模式经历从数学学科到全学科整校推进改革，形成多学科课模变式，在研究实践中修正。

4. 凝练提升，推广应用（2017年至今）

以推广应用为续，在市内外3所边境学校、教育集团3所成员学校及2所乡镇薄弱学校作为试点校共同展开课改实践。2020年，依托广西中小学教师信息技术应用能力提升工程2.0项目在我校强势注入，有力推动"三阶三维五环"教学模式在校内外的应用步伐。2021年5月15日，笔者在第三次全国能力提升工程2.0实施交流会上分享课模应用，如图3-1所示。

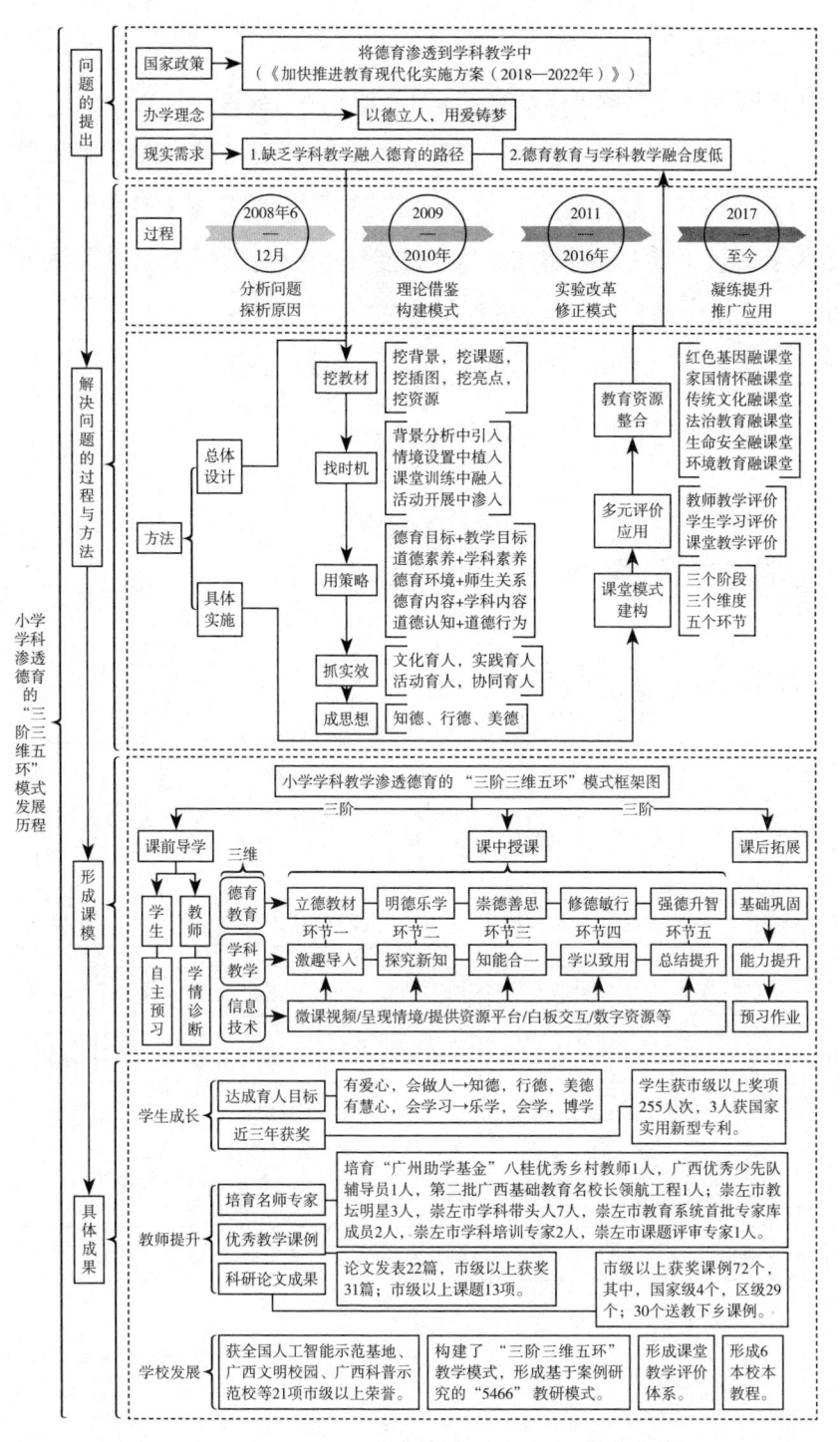

图 3-1

（三）成果的主要内容

1. 构建学科教学渗透德育的"三阶三维五环"模式

经过15年课改实践，最终形成边境地区小学学科教学渗透德育的"三阶三维五环"模式（如图3-2所示）。该模式立足于立德树人教育根本任务，学智育德，教书育人，实现德育与学科教学相融合，着力培养学生成为"有爱心，会做人；有慧心，会学习"的追梦少年。

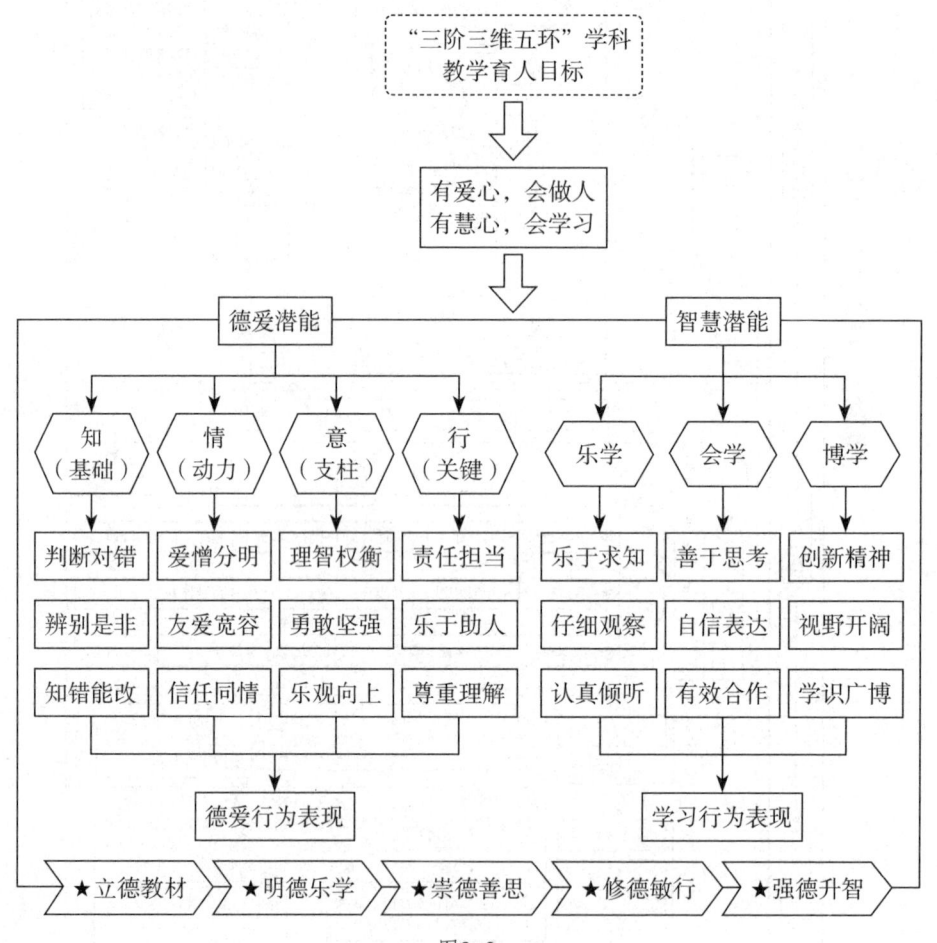

```
                    "三阶三维五环"学科
                    教学育人目标
                          ↓
                    有爱心，会做人
                    有慧心，会学习
                          ↓
        ┌──────────德爱潜能──────────┐   ┌──────智慧潜能──────┐
        │                            │   │                    │
       知        情        意       行    乐学    会学    博学
     （基础）（动力）（支柱）（关键）
        │        │        │        │     │       │        │
     判断对错  爱憎分明  理智权衡  责任担当  乐于求知  善于思考  创新精神
     辨别是非  友爱宽容  勇敢坚强  乐于助人  仔细观察  自信表达  视野开阔
     知错能改  信任同情  乐观向上  尊重理解  认真倾听  有效合作  学识广博
                    ↓                              ↓
                德爱行为表现                   学习行为表现

    ★立德教材  ★明德乐学  ★崇德善思  ★修德敏行  ★强德升智
```

图3-2

第三篇 在操作层面上，借助"三模"发力

（1）课模总框架图（如图3-3所示）

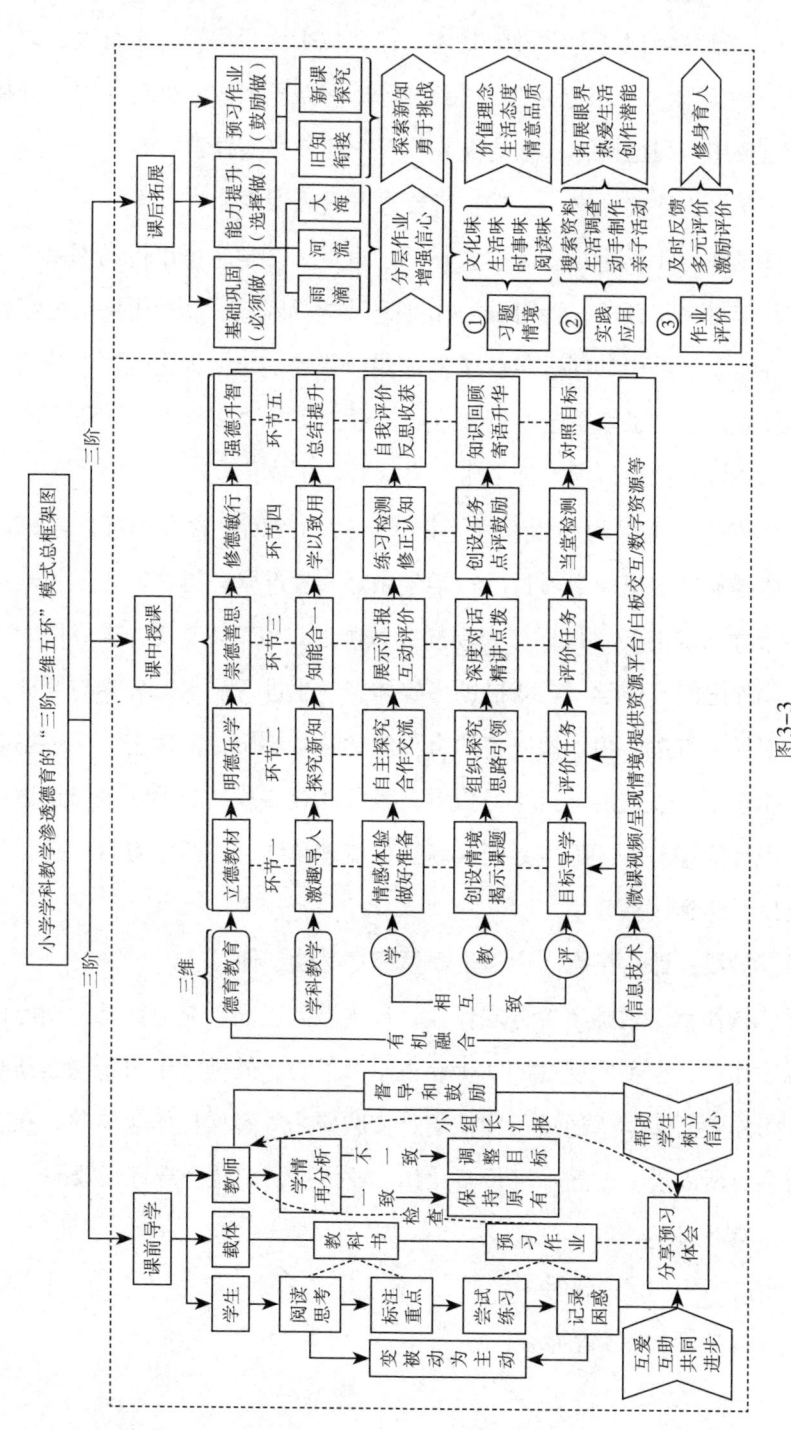

图3-3 小学科教学渗透德育的"三阶三维五环"模式总框架图

57

"三阶三维五环"教学模式以"课前导学、课中授课、课后拓展"三个阶段，以"德育为根基，学科为载体，信息技术为手段"三个维度，以"立德教材，激趣导入→明德乐学，探究新知→崇德善思，知能合一→修德敏行，学以致用→强德升智，总结提升"五个环节实施教学。

第一阶段：课前导学。让学生带着思考进入课堂。

具体操作：①学生自主阅读教材标注重点。②学生可以借助网络学习、查找资料等进一步预习，针对预习作业记录学习困惑。③学生课前分享预习体会，在互爱互助中共同进步。④教师课前督导，与学生交流预习体会，帮助学生树立信心，了解学生的新知难点，根据实际调整教学目标和设计。

第二阶段：课中授课。让学生在学智育德中成长。

具体操作：①教师利用音频、视频、图片等创设含有德育元素的问题情境，激趣揭题，呈现学习目标；学生做好心理准备，迅速进入学习轨道。②学生带着明确的学习目标探究新知，教师通过PPT呈现具有挑战性的学习任务，同伴之间合作学习。③借助多媒体，学生进行展示、分享与互评，教师适时引导、点拨，用崇德向善的言行润化学生心田，使学生会学善思知能合一。④学生学以致用进行练习检测，教师释疑点拨，帮助学生修正道德认知和知识技能偏差。⑤师生共同对新知作梳理总结，对照学习目标进行学习效果反思，达到情感升华。

第三阶段：课后拓展。让学生立德修身继续延伸。

具体操作：①教师布置分层作业，设置基础巩固、能力提升、预习作业三个梯度作业，让不同层次的学生获得学习信心，鼓励学生勇于探索新知，完成预习作业。②学生通过习题情境、实践应用等多样化作业体验，在思想品质方面有所发展。③教师进行多元化作业评价，实现修身育人效果。

（2）课模变式

①语文学科（第2课时）

相关框架图如图3-4所示。

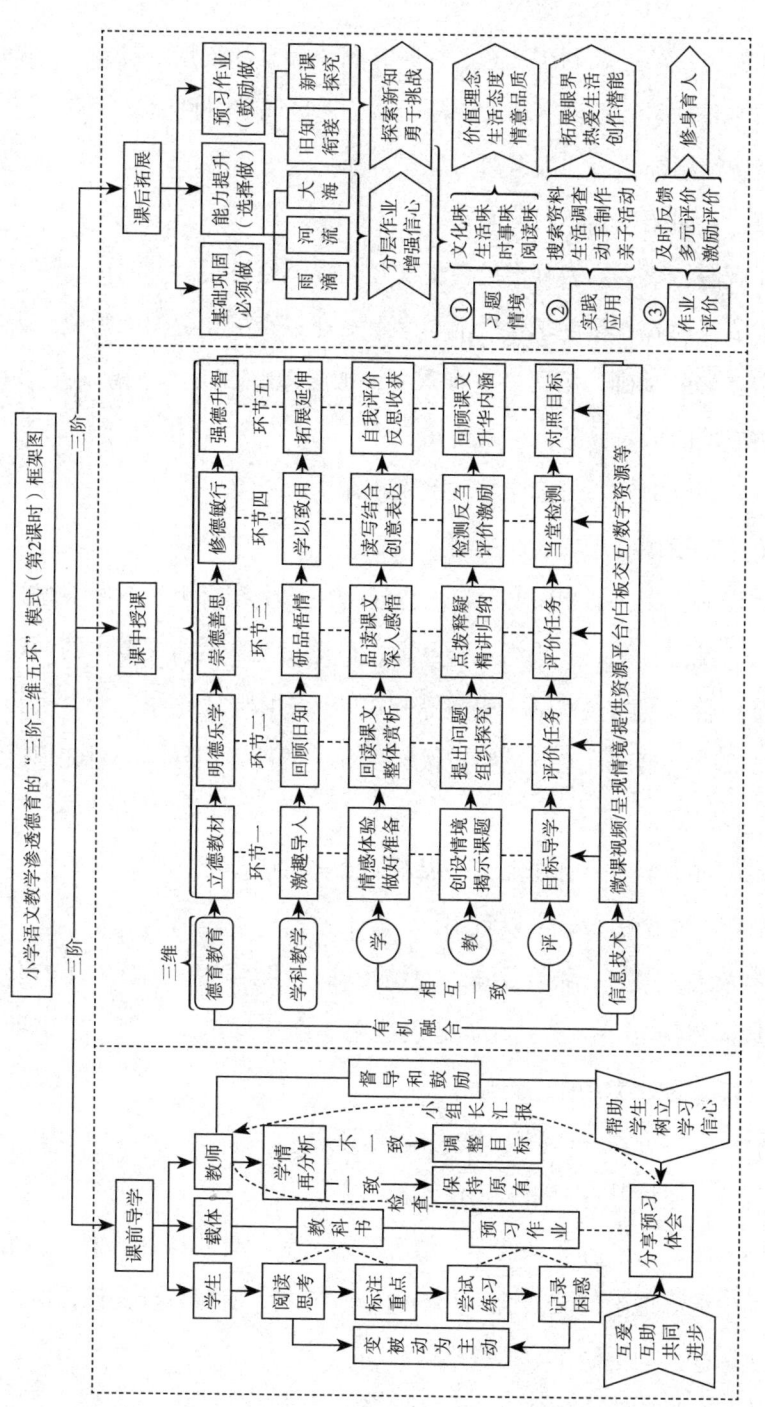

第三篇
在操作层面上，借助"三模"发力

图3-4 小学语文教学渗透德育的"三阶三维五环"模式（第2课时）框架图

环节一：立德教材，激趣导入。

具体做法：第一，利用音频、视频、图片等设计趣味复习导入，调动学生原有的体验。第二，自然切入课题。第三，呈现学习目标。

路径：情感铺垫—切入课题—呈现目标

环节二：明德乐学，回顾旧知。

具体做法：第一，教师借助白板交互功能，通过提问、测试、演示等方法温习上节课内容，帮助学生激活与学习新任务直接相关的旧知识，为新知学习奠定良好的基础。第二，再读课文，加深理解。第三，教师通过PPT呈现具有挑战性的学习任务，引入新知。

路径：回顾旧知—再读课文—引入新知

环节三：崇德善思，研品悟情。

具体做法：第一，PPT出示学法指导，让学生在自主学习中根据目标要求做圈点、批注。第二，小组互帮互助，讨论交流，赏析文章中的词句、表达、情感。第三，通过对话、表演等方式进行集体学习汇报，使学生会学善思、学会倾听。第四，教师适时点拨、指导、调控，引导学生对知识进行梳理、概括、归纳。

路径：自主学习—合作探究—展示交流—点拨小结

环节四：修德敏行，学以致用。

具体做法：第一，结合文本，总结凝练，习得方法。第二，PPT呈现练习，当堂训练仿写小练笔，在创意表达中学会迁移运用。第三，借助展台等，通过说、演分享互评，再修正。

路径：习得方法—迁移运用—分享互评

环节五：强德升智，拓展延伸。

具体做法：第一，联系实际，结合日常生活，自我评价。第二，总结内容，让学生更好地融情、共情，升华内涵。第三，对照目标，设计阅读、创作、生活调查、动手制作等拓展延伸活动。

路径：联系实际—情感升华—拓展延伸

② 数学学科

相关模式框架图如图3-5所示。

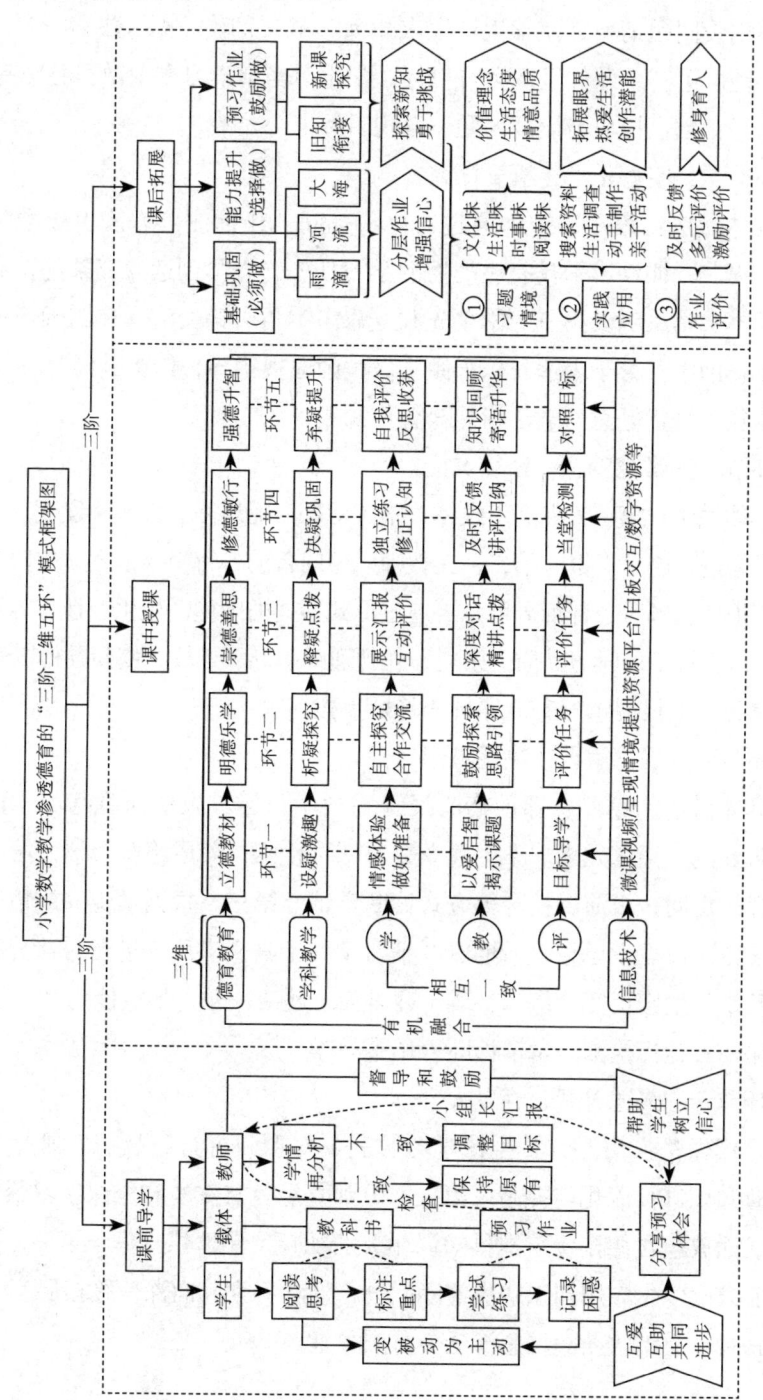

图 3-5

环节一：立德教材，设疑激趣。

具体做法：第一，教师利用教材的德育因素，通过视频、猜谜、游戏、故事等创设问题情境，使学生产生求知欲。第二，教师提出数学问题，顺势揭示课题。第三，课件呈现学习目标，学生对当堂学习重点做到心中有数。

路径：创设情境→设疑揭题→呈现目标

环节二：明德乐学，析疑探究。

具体做法：第一，教师通过对比、提问、作标注等方法引导学生理解题意。第二，课件出示具有挑战性的学习任务，教师创造探究条件，比如环境、学具、学法等。第三，学生先独立思考，再讨论交流，在明确任务要求和合作互助中，善于表达、乐于倾听。教师巡视指导，给予鼓励。

路径：分析题意→学法指导→合作探究

环节三：崇德善思，释疑点拨。

具体做法：第一，借助多媒体，学生对探究的思路、方法、发现、结论等学习成果进行展示汇报。第二，在教师崇德向善的言行引导下，学生对其他同学的汇报认真倾听、仔细分辨，再通过形式多样的师生、生生互评，养成善于思考、敢于评价的学习品质。第三，教师适时引导、点拨，使问题得以解决。

路径：汇报展示→交流评价→释疑点拨

环节四：修德敏行，决疑巩固。

具体做法：第一，课前精心设计与教学目标一致的课堂练习，由易到难，巧妙注入德育元素。学生独立完成课堂检测，养成检验习惯。第二，通过巡视、提问、板演、投屏等方式诊断学情。第三，根据学生完成情况，调整教学方法或教学思路，借助资源平台学科工具来讲评，进行对比分析和归纳，鼓励学生修正完善认知，敢于迎难而上解决问题，形成能力。

路径：达标检测→学情诊断→调整教学

环节五：强德升智，弃疑提升。

具体做法：第一，学生谈学习收获，对照目标进行反思，师生共同梳理，对知识进行深化与提高。第二，教师立足教材文本和全课学习给学生寄语，或播放蕴含德育、与本科知识相关的视频，使情感升华。第三，布置分层作业鼓励学生应用知识解决实际问题，使学科素养向深一级拓展。

路径：总结收获→情感渗透→分层作业

③英语学科

相关模式框架图如图3-6所示。

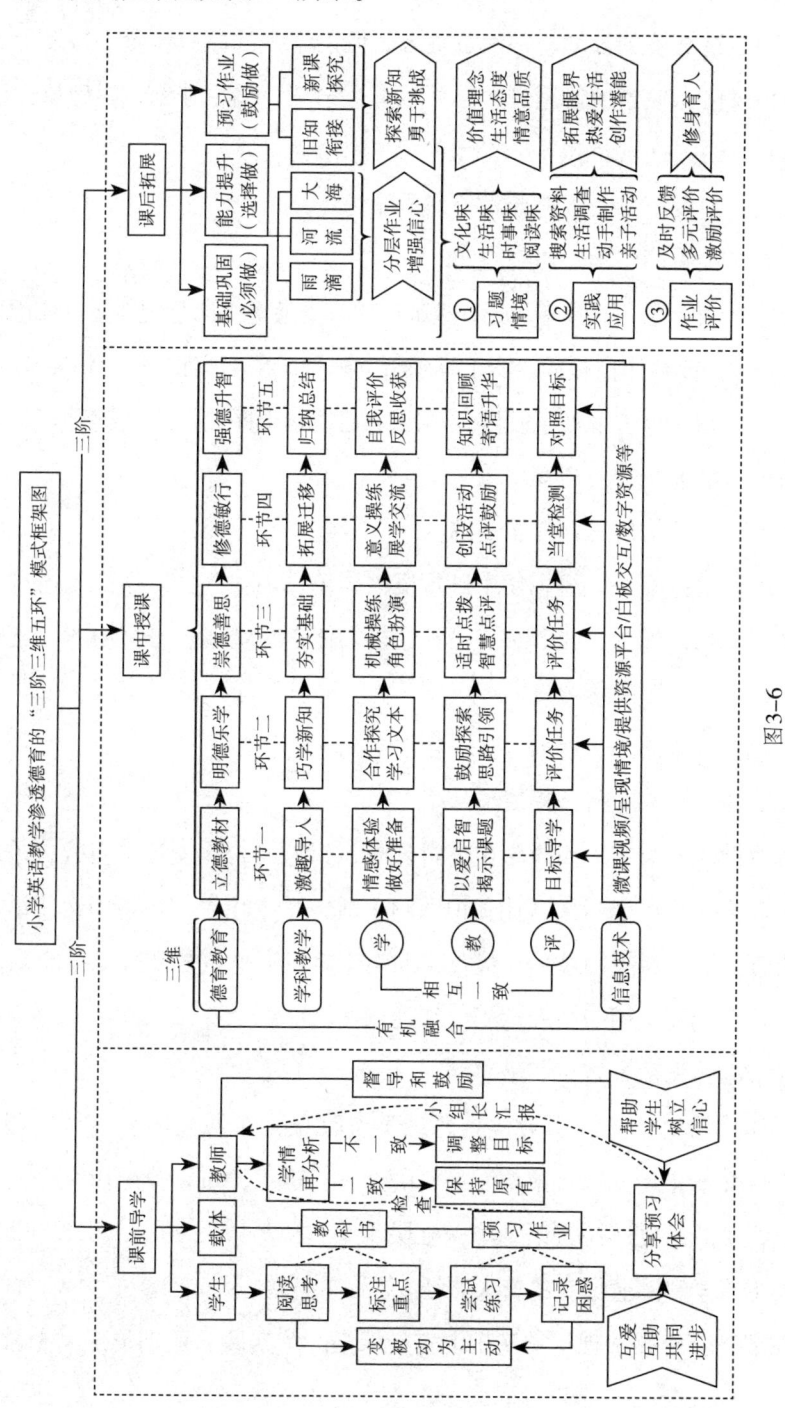

图3-6

环节一：立德教材，激趣导入。

具体做法：第一，立足教材，创设情境，唤起学生对知识的渴望。第二，教师通过情境创设和日常问答等方式调动学生的原有体验，激发学生的兴趣和积极性，使学生迅速进入学习轨道。第三，揭示课题，明确目标，让学生带着目的去探索新知。

路径：创设情景→激趣导入→揭示课题

环节二：明德乐学，巧学新知。

具体做法：第一，文本为托，教师运用直观教学手段呈现新知：或用多媒体出示图片，或运用白板的绘图工具画简笔画，或出示实物……第二，教师提出有梯度、有层次的问题，通过思路引领，启发学生探究，使学生巧学新知。

路径：呈现新知→巧学新知

环节三：崇德善思，夯实基础。

具体做法：第一，组织学生进行机械操练，内化新知。第二，通过演说练，巩固新知，展示自我。第三，利用多媒体创设情境，开展游戏、竞赛等合作探究活动，提高学习效率。

路径：机械操练→展示汇报→合作探究

环节四：修德敏行，拓展迁移。

具体做法：第一，引导学生通过调查、讨论、合作交流等方式，进行交际运用。第二，拓展运用，让知识回归生活，学生在真实情境中运用语言，掌握语言。第三，教师释疑点拨，帮助学生修正道德认知和知识技能偏差。

路径：交际运用→拓展运用→释疑点拨

环节五：强德升智，归纳总结。

具体做法：第一，引导学生总结学习收获，对课文内容进行梳理。第二，结合文本特点，融入德育元素寄语升华。第三，布置分层作业。

路径：总结复述→寄语升华→分层作业

2. 形成学科渗透德育的育人路径

在理性分析教学现状的基础上实施课堂改革实践，逐渐形成"挖教材—

抓时机—用策略—出实效—成思想"的德育与学科协同育人的实施路径。

（1）通过学科教材内容，挖掘德育协同育人素材

挖背景，渗透德育。为了让学生充分理解教材思想内容，接受品德教育，介绍时代背景就显得尤为重要。

挖课题，渗透德育。课题是课堂教学的"窗户""眼睛"，抓住题眼，揭示课题，从而对学生进行品德教育。如小学数学"位置与顺序"一课，教育学生要遵守规则、自觉维护社会公共秩序。又如小学语文《为中华之崛起而读书》一课，教育学生现在努力学习，将来为祖国繁荣做贡献。

挖插图，渗透德育。教师有针对性地利用好课文插图，如小学语文《邓小平爷爷植树》一课，借助课文插图，培养孩子们植树造林、保护地球的环保意识，增强社会责任感。又如，二年级数学教材《两位数减两位数》以"北京赢了"为素材设计主题图，还出示北京申奥成功的一组数据。通过上网查找到2008年申奥成功的小视频，课前播放，很好地表现了申奥成功后全国人民的喜悦，让学生感受到祖国越来越繁荣，激励学生热爱自己的祖国。

挖"亮点"，渗透德育。挖准教材中的德育"亮点"，潜移默化地增强学生的道德情感，内化为道德行为。例如，小学数学《节余多少钱》的试一试，抓住教材主题图中男孩说的"奶奶太辛苦了，咱家买台洗衣机吧"这句话，适时渗透孝敬老人、关心他人的情感教育。

挖资源，渗透德育。通过网络获取与学科知识相关的德育资源，丰富育人素材。如学习"图形的旋转"前，师生利用网络搜集有关旋转的应用，课上进行分享，有的学生说：神舟飞船返回舱返回时的画面有旋转运动，有的学生说：跨保定南站斜拉桥超大转体成功创造多项世界第一。师生共同感受数学在国家建设上发挥的巨大作用，情感得到升华。

（2）抓住课堂教学环节，创设德育协同育人时机

在背景分析中，引入德育。教学中的"背景"，能够帮助学生深入理解文本，使学生情感产生共鸣，增强理解和认同。

在情境设置中，植入德育。情境创设是灵活多样的，把抽象的道德观念

融入情境中，让学生在情境活动中入情、动情、移情、抒情。

在课堂训练中，融入德育。在课堂训练中，利用习题中的素材插图、人事物等进行渗透，降低知识内容的抽象性和理论性，易于学生接受，可以产生较好的德育渗透效果。

在活动开展中，渗入德育。在课堂学习活动中渗透德育教育，可以更好地促使学生在做中学、在做中思考、在做中成长，更好地实现育人目标。例如，我校一位数学老师在2021年10月参加全区中小学信息技术与学科教学深度融合比赛，当时选取北师大版五年级上册《组合图形的面积》一课，教材中的主题图是智慧老人准备给客厅铺地板，从客厅的平面图面积的大小引出组合图形面积的计算。考虑到2020年的11月全国人民团结一心共同抗击疫情的形势就是很好的德育教育资源，于是，我们对教材主题图进行巧妙改编，在设计学习活动时，将教材中"普通的客厅平面图"换成"雷神山医院平面设计图"，将"客厅面积计算"换成"火神山的隔离区的面积计算"，更能有效激发学生的学习兴趣。

（3）聚焦课堂五个融合，优化德育协同育人策略

德育目标与教学目标融合。学科德育课堂应确立清晰的德育目标，自然融入到教学目标里，使两个目标相辅相成。

道德素养与学科素养融合。（见图3-7）找到学科知识点学习与学科核心素养、思想道德素养的结合点。

德育环境与师生关系相融合。学生的品德养成在一定的程度上受到教学环境、师生关系、同伴关系的影响。因此，教师要善于创设宽松和谐的课堂氛围，使良好的道德环境与融洽的师生关系相融合。

德育内容与学科内容相融合。找到德育内容和学科内容的最佳结合点，形成学科教学合力，使德育自然而然地通过学科教学内容引出，达到润物细无声的效果。

道德认知和道德行为相融合。巧妙创设有德育意义的实践性课后拓展作业，引导学生将道德认知融入积极的道德行为中，实现知行合一。

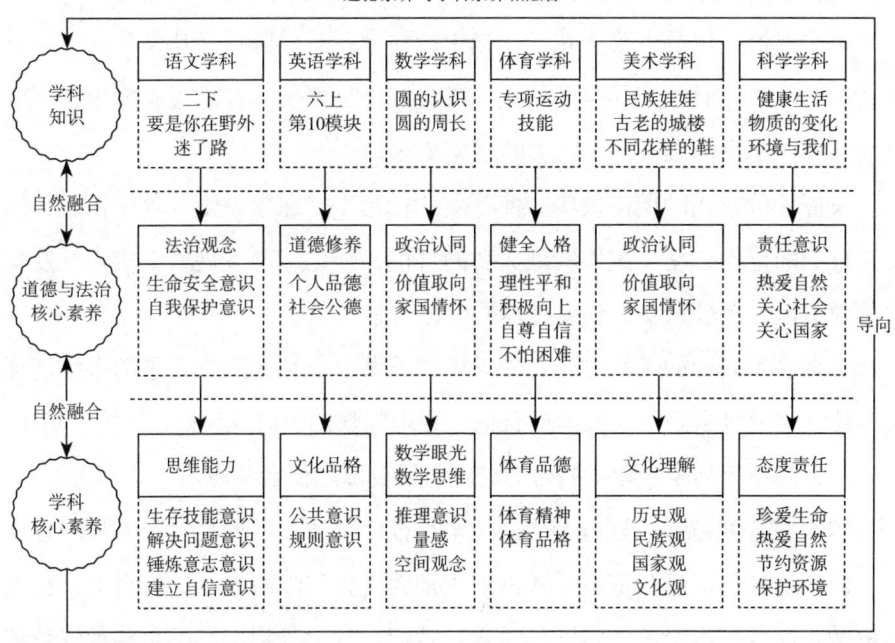

道德素养与学科素养相融合

	语文学科	英语学科	数学学科	体育学科	美术学科	科学学科
学科知识	二下 要是你在野外迷了路	六上 第10模块	圆的认识 圆的周长	专项运动技能	民族娃娃 古老的城楼 不同花样的鞋	健康生活 物质的变化 环境与我们
↑ 自然融合						
道德与法治核心素养	法治观念 生命安全意识 自我保护意识	道德修养 个人品德 社会公德	政治认同 价值取向 家国情怀	健全人格 理性平和 积极向上 自尊自信 不怕困难	政治认同 价值取向 家国情怀	责任意识 热爱自然 关心社会 关心国家
↑ 自然融合						
学科核心素养	思维能力 生存技能意识 解决问题意识 锤炼意志意识 建立自信意识	文化品格 公共意识 规则意识	数学眼光 数学思维 推理意识 量感 空间观念	体育品德 体育精神 体育品格	文化理解 历史观 民族观 国家观 文化观	态度责任 珍爱生命 热爱自然 节约资源 保护环境

导向 →

图3-7

（4）借助信息技术应用，提升德育协同育人实效

借助信息技术，能够让学生在学习基础知识的同时关注对学科本质的思考与理解，养成良好道德行为习惯。

借助信息技术，以批判性的态度进行思考和分析，形成正确价值观，促进学生人格发展。例如，语文阅读教学中，通过信息技术呈现补充资源，让学生更关注阅读中人物的人格和品性，并以批判性的态度进行思考和分析。

借助信息技术，让学生在学习中受到潜移默化的影响，达到润物无声的效果。例如，道德与法治学科教学中，通过播放视频、音频等，以故事形式重现道德活动场景表现道德人物情感，引导学生重构经验，形成道德自我建构。

借助信息技术，拓展德育教育的广度和深度，实现协同育人。借助信息化手段进行模拟、还原、呈现、补充教材资源，让学生获得直观的信息与感受。

（5）采用课堂教学评价，渗透德育协同育人思想

点击评价主体的思维火花，使学生"知德"。教师设计让学生自主探究和表达的环节，对他人和自己的成果或观点进行评价，在思维碰撞中，形成友爱宽容、尊重他人、乐于助人的道德认知。

发挥评价方式的期待效应，使学生"行德"。课堂教学评价中情感、语言和行为的传递，使学生体验到成功的喜悦，强化道德发展的动机，激发学生热爱祖国、热爱家乡、热爱集体的道德情感。

点亮多维评价的德智之光，使学生"美德"。利用六个要素的多维度评价，使学生形成乐观向上、勇敢自信、意志坚强的美好品质。

3. 创新德育与学科教学融合的校本教程资源的整合和应用

（1）整合红色基因融入课堂的校本教程资源，实现德育教育入脑入心

以本地红色资源为依托，找准红色基因资源与学科教学的融合点，在教学中融入红色基因资源，将红色教育巧妙融入教学过程中，学生传承红色基因，赓续红色血脉。

（2）整合家国情怀融入课堂的校本教程资源，实现德育教育有声有色

巧用多媒体技术，播放各种教学资源，营造家国情怀氛围。利用对比分析，让学生感受到时代变迁带给人们生活的巨变，涵养学生家国情怀。

（3）整合法治教育融入课堂的校本教程资源，实现德育教育落实落地

在教学活动中，教师有机融入法治教育，提高学生思想觉悟。教师充分挖掘教材中潜在的法治教育元素，把法律知识自然融入各科教学中，达到德育、智育的双重教育目的。

（4）整合传统文化融入课堂的校本教程资源，实现德育教育双管齐下

创设传统文化情境，将传统文化有效融入，从而达到文化知识教学与道德教育的双重互动。

（5）整合生命安全融入课堂的校本课程资源，实现德育教育潜移默化

在学科教学中树立渗透生命教育的观念，落实生命教育，潜移默化地进行无痕化教育。

（6）整合环境教育融入课堂的校本课程资源，实现德育教育有效植入

在教学中深入钻研教材，找准环境教育点，利用废品自制教具，在孩子的心灵植入环境教育。

4. 形成学科渗透德育课堂教学评价体系

在实践中，我们构建了"三阶三维五环"课堂评价体系。经实践检验，该体系可以较好地促进学生健康成长、教师专业发展和教学质量提升。"三阶三维五环"教学评价体系以课堂、教师和学生作为评价对象，以六要素课堂评价、教师教学评价、教师即时性课中评价和学生学习评价为评价内容，有针对性、较为客观公正地对课堂中教师的教、学生的学和学科课堂进行评价，定量评价和定性评价相结合，并反馈和利用评价结果促进质量提升。通过"乐学、会学、博学"三个要素开展自评、互评和试评，评价学生在学习中的表现情况及思维发展状况，从而调整学生课堂学习行为和方向，实现立德树人、启智增慧的目标。通过六要素课堂评价和教师教学评价，让教师通过反馈调节个人的教学状态，改进课堂教学，提高教学能力。

（四）效果与反思

本项目选取边境县城区学校、教育集团成员校及乡镇薄弱学校为试点校，开展本成果实践。经过改革实践，在帮助试点学校发展的同时，也提升了本校教育质量。

1. 培育了一大批品学兼优的学生

"三阶三维五环"课堂选准教育最佳结合点，从学生成长规律和能力发展出发，将学智育德的价值观教育渗透到课堂中，促进学生知行合一、全面发展，学习上"乐学、会学、博学"，品行上"知德、行德、美德"，达成育人目标。近三年，据不完全统计，学生参加各类比赛，获市级以上奖255人次，其中，德育类评比81人获奖，科技类评比117人获奖，语言类评比21人获奖，艺术类评比36人获奖，3人荣获国家新型专利。

2. 造就了一批专业能力强的名师

通过课堂改革实践，造就了一大批课改名师专家："广州助学基金"

八桂优秀乡村教师1人，广西优秀少先队辅导员1人，第二批广西基础教育名校长领航工程1人；崇左市教坛明星3人，崇左市学科带头人7人，崇左市教育系统首批专家库成员2人，崇左市中小学教师培训专家库成员2人，崇左市课题评审专家1人。教师专业能力不断提升，参加各类优秀课例评比获4项国家级奖，29项区级奖，39项市级奖。以课改为突破口，盘活学校教育科研管理，教师科研能力得到提升，刊发与课改相关论文22篇，获奖论文区级10篇、市级21篇。

3. 成就了高品质的学校

教师在"三阶三维五环"基本模式上不断创新，教学效果不断优化，实现整校推进，全学科覆盖。随着教师教学能力的提升，我校教育教学质量不断攀升，在综合质量评估中一直跻身全县小学前列，育人效果显著，取得家长信任、赢得社会认可。"三阶三维五环"教学模式经过比赛和推广的多次检验，受到县内外教育同人广泛好评和借鉴，魅力扶绥、扶绥新闻、人民网等多家媒体对我校课改活动进行宣传报道，学校影响力不断提升，先后荣获全国人工智能示范基地、广西文明校园、广西科普示范校等21项市级以上荣誉。

案例引言：2023年10月，笔者应用"三阶三维五环"教学模式进行"图形的旋转（一）"一课教学设计，将德育教育巧妙渗透到教学中，所录制的精品课经过层层遴选，获得崇左市基础教育精品课一等奖，并入选广西壮族自治区级基础教育精品课。2024年1月，笔者对"图形的旋转（一）"一课做了信息化教学设计方案，该方案荣获2023年自治区中小学教师信息技术应用能力提升工程2.0系列竞赛活动信息化教学设计二等奖。

案例4　自治区级精品课《图形的旋转（一）》教学设计与评析

感受旋转力量　厚植家国情怀
——《图形的旋转（一）》教学设计与评析

一、教材内容

北师大版小学数学六年级下册第28页。

二、学情分析

本节课是北师大版六年级下册第三单元的第一节内容，是图形旋转运动的再认识。学生在三年级已经初步认识了旋转，在调动学生已有知识和生活经验的基础上，通过本课的学习，进一步认识旋转的特征和本质。本节课是为下一节平面图形的旋转做铺垫，同时为后面学习图形的运动以及初中九年级学习平面图形关于旋转中心的旋转埋下伏笔。

三、教学目标

1. 通过观察钟面指针的旋转，初步认识旋转三要素，能在方格纸上画出绕线段的一个端点顺时针或逆时针旋转90°后的线段。

2. 结合横杆的旋转运动过程，运用旋转三要素准确描述横杆、线段等图形的旋转现象，发展空间观念和几何直观。

3. 感受旋转在生活中的应用，体验学习数学的乐趣和价值。

教学重点：运用旋转三要素观察和描述图形的旋转现象。

教学难点：能在方格纸上画出绕线段的一个端点顺时针或逆时针旋转90°后的线段。

四、设计说明

（一）围绕线段旋转，做足"旋转三要素"的探究

关注知识的体验和探索过程。观察钟面时针、分针的旋转，发现旋转三要素的奥秘；应用旋转三要素描述横杆的旋转，进一步加深对图形旋转的认识；开展铅笔的旋转探究活动，验证旋转三要素的必要性。

（二）巧用转化思想，突破"图形的旋转"的难点

从生活中横杆的旋转，自然引入数学上线段的旋转，直观感知图形旋转后的位置，丰富空间想象。通过对数字素材的灵活把握，加深对旋转要素的理解记忆。

（三）践行学科德育，升华"数学与生活"的融合

把德育融注于知识载体之中，学生在古人发明竹蜻蜓对人类航空发展的影响里，在河北保定双翼斜拉桥华丽"转身"的场景中，感受旋转的力量，

厚植家国情怀。

五、教学环节

（一）立德教材，设疑激趣

1. 了解古代有关旋转的发明。

师：同学们玩过竹蜻蜓吗？你知道竹蜻蜓在做什么运动？

生1：玩过，竹蜻蜓在旋转。听爸爸说：竹蜻蜓的原理和直升机一样，都是利用叶片的旋转来产生升力，达到飞行的目的。

生2：我在阅读中了解到：公元4世纪，我国东晋学者葛洪发明了竹蜻蜓。西方人称之为"中国螺旋"。公元17世纪，中国苏州巧匠徐正明，利用竹蜻蜓原理，制造出一架"直升机"。公元18世纪，竹蜻蜓传到欧洲，世界上第一架飞机的发明者也是从竹蜻蜓中获得灵感。

师：同学们涉猎广泛，了解的可真不少！在大英博物馆的展厅中，有这样一句话："世界上最早的飞行器，是中国人发明的竹蜻蜓。"中国竹蜻蜓为世界航空的发展贡献了智慧。我们为此感到自豪！

2. 回忆生活中的旋转现象。

师：生活中，你知道有哪些和旋转有关的应用呢？

生1：转动的摩天轮，风扇转动的扇叶。

生2：钟面指针的旋转。

师：究竟这些物体是怎样旋转的呢？今天我们继续来探索旋转的奥秘。板书课题：图形的旋转（一）。

3. 出示本课学习目标。

在今天这节课中，我们要学会：①初步认识旋转三要素，能在方格纸上画出绕线段的一个端点顺时针或逆时针旋转90°后的线段。②运用旋转三要素观察和描述图形的旋转现象。③感受旋转在生活中的应用，体验学习数学的乐趣和价值。

设计意图：立德于教材，创设古人发明竹蜻蜓的情境，激发民族自豪感。通过让学生寻找生活中的旋转现象，唤起学生对旋转运动的已有经验，调动学生的学习积极性，自然进入新课学习。

(二)明德乐学，析疑探究

活动一：观察钟面，说说时针、分针是怎样旋转的。

1. 认识旋转中心。

师：这里有一个钟面，观察钟面，说说时针、分针是怎样旋转的。

生1：时针和分针绕着中心点旋转。

师：眼睛真亮！这个中心点是怎样的状态？

生2：固定不动。

师：时针和分针绕着中心点旋转，这个中心点是固定的。数学上，把这个中心点叫作旋转中心。（板书：旋转中心）

2. 认识旋转方向。

生3：我发现，分针和时针旋转的方向是顺时针方向，相反的方向就是逆时针方向。

师：真是火眼金睛！（板书：旋转方向）旋转方向有顺时针方向和逆时针方向。（板书：顺时针、逆时针）

师：屏幕前的同学们，你会辨认这两个方向吗？一顺一逆，正好相反，我们在观察的时候一定要细心。

3. 认识旋转角度。

生4：我还发现，分针转了一大圈，时针转了一大格。分针1时旋转一周，即360°；时针1时旋转1大格，钟面上有12个大格，即360÷12=30°，每个大格所在圆心的夹角为30°。

师：是的，在同一时间内，分针和时针旋转的角度是不同的。（板书：旋转角度）同学们能从不同的角度去观察和思考，真棒！

师：我们发现了旋转的三大奥秘，也就是旋转的三要素：旋转中心，旋转方向，旋转角度。

(三)崇德善思，释疑点拨

活动二：观察横杆分别是怎样旋转的，与同伴交流。

师：接下来，我们学习运用旋转三要素描述物体的旋转。观察横杆分别是怎样旋转的，屏幕前的同学们，暂停一下，想一想。

1. 课件出示：横杆开启和关闭的画面。

2. 合作学习。观察横杆分别是怎样旋转的，用旋转的三要素与同伴交流。

3. 指名学生回答。

师：我来听听同学们的想法。

生1：横杆绕中心点顺时针方向旋转90度。

师：淘淘的回答正确吗？屏幕前的同学们，我们一起来看一看横杆旋转的过程。（动画演示）我们再来看横杆关闭是怎样旋转的。

生2：横杆绕中心点逆时针方向旋转90度。

师：笑笑的回答正确吗？我们一起来看一看横杆旋转的过程。（动画演示）

4. 变与不变。

师：仔细观察旋转前后的横杆——什么变了？什么没变？

生：旋转前后的横杆，形状和大小都不变，位置和方向发生改变。

师：同学们善于观察、乐于思考，学会了用旋转三要素来描述物体的旋转。

活动三：验证旋转三要素的必要性。

用两支铅笔转一转，同桌合作完成学习任务单（一）。

学习任务单（一）：验证旋转三要素的必要性

表3-1

	旋转中心	旋转方向	旋转角度	铅笔位置
1	不相同	相同	相同	
2	相同	不相同	相同	
3	相同	相同	不相同	

1. 旋转方向与旋转角度一样，旋转中心不一样。

小结：如果旋转方向与旋转角度一样，旋转中心不一样，铅笔旋转后位置就会不一样。证明说清楚旋转中心很重要。

2. 旋转中心和旋转角度一样，旋转方向不一样。

小结：如果旋转中心与旋转角度一样，旋转方向不一样，铅笔旋转后位置就会不一样。证明说清楚旋转方向很重要。

3. 旋转中心和旋转方向一样，旋转角度不一样。

小结：如果旋转中心和旋转方向一样，旋转角度不一样，铅笔旋转后位置就会不一样。证明说清楚旋转角度很重要。

活动四：画一画。

师：生活中横杆的旋转现象，我们可以用数学中线段的旋转来代替它。像这样，我们可以说线段AB绕点B顺时针方向旋转90°。

1. 出示学习任务单（二）的要求：

（1）自己动手尝试画一画旋转后的线段。

（2）在小组内交流你的想法。做好汇报准备。

2. 学生独立练习。

3. 展示学生作品。

4. 对比辨析。

师：让我来听一听同学们是怎么做的？

生1：先确定旋转中心是点B，再标出旋转方向，是顺时针方向，最后借助直角三角板画出旋转90°后的线段，占3格，标上直角符号。

生2：线段AB原来是水平方向的，旋转90°后的线段应该是垂直方向的。

生1：笑笑，你并没有按题目要求画出线段，原因是你忽略了旋转中心和旋转方向这两个要素。

生2：让我想想，通过你的提醒和刚才的讲解，我知道自己错在哪儿了。应该这样做：先确定旋转中心是点A；再把旋转方向标出来，是逆时针方向；最后借助直角三角板画出旋转90°后的线段，占3格，标上直角符号。

师：同学们真了不起！能够看见别人做题中的优点和不足，这是促进我们自身成长的过程！同学们，画图前不要一开始就动手画，而是先想一想，再模拟做一做，最后画一画。

设计意图： 此环节，让学生在观察、比较、思考、交流和操作活动中建构旋转模型。在对比观察中，发现图形旋转前后的形状和大小不变，渗透了"变与不变"的思想。在游戏活动中，感受学习的愉悦，实现知能合一。在动手操作中，表述自己的想法，直观体验旋转到底是如何运动的，为后续学习旋转平面图形打下基础。

（四）修德敏行，决疑巩固

1. 下面两个钟面上，时针分别从几时走到了几时？哪个钟面的时针旋转的角度大？（见图3-8）

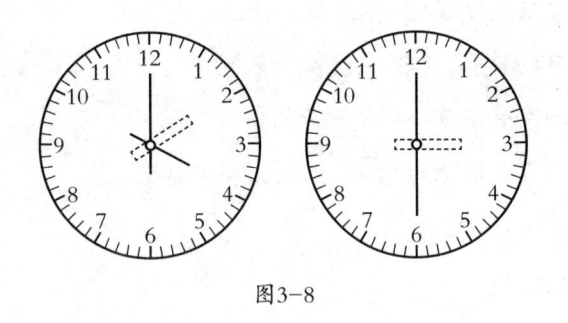

图3-8

2. 想一想，填一填。（见图3-9）

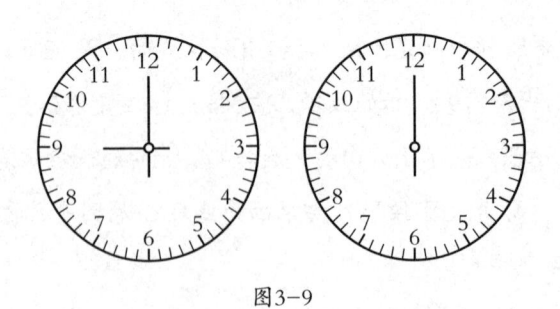

图3-9

从9时到12时，时针绕中心点顺时针方向旋转了（　　）度。

从12时到16时，时针绕中心点顺时针方向旋转了（　　）度。

76

3. 想一想，填一填。

一棵小树被扶起种好，这棵小树绕点O（   ）方向旋转了（   ）度。

师：我国森林覆盖率为24%，森林人均蓄积量较低，我们要爱护树木，保护环境。

设计意图：课堂练习立足于基础知识，通过设置三个不同层次的练习，让学生在巩固应用中发展能力，同时受到爱护树木、保护环境的思想教育。

（五）强德升智，弃疑提升

1. 归纳总结。通过今天的学习，你有哪些收获？

生1：我们在描述物体或图形旋转时要说清楚旋转三要素，即：旋转中心、旋转方向和旋转角度。

生2：在画线段的旋转时，先确定旋转中心，再标出旋转方向，最后借助直角三角板画出旋转90°后的线段。

2. 联系生活。

出示会"旋转"的桥——河北保定双翼斜拉桥华丽"转身"场景。

师：同学们，你们见过会"旋转"的桥吗？2019年7月30日，河北保定重达8万余吨超长转体双翼斜拉桥在京广线上华丽"转身"，母塔逆时钟转动52.4°，子塔逆时针转动67.4°，历时90余分钟实现对接合龙。打破了世界桥梁建设史上转体重量、转体跨度等多项纪录。

师：旋转在生活中的应用很多，数学无处不在！数学在解决国家重大需求和强国建设中有着举足轻重的作用。让我们好好学习，未来去建设祖国！

设计意图：把德育融注于知识载体之中，渗透到学科课堂，借助信息技术手段呈现"旋转"的桥，让学生感受祖国的强大，厚植家国情怀，激励学生好好学习，符合《义务教育数学课程标准（2022年版）》提出的"用数学的眼光观察现实世界"的课标理念和《义务教育课程方案（2022年版）》强调"育人为本"的理念。

六、板书设计

图形的旋转（一）

旋转三要素 { 旋转中心　绕哪个点旋转
　　　　　　旋转方向　顺时针　逆时针
　　　　　　旋转角度　旋转了多少度

信息化教学设计方案

表3-2

1.基本信息				
学校	扶绥县实验学校	教师	钟旻芬	
信息化环境	多媒体教学环境☑ 混合学习环境☐ 智慧学习环境☐ （幼儿园无须填报）	学科（版本）	小学数学/北京师范大学出版社	
年级	六年级	章节	三、图形的运动	
课题（课时）	图形的旋转（一）	指导教师		

2.课程标准

增强空间观念和应用意识。学生经历对现实生活中图形运动的抽象过程，认识旋转的特征，体会运动前后图形的变与不变，感受数学美，逐步形成空间观念和几何直观。能在方格纸上描述图形的位置，能辨别和想象简单图形旋转后的图形，画出简单图形旋转90°后的图形。

3.教材分析

（1）知识点描述

本节内容是在以前学习的基础上，通过观察钟面和横杆的运动，理解顺时针和逆时针的含义。从旋转中心、旋转方向和旋转角度这三要素，观察和描述图形旋转现象，并会画线段按顺时针或逆时针方向旋转后的图形。

（2）能力要求描述

微能力点A3演示文稿的设计与制作在能力维度属于教学设计，微能力点A6技术支持的课堂讲授在能力维度属于学法指导，所属环境为多媒体教学环境。根据教学需要制作演示文稿，适时使用信息技术，有序有效推进课堂教学环节展开，丰富师生互动。

① 围绕线段旋转，做足"旋转三要素"的探究。

灵活组织、应用图、文、声、像等信息，围绕线段的旋转，关注知识的体验和探索过程，直观清晰地展示知识结构和逻辑关系。学生观察钟面时针、分针的旋转，发现"旋转三要素"的奥秘；应用旋转三要素描述横杆的旋转，进一步加深对图形旋转的认识；开展铅笔的旋转探究活动，验证旋转三要素的必要性。

续表

②巧用转化思想，突破"图形的旋转"的难点。
通过课件画面切换，从生活中横杆的旋转场景，自然引入数学上线段的旋转场景，直观感知图形旋转后的位置，丰富空间想象。通过对数字素材的灵活把握，加深对旋转要素的理解记忆。在学生学习线段的旋转时，运用八桂教学通平台工具GGB，希沃课件上可触屏的线段旋转的操作，丰富学生的学习体验，各种平台、教学资源的自然切换，有效突破教学难点。
③践行学科德育，升华"数学与生活"的融合。
把德育融注于知识载体之中，借助PPT的图片、视频呈现，让学生在古人发明竹蜻蜓对人类航空发展的影响里，在河北保定双翼斜拉桥华丽"转身"的场景中，感受旋转的力量，厚植家国情怀。

4.学习者分析
结合本节课的知识点和能力要求，使用学情分析工具对学生课前所需知识和能力进行分析。
二年级时，学生已认识平移和旋转，初步感知生活中的旋转现象，四年级时，结合活动体验了旋转与角的关系，对旋转已有初步的认识。这些已有知识是学生学习新知的基础，为了找准新课切入点，这里用到了微能力点A1技术支持的学情分析，课前对学生进行问卷星学情分析，内容有：第一，说一说生活中的旋转现象。第二，你会分辨顺时针和逆时针方向吗？第三，搜索有关旋转的发明和应用。

5.教学目标
目标按三维目标编制。目标的主语必须是学生，陈述目标相关的学生行为应使用"具体的动词"，使目标可观察可检测，目标数量恰当。过程方法结合信息技术应用支持，重点陈述学生思考和问题解决。
（1）知识与技能
通过观察钟面指针的旋转，初步认识旋转三要素，即旋转中心、旋转方向、旋转角度；能在方格纸上画出绕线段的一个端点顺时针或逆时针旋转90°后的线段。
（2）过程与方法
制作与运用A3演示文稿，先呈现钟面指针的旋转，教师适时讲解，学生观察，从而了解旋转三要素；结合横杆的旋转运动过程，运用旋转三要素准确描述横杆、线段等图形的旋转现象，发展空间观念和几何直观。在讲解线段的旋转时，教师运用八桂教学通中的"工具中心→编创工具→GGB"，先引导学生想象线段按一定方向旋转90°后的位置在哪儿，再通过"旋转"工具，输入方向和角度进行验证，帮助学生掌握线段的旋转，促进学生学习和理解，这里用到了微能力点A6技术支持的课堂讲授。课堂检测环节，通过希沃白板交互功能，学生在白板上对线段的旋转进行手动操作，提高学生的学习兴趣，提升学生的信息素养。
（3）情感态度价值观
感受旋转在生活中的应用，体验学习数学的乐趣和价值。

续 表

6.教学重难点分析及解决措施	
（1）重点分析 运用旋转三要素观察和描述图形的旋转现象。	解决措施 措施或策略1：通过A3演示文稿的设计与制作，将静态图片改为钟面指针、横杆旋转动态呈现，进一步发展学生空间思维。 措施或策略2：通过画面切换，从生活中横杆的旋转自然过渡到数学上线段的旋转，直观形象，实现知识迁移。 措施或策略3：通过学生进行铅笔的旋转活动，课件直观演示，让学生进一步感受旋转三要素在描述图形旋转时的必要性，发展空间观念。
（2）难点分析 能在方格纸上画出绕线段的一个端点顺时针或逆时针旋转90°后的线段。	解决措施 措施或策略1：通过A6技术支持的课堂讲授，借助八桂教学通的工具，验证学生的猜想，丰富学习体验。 措施或策略2：借助希沃白板交互功能，让学生到白板上操作线段的旋转，实现人机互动，在观察、比较、思考、交流和操作活动中，建构旋转模型。

7.信息技术应用框架说明

围绕本课教学目标拟选用哪些信息技术作支持？简要说明技术的应用者、使用技术的目的、环节和预期效果，并陈述技术应用与微能力点的关系。

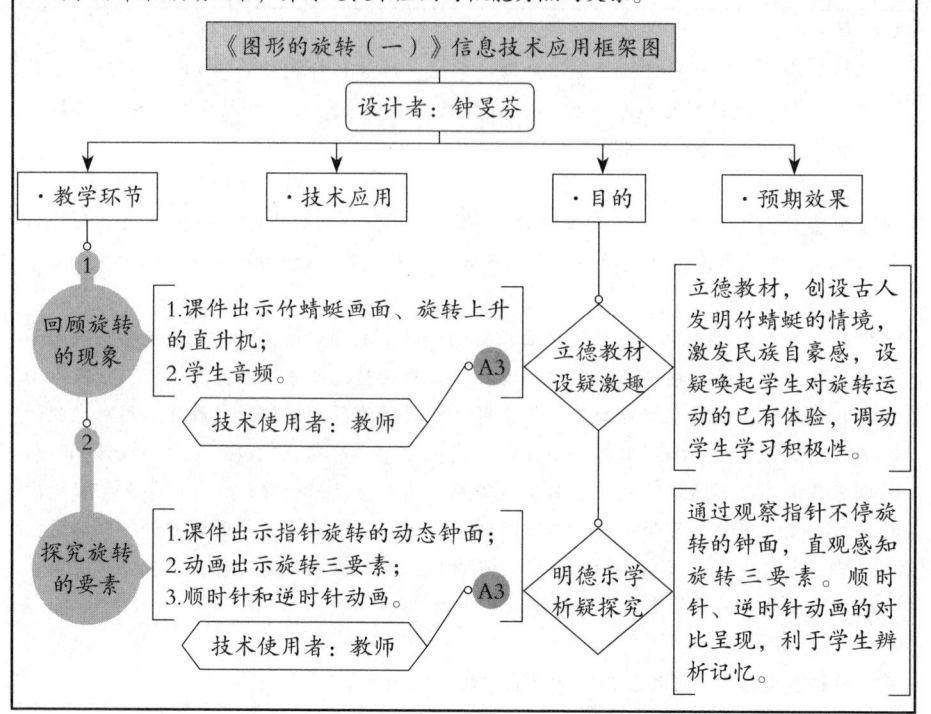

《图形的旋转（一）》信息技术应用框架图

设计者：钟旻芬

教学环节	技术应用	目的	预期效果
1 回顾旋转的现象	1.课件出示竹蜻蜓画面、旋转上升的直升机； 2.学生音频。 技术使用者：教师 A3	立德教材 设疑激趣	立德教材，创设古人发明竹蜻蜓的情境，激发民族自豪感，设疑唤起学生对旋转运动的已有体验，调动学生学习积极性。
2 探究旋转的要素	1.课件出示指针旋转的动态钟面； 2.动画出示旋转三要素； 3.顺时针和逆时针动画。 技术使用者：教师 A3	明德乐学 析疑探究	通过观察指针不停旋转的钟面，直观感知旋转三要素。顺时针、逆时针动画的对比呈现，利于学生辨析记忆。

第三篇 在操作层面上，借助"三模"发力

续 表

```
                    《图形的旋转（一）》信息技术应用框架图
                              设计者：钟旻芬
```

教学环节	技术应用	目的	预期效果
③ 构建旋转的模型	1.横杆开启和关闭的动画； 2.铅笔按要求旋转的动画； 3.课件画面从横杆旋转切换到线段； 4.八桂教学通平台GGB工具的使用； 5.通过希沃投影展示学生作品； 6.学生可触屏操作线段的旋转。 技术使用者：教师、学生 〈A3〉〈A6〉	崇德善思 释疑点拨	借助信息技术的巧妙应用，学生在观察、比较、思考、交流和操作活动中，建构旋转的模型。
④ 升华旋转的知识	1.课件出示练习； 2.出示我国森林人均积蓄的相关数据。 技术使用者：教师 〈A3〉	修德敏行 决疑巩固	课堂练习立足于基础知识，通过设置三个不同层次的练习，让学生在巩固应用中发展能力，同时受到爱护树木、保护环境的教育。
⑤ 感受旋转的力量	1.课件出示知识思维导图； 2.出示视频：会"旋转"的桥——河北保定双翼斜拉桥华丽"转身"场景。 技术使用者：教师 〈A7〉〈A3〉	强德升智 弃疑提升	把德育融注于知识载体之中，渗透到学科课堂，借助信息技术手段，让学生感受祖国的强大，厚植家国情怀，激励学生好好建设强国。

8.课堂教学设计

教学环节	阶段目标	时长	教学活动		技术支持	学习评价
^	^	^	学生学习活动	教师支持活动	^	^
课前学习	温故知新、新课学习。	20分钟	填写调查问卷。	1.进行学情诊断。 2.推送原创微课作品《图形的旋转（一）》。	运用了A1技术支持的学情分析，	检查表1（略）

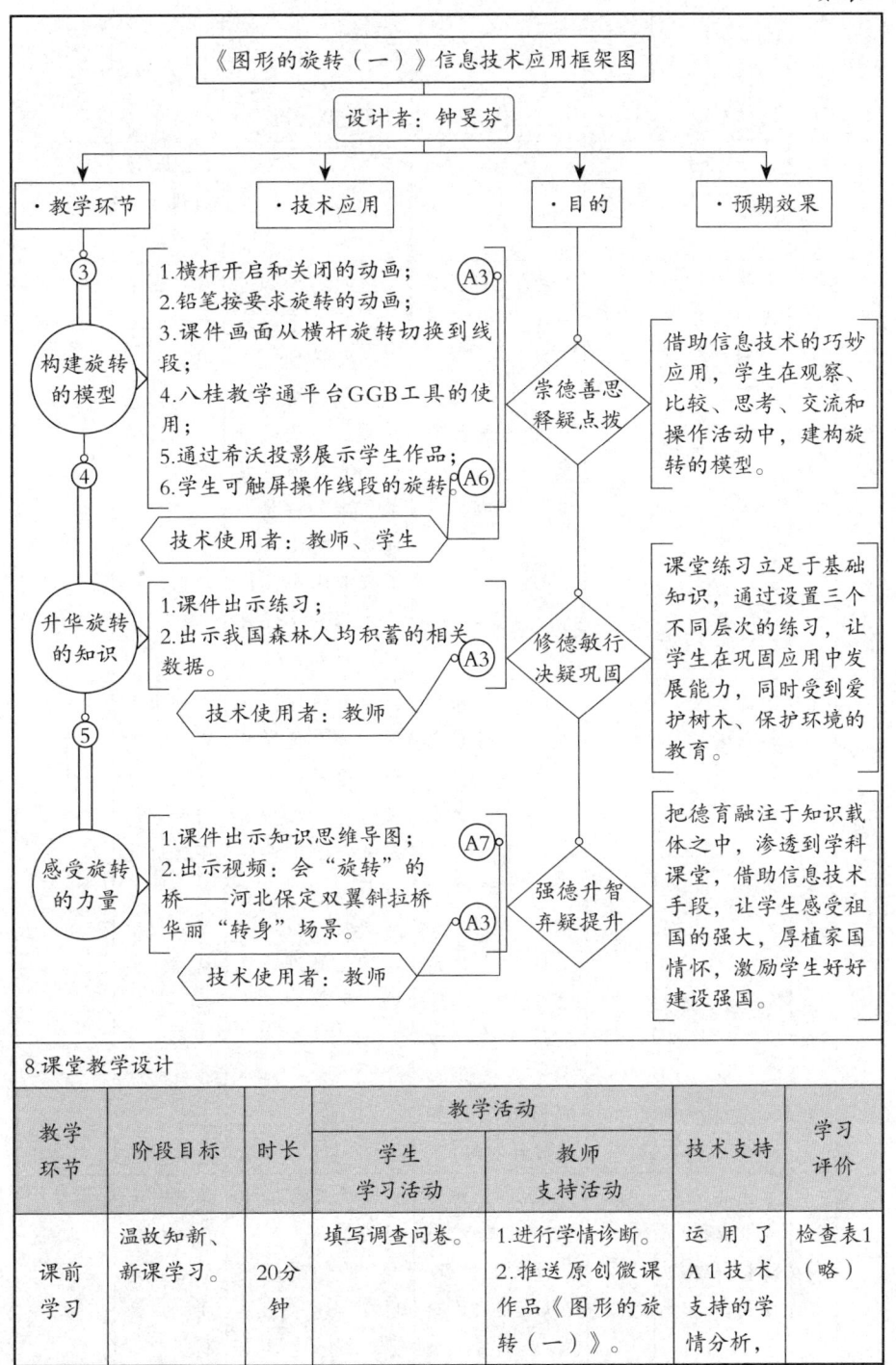

81

续 表

教学环节	阶段目标	时长	教学活动 学生学习活动	教学活动 教师支持活动	技术支持	学习评价
					B2微课程设计与制作。	
课堂教学	环节1	立德教材，设疑激趣，回顾旋转的现象。	3分钟	1.说自己课前了解的古代有关旋转的发明。2.举例说明生活中的旋转现象。3.齐读目标。	1.提问：你知道古代哪些有关旋转的发明吗？2.介绍竹蜻蜓的历史，中国竹蜻蜓为世界航空发展贡献的智慧，渗透爱国教育。3.板书课题，出示本课的学习目标，圈出重点。	课件出示竹蜻蜓图片，旋转上升的直升机，学生音频。
	环节2	明德乐学，析疑探究，探究旋转的要素。	7分钟	1.活动一：观察钟面，同桌之间交流发现。2.分享自己的发现。3.认识旋转中心。4.认识旋转角度。5.认识旋转方向。用手比画顺时针方向和逆时针方向。	1.提出问题：观察钟面，说说时针、分针是怎样旋转的。2.引导学生观察钟面。3.根据学生回答，适时讲解旋转三要素。	课件出示动态的钟面，时针和分针不停地旋转。动画出示旋转中心、旋转方向、旋转角度。	
	环节3	崇德善思，释疑点拨，建构旋转的模型。	15分钟	1.活动二：观察横杆旋转，与同伴交流。2.说一说自己的发现。	1.出示活动二学习任务。2.引导学生谈发现。	课件出示：横杆开启和关闭的动画。	

82

续 表

教学环节	阶段目标	时长	教学活动		技术支持	学习评价
			学生学习活动	教师支持活动		
课堂教学	环节3		3.观察旋转前后的横杆，什么变了？什么没变？ 4.活动三：验证旋转三要素的必要性。用两支铅笔转一转，同桌合作完成学习任务单（一）。 （1）旋转方向与旋转角度一样，旋转中心不一样。 （2）旋转中心和旋转角度一样，旋转方向不一样。 （3）旋转中心和旋转方向一样，旋转角度不一样。 5.观看动画，思考老师提出的问题。和同桌交流想法。到白板上指出线段旋转后所在位置。 6.活动四：画一画。 （1）独立练习。	3.小结：旋转前后的横杆位置和方向变了，形状和大小没变。 4.巡视指导，根据学生汇报进行小结： （1）如果旋转方向与旋转角度一样，旋转中心不一样，铅笔旋转后位置就会不一样。证明说清楚旋转中心很重要。 （2）如果旋转中心与旋转角度一样，旋转方向不一样，铅笔旋转后位置就会不一样。证明说清楚旋转方向很重要。 （3）如果旋转中心和旋转方向一样，旋转角度不一样，铅笔旋转后位置就会不一样。证明说清楚旋转角度很重要。	课件出示：铅笔按要求进行旋转的动画及结论。 课件画面从横杆的旋转切换到线段。切入到八桂教学通平台"工具中心→编创工具→GGB"，输入角度进行验证。 通过希沃投影展示学生作品课前设定好线段的旋转中心，课中学生可触屏操作线段的旋转。	

续表

教学环节	阶段目标	时长	教学活动 学生学习活动	教学活动 教师支持活动	技术支持	学习评价
课堂教学	环节3		（2）展示作品、讲思路。 （3）学生到白板操作线段的旋转。	5.师：生活中横杆的旋转现象，我们可以用数学中线段的旋转来代替它。你知道线段AB绕点B顺时针旋转90°后的线段在哪个位置吗？ 6.出示学习任务单（二）： （1）自己动手尝试画一画旋转后的线段。 （2）把你的想法，在小组内交流。做好汇报准备。 教师适时进行讲解。		
课堂教学	环节4	修德敏行，决疑巩固，升华旋转的知识。	10分钟	1.学生独立完成练习一、二、三题。 2.集体订正。	1.出示练习。 2.巡视指导。 3.集体讲评。 4.适时渗透爱护树木、保护环境的思想教育。	课件出示练习及我国森林人均蓄积量的相关知识。	评价量规2
课堂教学	环节5	强德升智，弃疑提升，感受旋转的力量。	5分钟	1.畅谈学习收获。 2.观看视频，感受旋转的力量，体会祖国的强大。	1.归纳总结。通过今天的学习，你有哪些收获？ 2.联系生活。出示会"旋转"的桥——河北保定双翼斜拉桥华丽	课件出示知识思维导图，出示视频：会"旋转"的桥——河	

84

续 表

教学环节	阶段目标	时长	教学活动 学生学习活动	教学活动 教师支持活动	技术支持	学习评价
课堂教学	环节5			"转身"场景。渗透情感教育，厚植家国情怀。	北保定双翼斜拉桥华丽"转身"场景。	
课后学习			1.观看视频：阿拉讲科学——会旋转的花朵。2.制作会旋转的花朵。	1.推送视频到班级群。2.布置实践性作业。	科学视频：阿拉讲科学——会旋转的花朵。	

填写说明：

1.教学环节分为课前学习、课堂教学和课后学习三个部分，每个部分可以根据教学需要设计若干具体环节，每个环节可以包含若干教学活动；

2.学生学习活动：学生为达成学习目标所完成的学习活动，必须描述具体的学习活动内容及学习流程；

3.教师支持活动：陈述教师为支持学生学习活动而采取的教学活动，必须写明学法指导、提供哪些学习支架/工具等内容；

4.技术支持：结合本环节活动说明技术应用的内容和方式对学生学习/教师及教学的支持作用，应陈述技术应用与微能力点的关联。

5.学习评价：设计对本环节学生的学习过程和学习结果的评价方式、内容及工具。

6.相应栏目如无真实设计可不填写。

案例引言：2022年8月，笔者应用"三阶三维五环"教学模式进行《图形的运动》复习课教学设计，课例荣获2022年广西壮族自治区中小学教育教学信息化作品评选活动崇左市评选一等奖。

案例5　市级一等奖课例《图形的运动》教学设计与评析

一、教材内容

北师大版小学数学六年级下册第97页。

二、学情分析

通过六年的学习，学生已在不同学段学习了图形运动的知识，但都是一些零散的记忆，知识内容相对独立。通过这节复习课，沟通了轴对称、平移和旋转这三种不同运动方式之间的相同点和不同点，为学生今后整理复习提供了一个样本。

三、教学目标

1. 结合具体情境，复习图形的运动相关知识，进一步理解轴对称、平移与旋转，能在方格纸上根据指定要求画轴对称图形或将简单图形按要求平移、旋转。

2. 整理已学过的轴对称图形，加深对这些图形的认识。

3. 经历观察、操作、分析、想象等数学活动的过程，进一步发展学生的空间观念。

四、教学重难点

1. 教学重点：进一步掌握轴对称、平移、旋转三种图形运动的特征。

2. 教学难点：能按要求画出一个基本图形旋转后的图形。

五、教学流程

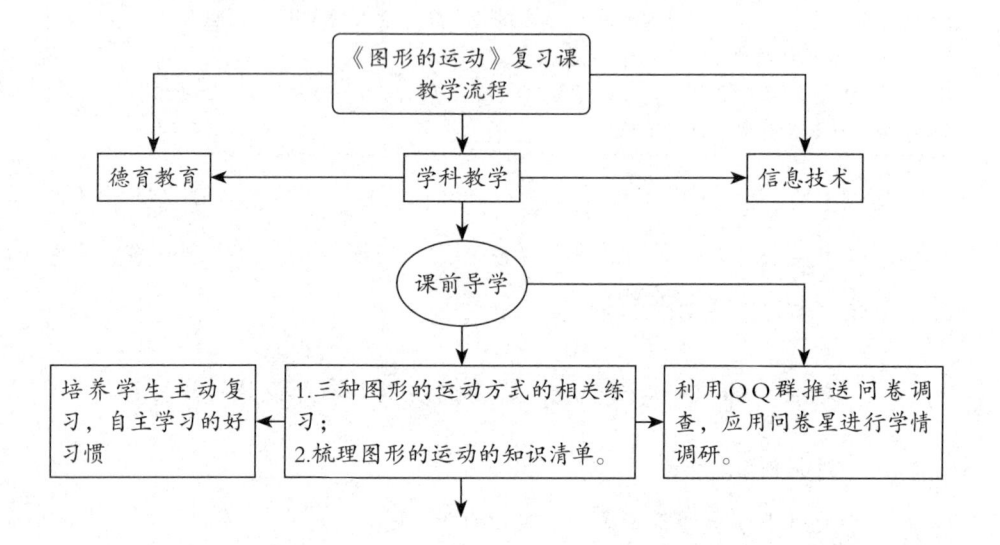

```
                    《图形的运动》复习课
                         教学流程
         ┌──────────────┼──────────────┐
    德育教育         学科教学          信息技术
                        │
                     课前导学
         ┌──────────────┼──────────────┐
  培养学生主动复  1.三种图形的运动   利用QQ群推送问卷调
  习，自主学习的好  方式的相关练习；    查，应用问卷星进行学情
  习惯            2.梳理图形的运动    调研。
                  的知识清单。
```

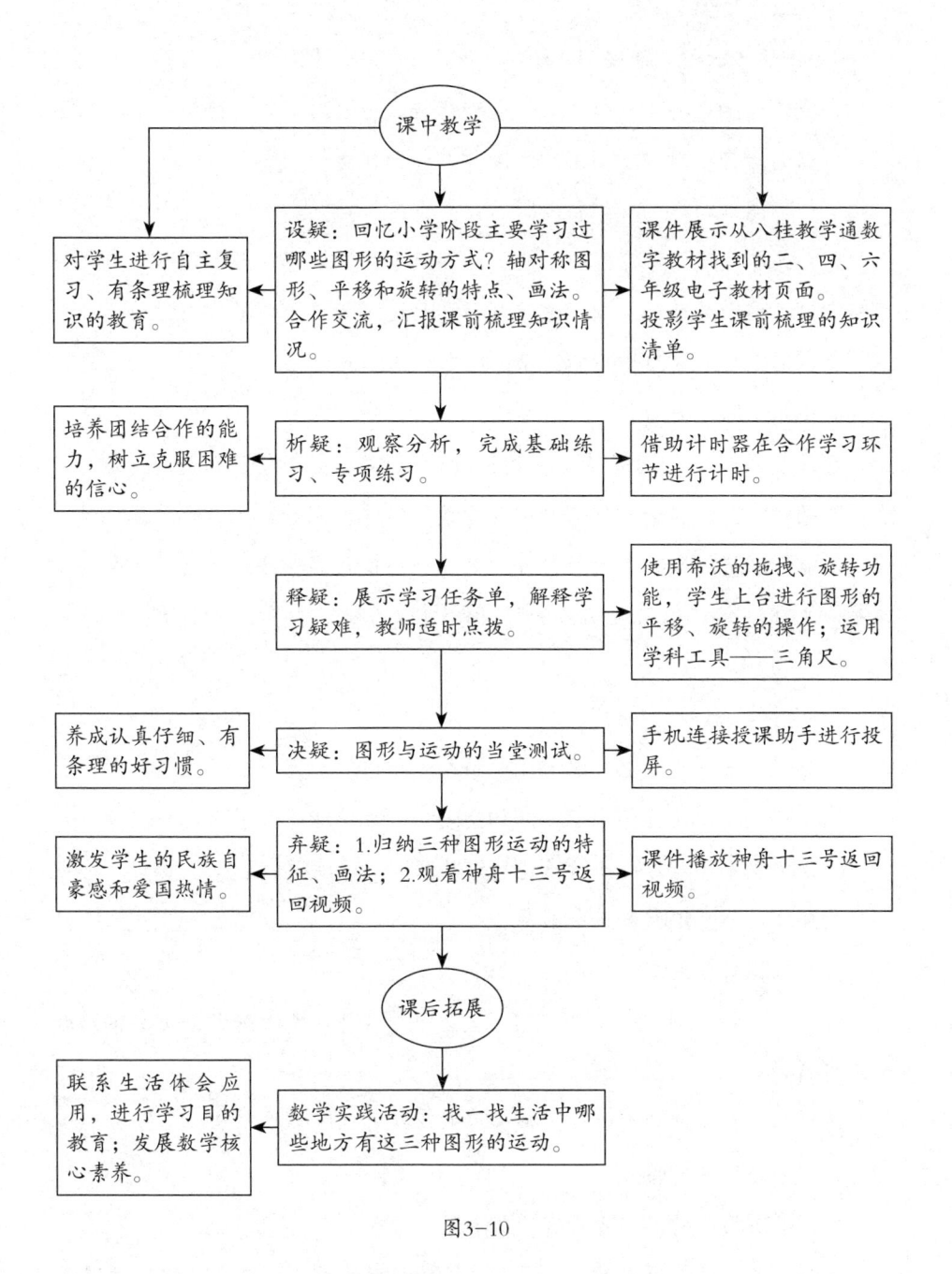

第三篇 在操作层面上，借助"三模"发力

```
                          ┌─────────┐
                          │ 课中教学 │
                          └────┬────┘
       ┌───────────────────────┼───────────────────────┐
       ▼                       ▼                       ▼
┌──────────────┐   ┌──────────────────────┐   ┌──────────────────────┐
│对学生进行自主复│   │设疑：回忆小学阶段主要│   │课件展示从八桂教学通数│
│习、有条理梳理知│──▶│学习过哪些图形的运动方│   │字教材找到的二、四、六│
│识的教育。     │   │式？轴对称图形、平移和│   │年级电子教材页面。    │
│              │   │旋转的特点、画法。合作│   │投影学生课前梳理的知识│
│              │   │交流，汇报课前梳理知识│   │清单。                │
│              │   │情况。                │   │                      │
└──────────────┘   └──────────┬───────────┘   └──────────────────────┘
                              ▼
┌──────────────┐   ┌──────────────────────┐   ┌──────────────────────┐
│培养团结合作的能│   │析疑：观察分析，完成基│   │借助计时器在合作学习环│
│力，树立克服困难│──▶│础练习、专项练习。    │   │节进行计时。          │
│的信心。       │   │                      │   │                      │
└──────────────┘   └──────────┬───────────┘   └──────────────────────┘
                              ▼
                   ┌──────────────────────┐   ┌──────────────────────┐
                   │释疑：展示学习任务单，│   │使用希沃的拖拽、旋转功│
                   │解释学习疑难，教师适时│   │能，学生上台进行图形的│
                   │点拨。                │   │平移、旋转的操作；运用│
                   │                      │   │学科工具——三角尺。    │
                   └──────────┬───────────┘   └──────────────────────┘
                              ▼
┌──────────────┐   ┌──────────────────────┐   ┌──────────────────────┐
│养成认真仔细、有│   │决疑：图形与运动的当堂│   │手机连接授课助手进行投│
│条理的好习惯。 │──▶│测试。                │   │屏。                  │
└──────────────┘   └──────────┬───────────┘   └──────────────────────┘
                              ▼
┌──────────────┐   ┌──────────────────────┐   ┌──────────────────────┐
│激发学生的民族自│   │弃疑：1.归纳三种图形运│   │课件播放神舟十三号返回│
│豪感和爱国热情。│──▶│动的特征、画法；2.观看│   │视频。                │
│              │   │神舟十三号返回视频。  │   │                      │
└──────────────┘   └──────────┬───────────┘   └──────────────────────┘
                              ▼
                          ┌─────────┐
                          │ 课后拓展 │
                          └────┬────┘
                               ▼
┌──────────────┐   ┌──────────────────────┐
│联系生活体会应 │   │数学实践活动：找一找生│
│用，进行学习目的│──▶│活中哪些地方有这三种图│
│教育；发展数学核│   │形的运动。            │
│心素养。       │   │                      │
└──────────────┘   └──────────────────────┘
```

图3-10

六、教学过程

（一）立德教材，激趣引入

1. 观看生活中有关轴对称、平移和旋转三种运动方式的视频。

2. 课堂活动。对这些图形的运动方式进行分类。

3. 回顾图形的运动知识在教材的分布情况。

师：三年级下册学习了轴对称，四年级下册学习了平移和旋转，六年级下册学习了图形的运动，也学习了利用三种运动方式进行欣赏与设计。今天这节课我们一起来复习图形的运动。板书：图形的运动。

4. 出示本课学习目标。

设计意图：创设问题情境，通过让学生回忆学过的运动方式，唤起学生对于轴对称、平移和旋转三种运动方式的回忆，调动学生学习的积极性。学生课前已经梳理知识，对所学知识有一个整体把握，并通过思维导图得以在脑海里建立起经过自主学习和思考归纳后的知识体系，提高学生的学习效率。

（二）明德乐学，知识梳理

1. 合作梳理。交流汇报课前梳理的本课知识。

（1）交流：以小组为单位，互相交流，看谁整理得既全面又合理。

（2）汇报：小组派一个代表进行汇报。

教师根据学生汇报适时板书。

2. 复习轴对称图形的特点。

练习一：判断教材第97页"巩固与应用"第1题中的图案，哪些不是轴对称图形？

练习二：在学过的图形中，哪些图形是轴对称图形？

3. 平移和旋转的特点。

观察下面物体的运动方式有什么不同？

小结：平移运动是沿着直线运动；旋转运动的特点是绕点、绕轴运动。

(三)崇德善思，夯实基础

1. 学生独立完成任务一：基础训练。

（略）

2. 复习几种图形的运动方式的要素和画法。

（1）复习轴对称的要素和画法。

教师投影展示2位学生运用轴对称方式设计的任务单（选取2幅不一样的），提问：你看到了哪种图形的运动方式？都是运用轴对称方式设计，为什么所得图形会不一样呢？

图形1以AB边为对称轴，图2以BC边为对称轴。

小结：我们在观察轴对称图形的时候，要找到它的对称轴，这是轴对称的要素。

板书：对称轴。

轴对称图形的画法：第一，描出关键点的对称点；第二，按原图有序连接各点。

师：我怎么知道他画对了没有？

生：检查对应点到对称轴的距离是否相等。

（2）复习平移的要素和画法。

教师投影展示2位学生运用平移方式设计的任务单（选取不一样的），提问：你看到了哪种图形的运动方式？谁能说一说，它是怎么平移的？

指名学生回答。

师：平移的两个要素是：方向和距离。

板书：方向、距离。

出示另一幅作品，指名学生用平移的两个要素说一说，它是怎么平移的？

师：你怎么看出是平移三格的？

学生到讲台上对着白板画一画、说一说。

画平移运动的方法：第一，先找出关键点或线段，按要求平移相应的格数，描出对应点或对应线段，第二，把这些点或线段有序连接起来。

（3）复习旋转的要素和画法。

教师投影展示2位学生运用旋转方式设计的任务单（选取不一样的），提问：你看到了哪种图形的运动方式？谁能说一说，它是怎么旋转的？

指名学生回答。

师：我们来回想一下，这位同学在表达旋转的时候，我们首先要找到一个——"旋转中心"，我们还要知道旋转的方向，旋转的角度。（板书）

出示另一幅作品，让学生用旋转的三个要素说一说，它是怎么旋转的？

画旋转运动的关键：要抓住关键线段进行。第一，确定旋转中心，把经过旋转中心的一条或几条线段按要求旋转到相应位置。第二，根据原图把图形画完整。

师：画旋转的时候，我们可以借助直角三角板来辅助画图。把直角所在的角对准旋转中心，摆放在旋转方向90度所在区域，一条直角边对准关键线段。另一条直角边就是对应线段所在位置。

3.对比三种运动方式的相同点和不同点。

当我们把这三种图形的运动放在一起的时候，对比这三种运动前后的图形，说一说什么变了，什么没变。找一找它们之间有什么相同点和不同点。

轴对称运动前后的图形对比：什么变了？什么没变？

平移运动前后的图形对比：什么变了？什么没变？

旋转运动前后的图形对比：什么变了？什么没变？

这三种运动的相同点是：运动前后，形状和大小都不变；不同点在于平移运动后图形的位置发生改变，其他都不变。

设计意图：通过概括三种运动方式的要素，并在对比观察中发现了不同运动方式之间的相同点和不同点，沟通了三种变换之间的内在联系，渗透了"变与不变"的思想，而且用表格的形式进行直观展现，为学生今后整理复习提供了样本。

（四）修德敏行，拓展延伸

1. 针对难点，专项训练。

专项训练：将图形绕点O顺时针旋转90°。

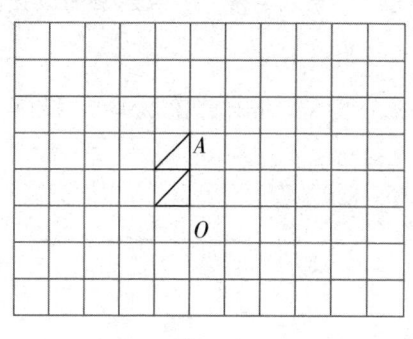

图3-11

学生独立练习，教师巡视指导。

出示正确答案，现场统计正确率。

2. 针对错题，专家会诊。

出示两份不一样的学生作品，学生进行辨析。

将图形绕O点顺时针旋转90°。

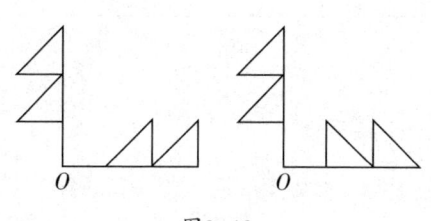

图3-12

师：你认为他错在哪里？

小结：用旋转方式画图时，先确定旋转中心，再选择关键线段，最后借助直角三角板，按照要求的方向和角度画出旋转后的图形。检验方法是：把直角三角板的直角对准旋转中心，如果旋转前后的两条线段上的对应点都分别在两条直角边上，那么我们画的图是正确的。

学生用这个方法去检验自己画的图形是否正确。

设计意图：前测显示"能按要求画出一个基本图形旋转后的图形"是学生学习的难点和薄弱点，因此教学时设计了针对性的练习，让学生对发生在本班同学身上的错例进行"专家会诊"，做到有的放矢。

3. 综合练习，变式应用。

同桌之间交流讨论：图A是轴对称图形吗？图甲中的图A经过怎样的运动可以得到图乙？要得到图丙、图丁呢？

> **最后冲刺**
> （1）图A是轴对称图形吗？
> （2）图甲中的图A经过怎样的运动可以得到图乙？
> （3）图甲中的图A经过怎样的运动可以得到图丙？要得到图丁呢？
>
> 甲　　　乙　　　丙　　　丁

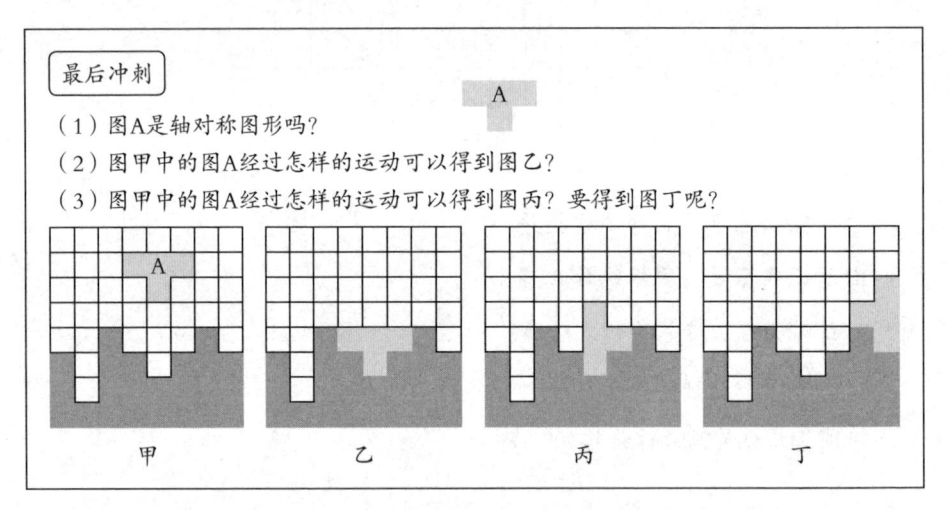

图3-13

（五）强德致远，弃疑提升

1. 归纳总结。

通过今天的复习整理，对图形运动的知识有了哪些收获？你又有哪些经验要和大家分享呢？我们在描述轴对称、平移、旋转时要说清楚哪些要素？

2. 联系生活。

图形的运动在生活中很常见。接下来，我们一起来找一找神舟十三号返回的视频中有没有出现这三种运动方式。

同学们：这个世界，数学无处不在！我们的祖国，越来越强大！数学在解决国家重大需求和强国建设中有着举足轻重的作用。让我们好好学习，未来去建设祖国！

设计意图：把德育融注于知识载体之中，渗透到学科课堂，借助信息技术手段，让学生感受祖国的强大，激励学生好好学习，符合《义务教育数学课程标准（2022年版）》提出的："用数学的眼光观察现实世界"的课标理念和《义务教育课程方案（2022年版）》强调"育人为本"的理念。

七、板书设计

图形的运动

特点		要素
对折后两边完全重合	轴对称	对称轴
沿直线运动	平移	方向、距离
绕点或轴运动	旋转	旋转中心 旋转方向 旋转角度

图3-14 作者课堂教学场景

案例引言：2023年6月，笔者应用"三阶三维五环"教学模式进行《百分数的应用（四）》一课教学设计，所录制的精品课获得扶绥县2022年秋季学期"广西中小学云课堂"精品课例评比活动一等奖。

案例6　县级一等奖课例《百分数的应用（四）》教学设计与评析

渗透纳税意识　掌握利息计算
——《百分数的应用（四）》教学设计

一、教材内容

北师大版六年级上册第七单元。

二、教材分析

《百分数的应用（四）》选自北师大版小学数学六年级上册第七单元《百分数的应用》这一章节。本节课的内容是学生在学习了百分数和百分数的基本应用后，学习百分数在储蓄中的具体应用，解决和储蓄相关的百分数的应用问题。《百分数的应用（四）》是分数、百分数乘法应用题在实际生活中的应用，也是实际生活中人们经常接触的事情。教材设计这一内容旨在进一步提高学生运用百分数解决问题的能力，使学生懂得理财，逐渐养成合理理财、不乱花钱的好习惯，进一步体会数学与日常生活的密切联系。

三、教学目标

1. 理解本金、利息和利率的含义，能正确地进行利息的计算。

2. 能利用百分数的有关知识解决一些与利率有关的实际问题，提高解决实际问题的能力。

3. 结合储蓄等活动学习合理理财，逐步养成不乱花钱的好习惯。

教学重点：理解本金、利息和利率的含义，能正确地进行利息的计算。

教学难点：能利用百分数的有关知识解决一些与利率有关的实际问题，提高解决实际问题的能力。

四、设计说明

（一）突出学生主体地位

课前，布置学生了解有关储蓄的知识。教学中，设计了让学生探索利息的计算方法，让学生在讨论和交流中得出利息的计算公式，运用所学知识解决实际问题，提高学生的实际运用能力。体会数学在现实生活中的应用价值，改变传统的教学方式，注重让学生经历知识的产生过程，深化了感性认识，提高了学生的分析、归纳能力。

（二）巧妙渗透德育教育

1.情境中渗透。

通过课件呈现教师收集的中国各银行给工业、农业、商业、建筑、贫困生发放贷款等信息，结合学生课前搜索有关储蓄的知识，学生充分感知"储蓄"的意义：储蓄不仅可以帮助国家进行经济建设，而且能增加个人收入，利国利民。

2.探究中渗透。

出示银行调整前后的定期利率表，使学生理解银行存款的利率是随着国家的经济发展变化而进行调整的。

3.练习中渗透。

针对超过一定金额的存款利息必须纳利率税，在练习中渗透德育，使学生明白纳税是我们每一个公民应尽的义务，提高纳税意识。

五、教学环节

（一）立德教材，设疑激趣

1.情境导入。

课件播放银行发放贷款等信息。

师：你还了解哪些关于储蓄的知识？

学生汇报。

2.目标导学。

出示学习目标，全班齐读。

师：这节课，我们将研究和储蓄相关的百分数的应用问题。

（二）明德乐学，析疑探究

1.认识本金、利息。

笑笑：在银行存款，银行会付给利息。

淘淘：什么是利息？

指名学生回答。

师：取钱时，银行会多支付的钱，叫作利息。存入银行的钱，叫作本金。

2.认识年利率、整存整取。

淘淘：我有300元钱存进银行，明年再取出来，银行会给我多少利息呢？

师：还需要知道年利率是多少。

课件出示银行调整前后的定期利率表，然后定位在2022年9月15日银行的利率表。

小组合作：说一说什么是年利率。观察银行利率表呈现的数学信息，说说获得什么信息。

师：利率表左边这栏，写着"存期（整存整取）"，有一年、三年、五年。整存整取是指由用户自己选择存款期限、约定存期，然后整笔存入、到期一次性支取本息的一种储蓄方式。这种储蓄方式一般利息较高一些。右边这栏，写着"年利率"，都是百分数。年利率是指一年利息占本金的百分比。

生1：从表格中可以看到，存期为一年时，年利率为1.65%，存期为三年时，年利率为2.60%。存期为五年时，年利率为2.65%。

生2：我发现年利率随着存期的变化而变化，存期越长，利率越高。

师：这两位同学表达得真清楚。那么，年利率是谁占谁的百分比呢？

师：年利率是指，（一年利息）占（本金）的百分比。例如年利率是1.65%的含义是：（1）如果把100元存入银行，到期时得到的利息是1.65元。（2）如果把1000元存入银行，到期时得到的利息是16.50元。

（三）崇德善思，释疑点拨

1.利息的计算公式。

师：利息的多少由什么决定呢？

指名学生回答。

师：银行利息的计算方法就是，利息=本金×利率×时间。

板书：利息=本金×利率×时间

全班齐读公式。

师：要求利息就必须要知道什么？

生：要求利息就必须要知道本金、年利率和存入的时间。

2. 计算利息。

解决淘淘的储蓄问题1：300元存一年，到期时有多少利息？

学生独立练习。

学生一边进行练习展示，一边进行讲解。

解决淘淘的储蓄问题：300元存三年，到期时有多少利息？

学生独立练习。

学生进行练习展示，其他学生进行点评。

再次齐读利息公式。

教师强调：利息=本金×利率×时间，别忘记了乘时间。

（四）修德敏行，决疑巩固

1. 李叔叔购买了五年期的国家建设债券20000元，年利率是3.81%。到期时，李叔叔应得到的利息有多少元？

（1）让学生独自观察题目，分析数量关系。

淘淘：什么是国家建设债券？

师：国债是由国家发行的债券，是国家以其信用为基础，是中央政府为筹集财政资金而发行的一种政府债券。由于国债的发行主体是国家，所以它具有最高的信用，被公认为是最安全的投资工具。

（2）独立思考列出算式，并计算。

（3）指名学生板演，并说一说解题思路。

2. 张阿姨也购买了一笔国债，请大家根据表格信息算一算，到期时，可得本金和利息共多少元？

（1）让学生独自观察题目，分析数量关系。

（2）独立思考列出算式，并计算。教师巡视指导，收集典型错误。

（3）展示学生不完整的解题过程：

$5000 \times 3.39\% \times 3$

$= 5000 \times \dfrac{3.39}{100} \times 3$

$= 169.5 \times 3$

$= 508.5$（元）

生1：题目中问的是本金和利息共多少元？你是不是还差一步没有算？

生2：是的，我只求出利息，应该还要用利息+本金。508.5+5000=5508.5（元）。

生3：同学们，我们计算的时候，一定要看清题目的问题哦。

3. 教师分析总结归纳求利息的解题思路。

（五）强德升智，弃疑提升

1. 全课总结。

师：同学们，在今天的课堂学习当中，你有哪些收获呢？

学生畅谈收获，教师总结。

2. 拓展提升。

妈妈为小明存了2.4万元教育存款，存期为三年，年利率为5.40%，到期一次支取，支取时凭非义务教育的学生身份证明，可以免征储蓄存款利息所得税。

（1）小明到期可以拿到多少钱？

（2）如果是普通三年期存款，按国家规定缴纳5%的利息税，应缴纳利息税多少元？

学生独立练习。

全班订正。

师：同学们，在今天的学习当中，我们利用数学知识解决生活中的问题，有的同学找到新旧知识之间的联系，有的同学认识到数学与生活息息相关。同学们不断积累解决问题的方法，相信一定能把数学学得更好。

六、板书设计

百分数的应用（四）

（一年利息）占（本金）的百分之几，就是年利率。

$$\boxed{利息=本金\times 利率\times 时间}$$

本金　利率　时间

$300\times 2.60\%\times 3$

$=300\times \dfrac{2.60}{100}\times 3$

$=23.4$（元）

答：到期时有23.4元利息。

案例引言：2023年6月，笔者应用"三阶三维五环"教学模式理念，指导教师进行《式与方程》复习课教学设计，该课获得扶绥县2023年春季学期六年级复习课评比活动一等奖。本课把壮乡传统美食巧妙贯穿于整节课的教学中，注重让学生自主整理知识，有效提高复习课教学效率。

案例7　县级一等奖课例《式与方程》教学设计与评析

绽放壮乡文化魅力　助力课堂教学效益

——《式与方程》教学设计

一、教学内容

北师大版小学数学六年级下册总复习《式与方程》第一课时"用字母表示数"。

二、学情分析

六年级学生通常已掌握基础的数学知识，逻辑思维、推理能力，以及分析问题、解决问题的能力得到显著提升，开始能够进行多步骤解决问题。

三、教学目标

1. 回顾和整理小学阶段有关用字母表示数的知识。通过复习，学生能在具体情境中用字母表示数，能利用字母表示运算定律和计算公式。

2. 以"三月三"壮族美食活动为载体，学生经历探索规律的过程，并运用字母表示某些规律，体验用字母表示数能表达一般规律，增强应用规律解决问题的意识。

3. 在运用字母表示数的过程中，同学们体会到用字母表示数的简洁性，渗透代数思想，培养学生的数感和符号意识。

教学重点：系统整理知识，构建知识网络。

教学难点：综合运用知识灵活解决实际问题。

四、设计说明

1. 壮乡文化贯穿全课教学。

本课以壮族"三月三"节日富含壮族特色的美食素材贯穿全课教学。认知过程离不开文化背景和生活语境，数学学习也不例外。在民族地区的数学教学中，把学生熟悉的传统文化事物作为教学素材，不仅可以有效地融入民族文化，而且可以提高学生学习数学的兴趣，进而促进学生对相关数学知识的理解，提高课堂教学的效果。

2. 突出复习的整体结构。

复习中采用树形图的方式，突出复习内容的整体结构。这个整体结构不但呈现了复习的全部内容，还沟通了这些内容的内在联系，使复习的内容系统化。树形图还反映了知识的整体与部分的关系，为后面的分块复习提供了线索，学生按照这样的线索进行复习，把每块复习的知识装入树形图的知识系统中，能有效提高学生对这些内容的掌握水平。

3. 学生自主整理知识。

复习中采用了学生小组合作交流整理知识的方式，突出学生在复习过程中的主体作用。学生虽然不能完整地整理所学知识，但可以对某部分知识进行简单的整理。这种整理知识的方式引导学生思考这些知识之间的联系。在学生有自己的一些想法的基础上，教师再综合学生整理的知识，形成一个较为完整的复习内容。这样突出学生在整理知识过程中的主体作用，不仅能调动学生的学习积极性，还能加深学生对知识的理解，增强复习效果。

五、教学过程

（一）立德教材，设疑激趣

师：前段时间的"三月三"，钟老师的学校开展了许多丰富多彩的活动，我们一起去看看都有哪些活动吧！

课件播放学校欢度壮族"三月三"的场景。

师：这么多的活动，你最喜欢什么活动？

生：美食。

师：壮族美食的种类有很多种，有谁知道有多少种吗？不知道有多少种，可以用什么来表示？是的，可以用字母表示。这就是我们今天复习的《式与方程》第一课时的内容"用字母表示数"。

（二）明德乐学，析疑探究

1. 用字母或含有字母的式子可以表示数和规律。

师："三月三"活动中，同学们在簸箕上摆好了艾糍，你能列式计算每个簸箕摆了几个艾糍吗？

师：如果同学们继续摆下去，第n个簸箕摆了多少个艾糍？请你用含有字母的式子表示。

师：在这里n^2表示什么？

小结：用字母或含有字母的式子可以表示数，也可以表示规律。

2. 列举生活中的运用。

生活中还有哪些规律能利用n^2这个式子表示？

（三）崇德善思，释疑点拨

1. 用字母表示数的意义和作用。

师：这是两盘不知道质量的糯米饭，我们可以用什么来表示它们的质量？

师：这题中的$x-y$表示什么意思？

小结：x既然能减y，说明第一盘糯米饭比第二盘糯米饭多，由此可以知道：用字母表示数，不仅可以表示运算的结果，还可以把数量关系简明地表达出来。"简单明了"，这就是用字母表示数的优越性。

2. 用字母表示常见的运算定律、公式。

请同学们拿出昨晚整理的常见的运算定律和公式，小组讨论交流用含有字母的式子把它们表示出来是否正确，并比一比谁的最完整。

（1）学生小组讨论、整理。

（2）反馈：展示学生整理的结果。

（3）课件出示运算定律、公式，提醒学生易错的公式。

（四）修德敏行，决疑巩固

1. 填一填。

提醒学生用字母表示数要注意什么。

2. 完成教材第81页第2题。

用含有字母的式子表示"路程、时间、速度"的数量关系，并将数代入含有字母的式子进行计算。

3. 完成教材第81页第3题。

读题，明确题目要求，理解图中的圆的半径和正方形边长之间的关系，然后根据正方形的周长和面积计算公式，用含有字母的式子表示。

（五）强德升智，弃疑提升

1. 归纳总结。

请同学们说说这节课你有什么收获。

2. 介绍名人，结束全课。

最早有意识地使用字母来表示数的是法国数学家韦达。

六、板书设计

式与方程

用字母表示数 ｛ 表示数
表示数量关系
表示运算定律、性质和法则
表示公式
表示规律

案例引言：2023年11月，笔者运用"三阶三维五环"教学模式进行《蚂蚁做操》一课教学设计，送教到扶绥县山圩镇第二小学和扶绥县东门镇龙腾家园小学，获得一致好评。

案例8　送教下乡课例《蚂蚁做操》教学设计与评析

一、教学内容

北师大版小学数学三年级上册52～53页。

二、教材分析

《蚂蚁做操》是新世纪小学数学（北师大版）教材三年级上册第六单元第一课时内容，主要学习两三位数乘一位数的乘法（不进位），是乘法竖式的起始课。在教学这一课之前，在本册书第四单元"乘与除"中已经学过用点子图探究并掌握两位数乘一位数的口算算法和算理。研读教材：情境"蚂蚁做操"—点子图—表格乘法—竖式计算，顺着学生的思维脉络，鼓励学生经历从直观到抽象，从理解到掌握的过程。

三、教学目标

1. 会说出两、三位数乘一位数（不进位）的计算方法，能正确地进行计算。

2. 借助点子图这一直观模型，完成圈一圈、算一算等过程，能说出乘法竖式每一步的含义，体会算法多样化。

3. 在交流算法的过程中，学会表达自己的想法，逐步养成合作交流、认真倾听、善于思考的好习惯。

四、教学准备

课件、学习任务单。

五、教学过程

（一）立德教材，设疑激趣

课件出示草地上的小姐姐观察小蚂蚁搬东西的情境。

师：有一种动物，它是世界上力气最大的昆虫！它能支撑超过自己体重

400倍的物体，猜猜这是哪种动物？

生：蚂蚁。

师：太不可思议了！小小的蚂蚁力大无穷！身上竟藏着这样的数学奥秘！听说蚂蚁王国的小蚂蚁每天都做早操，我们要向小蚂蚁学习，天天锻炼身体好！有力量！今天我们就来学习蚂蚁做操中的学问。

教师板书课题，课件出示本课学习目标，全班齐读。

（二）明德乐学，析疑探究

1. 教师引导学生观察蚂蚁做操情境图，说一说发现了哪些数学信息，并提出数学问题。

师：从图中你能找到哪些数学信息？

生：每行有12只蚂蚁，有4行。

师：（课件出示信息）你说得对。谁能根据这个信息提出数学问题？

生：每行有12只蚂蚁，有4行，一共有多少蚂蚁？

师：说得真完整。

2. 根据题意，列出算式。

师：怎么列式呢？

生：12×4。

3. 教师板书：12×4=。

师：看来这道题难不倒大家，像这样两位数乘一位数的乘法我们已经会计算了，不过数学是讲道理的，我们要借助工具来解释计算的道理。

活动一：唤醒经验，在分享中初步理解算理。

1. 学生动手操作，完成1号任务单的任务。

师：在前面第四单元的学习中，淘淘和笑笑给我们推荐了两样工具——点子图和表格。现在请拿出老师为大家准备的1号学习单，选择一种你喜欢的方法，计算12×4。（时间是：2分钟）

学生动手操作，教师选取有代表性的作品。

2. 展示交流，反馈多种算法。

师：老师选取了有代表性的几张学习卡，大家看一看，能理解这种算法的同学来说一说，分享你的智慧。

方法1：点子图的算法。

第一种圈法：每行12只，共有4行，用连加法计算12+12+12+12=48。

第二种圈法：把蚂蚁从中间平均分成两份，先算6×4=24，再算24+24=48或24×2=48。

师：谁能看懂这种方法？

第三种圈法：分成两部分，先算10×4=40，再算2×4=8，最后算40+8=48。

生：她是把12拆成了10和2，10×4=40，2×4=8，合起来就是40+8=48。

师：还有谁也是这样圈的？你有好多知音啊，了不起！

设计意图：在点子图上圈算，这是直观运算。直观运算的优点是门槛低、算理直观。但直观运算并不是终极目标，终极目标是摆脱直观，直接从算式出发，直接用抽象的数字进行思考和运算。这样设计是为了揭示乘法竖式笔算与口算之间的本质联系，让学生通过数形结合直观理解乘法竖式笔算的算法和算理。

方法2：表格的算法。

师：刚才我看到有同学用表格算法，谁能说说这个表格中的计算过程？

生：先算4个10是40，再算4个2是8，合在一起是48。

3. 沟通点子图和表格之间的联系。

师：想一想，这种表格算法与刚才谁的点子图算法是一样的？

师：小蚂蚁是一位魔术师，神奇地将点子图和表格合二为一。虽然点子图和表格是两种不同的计算形式，但是它们的计算过程是（一样的），都是将12拆分成（两部分），10和2对吗？（对）分别和4（相乘），先算（10乘4=40），再算（2乘4=8），最后算（40+8=48）。

活动二：探索笔算，聚焦每一步乘积所放的位置。

1. 出示竖式，学生尝试进行计算。

师：同学们真会思考，能用以前学过的知识解决问题，今天我们再学一样新本领！（教师板书：12×4）。

师：这个竖式，你会计算吗？怎样将点子图和表格中的三步计算过程，搬到乘法竖式中来？请你们自己在2号学习单上写一写。

学生尝试，教师收集典型写法。

2. 比较两种计算方法，说清计算的步骤。

师：仔细观察，这种方法是怎么计算的？

生：先用2×4=8，就把8写在2下面。然后1×4=4，就在1下面写个4。

师：老师有一个问题了，为什么将8放在个位上？

生：……

师：你的想法是因为它是用4乘个位上的2得来的，它应该表示8个几呀？（8个一）。

师：1×4=4为什么要写在1的下面，而不是也写在2的下面？

生：1是十位上的1，表示10。应该是10×4=40……

师：有道理对吧，那应该写40才对。你们看是这样吗？

（教师在课件上演示另一种方法。）

师：那48是如何得到的？

生：8+40=48。

师：最后40+8=48。老师写的竖式和你们写的一样吗？

生：不一样。（对比两种写法。）

3. 学习乘法竖式规范的简写形式。

师：（指着学生的简便写法）你们认为这样写可以吗？为什么？

生：可以。因为十位上的4就表示40。

师：你们更喜欢哪种写法？

生：他的，更简便。

师：嗯，老师也同意你们的想法。任何数加0还等于原来的数，所以这个0可以省略不写，这个4表示4个十，可以直接写在十位上，合起来就是48。这种简洁的形式，就是乘法竖式的标准格式。记住这位新朋友了吗？

设计意图：充分利用学生在口算乘法中积累的数学活动经验，自主探索笔算乘法的竖式写法。这个环节重在展示竖式计算的形成过程，重在暴露学生的原始思维过程，让学生对照竖式说明计算过程和积的写法，以及积的每一位数的意义，以加深学生对算理和算法的理解。

（三）崇德善思，释疑点拨

活动三：沟通算理，进一步理解竖式意义。

1. 找出三种算法的相同之处。

师：同学们真了不起，大家用了点子图、表格、竖式，多种方法计算出12×4，而且还各有各的道理，那么，它们三者之间有着什么相同之处呢？

生：它们都是先把12拆分成10和2，分别用10和2与4相乘，最后算40+8=48。

2. 小组交流：竖式与点子图算法、表格算法之间的联系。

师：点子图、列表、竖式三者之间还有什么联系呢？接下来进行小组讨论，请看要求：

（1）结合点子图，说一说竖式计算中，每一步求出的是点子图的哪个部分。

（2）结合列表计算的方法，表格中的每一步与竖式中的哪一步是对应的？

师：你归纳得真好，虽然一个从高位算起，竖式从低位算起，但都是用一位数分别去乘两位数上的每一位数，道理是一样的。

师：同学们真会观察比较，数学真奇妙啊！它们看着形式都不一样，可是它们的计算道理都是一样的。

师：同学们，伸出你的右手，一起来跟老师写一写，说一说。

12乘4等于？

先用4去乘个位上的2，得到8个一，把8写在个位上；

再用4去乘十位上的1，得到4个十，把4写在十位上。

师：笔算后，别忘了写上单位名称和答语，仔细、严谨是学习数学的好品质。

设计意图：三年级的学生思维还处于直观形象思维阶段，这里数形结合可谓是点睛之笔。教师引导学生直接将竖式中每一步所对应的图和表联系起来，沟通各种方法的内在联系，一方面促进了学生对这些方法的进一步理解和掌握，另一方面也能够逐步提高学生的数学思维能力。

活动四：类比迁移，巩固竖式计算方法。

1. 出示算式，估一估结果大约是多少。

师：刚才我们计算的是两位数乘一位数，大家敢挑战三位数乘一位数吗？课件出示：213×3=？

师：先估算一下，这道题的结果大约是多少？

生：大约是600，因为把213看成200，200×3=600。

2. 学生尝试独立解答，同桌之间交流算法（3号学习单）。

（1）用口算方法，写出口算的过程。

（2）用竖式计算，并说一说竖式每一步的意思。

3. 教师巡视，找2名学生到黑板上板演，并说一说算法。

生1：先把213分成200、10和3，然后用3分别去乘这三个数，最后把乘积都加起来：200×3=600，10×3=30，3×3=9，600+30+9=639。

生2：3×3=9写在个位，1×3=3写在十位，2×3=6写在百位，答案是639。

师：你们和他想的一样吗？

生（齐）：一样。

4. 归纳两、三位数乘一位数的竖式计算方法（不进位）。

师：看来你们真的会算了，在列乘法竖式计算时应该注意些什么？

（1）相同数位要对齐。

（2）从个位算起。

（3）用一位数分别去乘多位数每一位上的数，与哪一位相乘，积就写在哪一位的下面。

（四）修德敏行，决疑巩固

师：小蚂蚁看到同学们学会了新本领，就出了两道题考考大家。

1. 圈一圈，算一算。

（打开课本第53页，练一练的第1题。）

2. 算一算，并说一说竖式每一步的意思。

$$\begin{array}{r} 34 \\ \times\ 2 \\ \hline \end{array} \qquad \begin{array}{r} 123 \\ \times\ \ \ 2 \\ \hline \end{array}$$

要求：①独立完成竖式计算。②完成的同桌之间交流，说出每一步的意思。

师：谁愿意当小老师，讲讲你是怎样算的。

3. 翻牌游戏。

师：小蚂蚁看到同学们学得这么出色，想和同学们比一比谁的本领大，它用数字卡片摆了几个竖式。完成一道竖式就过一关，共有三关，同学们有信心通关吗？

第1关：

$$\begin{array}{r} 233 \\ \times\ \ \ \square \\ \hline 466 \end{array} \qquad \begin{array}{r} \square\,2 \\ \times\ \ 2 \\ \hline 8\,\square \end{array} \qquad \begin{array}{r} \square\square\square \\ \times\ \ \ \ \ 3 \\ \hline 693 \end{array}$$

师：哇！你好厉害呀！

（五）强德升智，弃疑提升

师：通过今天的学习，你又在数学银行存下了哪些新知识？谁来和同学们分享一下？

学生畅谈收获，教师总结全课。

六、教学反思

《蚂蚁做操》这一课教材这样编排内容：情境"蚂蚁做操"—点子图—表格乘法—竖式计算，顺着学生的思维脉络，鼓励学生经历从直观到抽象，从理解到掌握的过程。

1. 数形结合，助力算理理解。

数形结合的思想可促使学生深刻理解算理。小学生以形象思维为主，而计算课的算理又比较抽象，如何使学生深刻理解算理呢？数形结合思想就是"金钥匙"。

2. 自主转化，构建知识体系。

竖式计算的算理和步骤与点子图、表格法都是相同的，形式不一样而已。引导学生沟通竖式计算、点子图和表格计算之间的联系，促使学生形成清晰的数学知识体系，较好地渗透了转化思想。

七、板书设计

蚂蚁做操

$12 \times 4 = 48$（只）

$$\begin{array}{r} 1\ 2 \\ \times\ \ \ 4 \\ \hline 4\ 8 \end{array}$$ 相同数位要对齐
从个位算起

答：一共有48只蚂蚁。

图3-15 作者课堂教学场景

二、指向核心素养培育课模：小学数学"疑思课堂"教学模式

针对当前存在的教师教学研究程度和学生数学思考不够深入的问题，探索符合新课程、新时代教育需求的数学课堂教学改革，指向核心素养目标，构建小学数学"疑思课堂"教学模式，旨在实现学生思维落地、素养提升，促进教师深入研究教学。该模式经过多年实践研究，取得较好成效，得到了广泛推广应用（见图3-16）。

图3-16

（一）"疑思课堂"的提出背景

1. 基于监测结果

2021年，国家义务教育质量监测中心对扶绥县义务教育小学四年级学生数学学科进行了质量监测，针对我县义务教育质量监测结果报告中呈现的情况，在深入挖掘监测数据的基础上，立足我校实际进行诊断。

2. 践行课标精神

教育部《义务教育数学课程标准（2022年版）》强调要培养学生核心素养。在教育教学实践中我们发现：教学方式在提升学生学科核心素养上起到

至关重要的作用。

3. 立足教学现状

（1）教师教学研究不够深入

表3-3　四年级数学教师探究教学程度分布情况（%）

		探究教学程度低	探究教学程度较低	探究教学程度较高	探究教学程度高
四年级	我县	0.8	18.8	55.4	25.0
	我省	1.1	14.4	46.2	38.4
	全国	0.9	8.3	36.6	54.1

监测结果显示：我县四年级数学教师探究教学程度高和较高的比例之和为80.4%，低于本省4.2个百分点，低于全国10.3个百分点（见表3-3）。关于教师探究教学的情况，我校曾对全体数学教师开展问卷调查。调查结果如图3-17和图3-18所示。

图3-17　你会自主探究教学内容与课程标准之间的关联吗？（经常9%，一般12%，偶尔41%，不会38%）

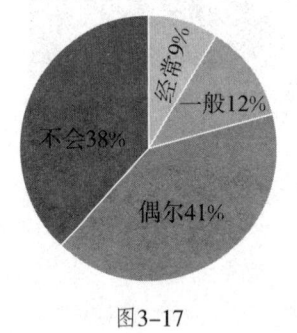

图3-18　你会在课堂上激发学生疑问吗？（经常会35%，一般38%，基本不会27%）

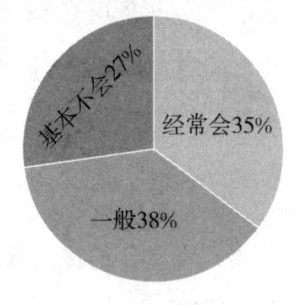

以上数据说明，我校教师对教学研究的程度不够深入，教学观念上更看重个人"教"得出彩，对学生"学"的研究不深入。

（2）学生数学思考不够深入

监测结果显示：我县四年级学生数学成绩平均分447分，高于我省22分，低于全国56分，见图3-19。

数学成绩（分）

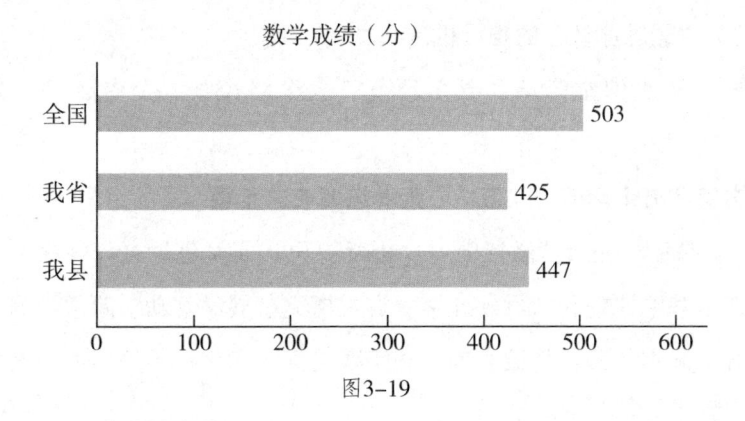

全国	503
我省	425
我县	447

图3-19

教师探究教学程度和学生数学成绩有密切联系，探究教学程度高的教师所教学生的数学成绩相对较高。立足我校实际，我们通过访谈和观察发现：探究教学程度低的教师对学生数学思维的培养和挖掘不够重视，在一定程度上影响了学生的学习兴趣和数学思考的深入，成绩相对较低，也导致学生学科核心素养没有得到较好的发展。如何让学生的数学学习走向"深入"是我校数学教学需要引起重视的问题之一。

4. 依据理论基础

明代学者陈献章说："学起于思，思源于疑""小疑则小进，大疑则大进。"著名教育家顾明远先生说："教育的本质是培养思维"。"疑"是"思"之源，鼓励学生质疑、培养学生思维，在数学教学中尤为重要。

（二）"疑思课堂"的实施目标

针对教师教学研究和学生数学思考不够深入的问题，笔者提出从课堂教学改革入手，在学校广泛开展"疑思课堂"探索与实践。

"疑思课堂"即"课堂有真实的质疑，学生有深度的思考"。"疑思课堂"着力于培养学生在数学课堂中的积极思维，实现思维落地素养提升，提高学校数学教学质量。通过借助品质教研力量撬动课堂教学改革，快速提高教师教学研究能力，从而打造教学新样态、教研新生态。

（三）"疑思课堂"的推行机制

我校"疑思课堂"从"五个环节、五个路径、五个支点"三方面来推进：

1. 夯实"五个环节"，使核心素养培育有"土壤"

"疑思课堂"提出"激疑引思、析疑寻思、质疑创思、释疑深思、解疑反思"五个基本原理和"目标导学、自主探究、展学互动、课堂检测、拓展提升"五个基本要素，从核心理念和实践层面为学生思维的落地、素养的提升提供了抓手。

（1）激疑引思，目标导学

具体做法：教师基于生活实际，创设真实的问题情境，启发学生的思维，激发兴趣和疑问，鼓励学生提出问题，顺势揭示课题。出示本课学习目标，让学生对当堂学习重点和难点做到心中有数。

路径：创设情境→设疑揭题→呈现目标

（2）析疑寻思，自主探究

具体做法：教师布置学习任务，创造探究条件，如环境、学具、学法、学习单等，并根据不同的学习任务，提醒学生可用图画、文字、符号、算式等形式把自己的想法表示出来，通过任务驱动激发学生进行独立思考、多元化分析和表达。教师要提供充足的时间，使学生在自主学习与合作互助中，展开思维互动，辩在析疑里，乐在寻思中，并经历分析问题、解决问题的过程，逐步学会思考和学习。

路径：布置任务→自主思考→合作探疑

（3）质疑创思，展学互动

具体做法：学生或小组展示对问题的不同结论或过程与方法，让思维真正落地且可视化，教师通过观察和访谈，读懂学生的思维轨迹，引导学生认真倾听、思考比较、整理和质疑各种不同的结论，引发多角度思维，不断转换分析角度，产生新的见解，提升理解水平。最后，教师结合学生回答，进一步归纳知识。

路径：汇报展示→比较分析→互动质疑→适时点拨

（4）释疑深思，课堂检测

具体做法：呈现梯度练习，学生应用所学到的思维方法解决问题，教师鼓励学生阐述其做题的思维过程，培养深入思考的精神和创新意识，适时暴露学生典型的错误解题方法，通过师生共同质疑和点拨，瞄准学生解题过程中有可能会产生的各种思维误区，让学生明晰问题解决的思路与方法，以达到释疑解惑的最终目的。

路径：梯度练习→深度思考→学情诊断→释疑指导

（5）解疑反思，拓展提升

具体做法：学生对照学习目标进行自我反思，或是结合教师针对本课内容所开发的评价表进行自我评价，谈学习收获，师生共同梳理，借助思维导图再次对知识进行深化与提高，从而解除疑问。课的最后，可立足教材文本介绍数学文化，或播放本课数学知识在生活中应用的小视频，或出示挑战题鼓励学生应用知识解决实际问题，使学生的学科素养获得提升。

路径：自我反思→总结收获→呈现导图→解疑提升

2. 落实"五个路径"，使核心素养培育有"根基"

具体如图3-20所示。

搭建数学思维的阶梯
概念关键点　易混知识点
新知生长点　知识衔接点
练习易错点　重要结论点

厘清数学知识的内涵
含义、形式接近的概念和知识点

提升实际应用的意识
从科技、建筑、国情等多种角度融入数学知识

1 质疑释疑　2 任务驱动　3 对比辨析　4 多元表征　5 链接生活

催生探究学习的动力
抽象的数学知识变得可视化、可触碰、可想象

跨越抽象理解的障碍
采用线段图、列表、简易图等直观表征

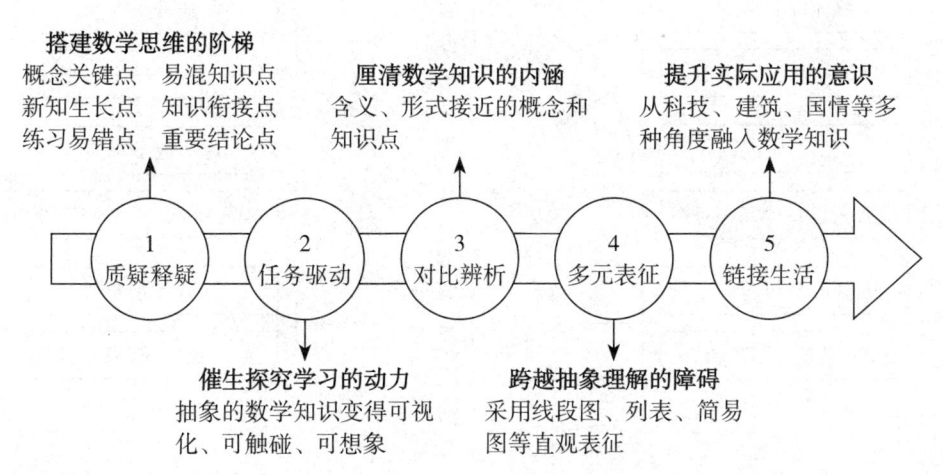

图3-20

（1）质疑释疑，搭建数学思维的阶梯

质疑能引发学生深度思考。教师在教学中应创造处处有"疑"的条件，让学生的质疑真实发生。①在概念关键点质疑，明晰概念内涵。如，北师大版教材"周长"的概念是：图形一周的长度就是图形的周长。先让学生找关键词，对自己的发现进行质疑，再抓住"一周"这个关键点，进行演示、作图等，从而理解概念内涵。②在易混知识点上质疑，厘清数学本质。找相近、易混淆的知识点，进行对比，如：直线、射线和线段等概念，乘法结合律和乘法分配律等运算定律，让学生在发现相同点及区分不同点上提出疑问，再举例说明。③在新知生长点上质疑，让学生知道知识的来龙去脉。如，学习"认识小数"时，老师可提出问题：同学们，大家知道为什么我们要学习小数吗？这样的问题能引导学生思考小数在生活中的实际应用，如计量、计算等，认识学习小数的重要性。④在知识衔接点上质疑，有利于旧知迁移到新知学习中。⑤在练习易错点上质疑，进行有针对性的分析，了解学生做题的真实想法，找出学习障碍成因，明确方法后再练一遍同类题或变式题，训练思维灵活性。⑥在重要结论点上质疑，通过阅读结论，标注重点，在思维混乱处提出疑问。"六点"质疑法框架图如图3-21所示。

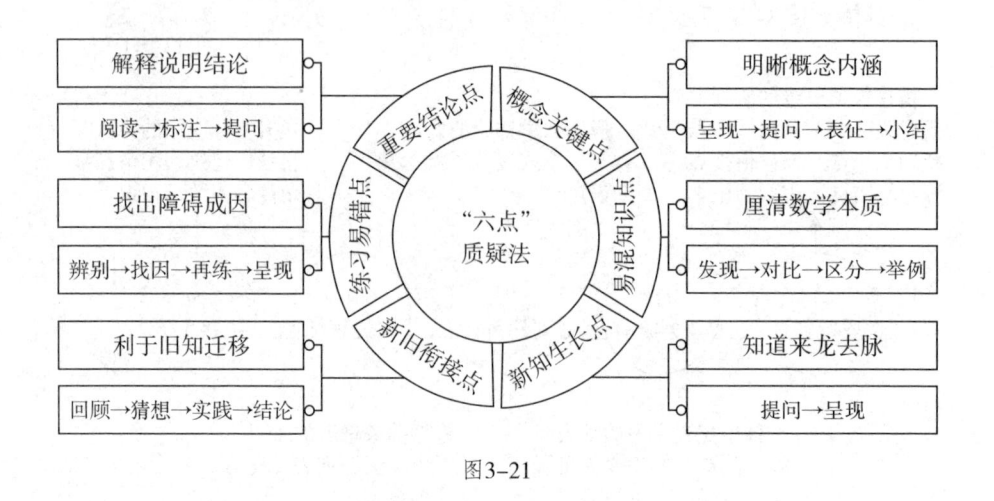

图3-21

（2）任务驱动，催生探究学习的动力

设置数学活动，让抽象的数学知识变得可视化、可触碰、可想象，教师适时进行激疑，启动学生思维内驱力，提升学生探究和理解抽象知识的效率。教师在课堂上要引导学生自主探究，帮助他们利用已有知识和技能去探究、推理、验证、表征、操作、创新等，积累活动经验。例如，北师大版小学数学二年级上册《课桌有多长》，让学生动手量一量课桌的长度，有的学生得到"20个橡皮"的长度，有的学生得到"2个书本"的长度，结果不一致，从而感受到统一测量工具的重要性，学习的内在需求被激发。

（3）对比辨析，厘清数学知识的内涵

含义、形式接近的概念和知识点容易引起混淆，为了让学生深刻理解概念内涵，教师可以让学生在多样化的对比中"比"出新问题、"辨"出新思维。例如，北师大版四年级上册"线的认识"，认识直线、线段、射线，通过对比认识它们之间的联系与区别，通过辨析明晰数学知识的内涵和本质。

（4）多元表征，跨越抽象理解的障碍

运用多元表征是突破思维分析和问题解决的有效办法。学习解决问题时，采用线段图、列表、简易图等直观表征，帮助学生跨越抽象理解的障碍。运算教学中，借助符号表征使"凑十法"计算思维过程直观化；学习混合运算时，采用"画横线"方式把先算的标注出来，呈现计算思维。"数学广角"中，很多内容可以借助符号把复杂的分析推理过程呈现出来，有利于学生理解数学思想，建立符号意识。

（5）链接生活，提升实际应用的意识

寻找数学知识与现实生活的契合点，从学生熟悉的生活背景中引出数学知识，从科技、建筑、国情等多种角度融入数学知识，拓宽学生视野，感受数学的价值，提升应用的意识。例如，将"位置与方向"中的游乐园场景图换成扶绥本地龙谷湾的示意图，灵活选用学习素材进行授课，利于激发学生的学习兴趣。

3. 抓实"五个支点",使核心素养培育有"雨露"

(1) 集体备课"系列化",汇聚集体智慧

集体备课教研内容主要是单元教学要点梳理及典型课例研究,以单元主题为结构,以核心素养为导向,整体视角解析教材、分析学生基础、提出教学建议,从而汇聚集体智慧,提高教师的教学水平和教学质量。

(2) 微型教研"常态化",破解教学问题

除了主题教研活动,学校着重抓"每天课间三分钟教研",即将教研活动融入日常教学中,数学教师共同研讨教学疑惑。以年级办公室为单位,各教师就教学过程存在的疑惑抛出问题,办公室同学科教师积极发言、讨论,分享教学经验,相互学习,解决每日教学疑惑,促进课堂教学有效开展,以点带面,在全校范围内形成浓厚的教研氛围。

(3) 教学评价"多元化",提供事实依据

为了全面了解学生的学习情况和教师的教学效果,我校采用六个要素课堂评价,从目标达成、时间安排、媒体运用、教师能力、价值取向、教学效果六个方面,有针对性地结合观课量表,对教师的教、学生的学和学科课堂进行评价。此外,运用教师即时性评价和学生学习评价量表,开展自评、互评和师评,对学生在课堂上的各种表现进行点评,从而调整学生课堂学习行为和方向,使学生更好地认识、改进和提高自己。教学评价以"定量+定性"相结合,提供更全面的事实依据,较为客观公正地反映出"疑思课堂"教学实施情况,并反馈和利用评价结果帮助教师更好地调整教学策略,促进质量提升。

(4) 微型课题"纵深化",积累教学经验

学校鼓励教师开展微型课题研究,设立"疑思课堂"实验班,组建校级微型课题研究小组,采取"发现小现象→开展小调查→进行小实验→总结小策略→撰写小文章"的研究路径,围绕"疑思课堂"教学实施中的困惑,进行深入的研究和实践。通过研究解决教学困惑的方式,让老师们积累教学经验,提升教育教学水平和研讨能力,使教学高效灵活。

（5）团队展评"立体化"，创新教研样态

学校组建"骨干引领、年级联动、团队互助、整体提升"的学习共同体，为老师们搭建一个相互交流、探讨、展示的平台，以年级学科团队为单位，对"疑思课堂"教学展示课进行分析，开展基于课例研究的团队展评活动。通过这种立体化的团队展评活动展示团队的教学成果和教研成果，同时也可以对团队的教学进行评价和反馈，大家可以相互借鉴。具体流程为：①团队风采展示。活动开始，教研团队可采用各式各样的出场方式展示本团队风采，并进行团队介绍，此环节能较好地凝聚团队意识，也能给教研活动增添活力。②团队研修汇报。由团队成员分别从学情分析、教材解读、教学策略、作业设计四个方面进行说明。③课堂教学展示。教师进行"疑思课堂"教学展示。④现场观课记录。团队成员按照观课议课任务分工、结合自主开发的观课量表进行现场听课，做好记录，课后快速整理听课记录和相关数据，进行客观分析，形成建设性指导意见。⑤希沃在线评课。其他观摩教师通过希沃平台进行线上评课，这种线上与线下相结合的方式，使教研过程中没有"边缘人"，实现人人参与。⑥教学效果分析。团队成员结合观课六个要素进行教学评价。⑦主讲教师反思。主讲教师对照自己的教学实践进行反思，并综合团队教学效果分析进行表态。⑧教师辩课互动。在场观摩教师与展示的教研团队针对"疑思课堂"的教学实施情况进行辩课互动。

（四）开展"疑思课堂"的条件

1. 学校制订符合课改实施的方案和措施

学校成立"课改项目部"，全面负责课改方案的制订和实施，工作的推动与落实。

2. 引导教师树立课堂改革的理念和目标

基于质量监测结果，学校立足本校进行分析诊断，引导教师树立课堂改革的理念和目标，经历了"发现问题→进行诊断→转变观念→教学实践→总结凝练→辐射引领"的研究流程。

（五）践行"疑思课堂"的成效

1. 课改成果：构建了指向核心素养的"疑思课堂"教学模式

操作流程图如图3-22所示。

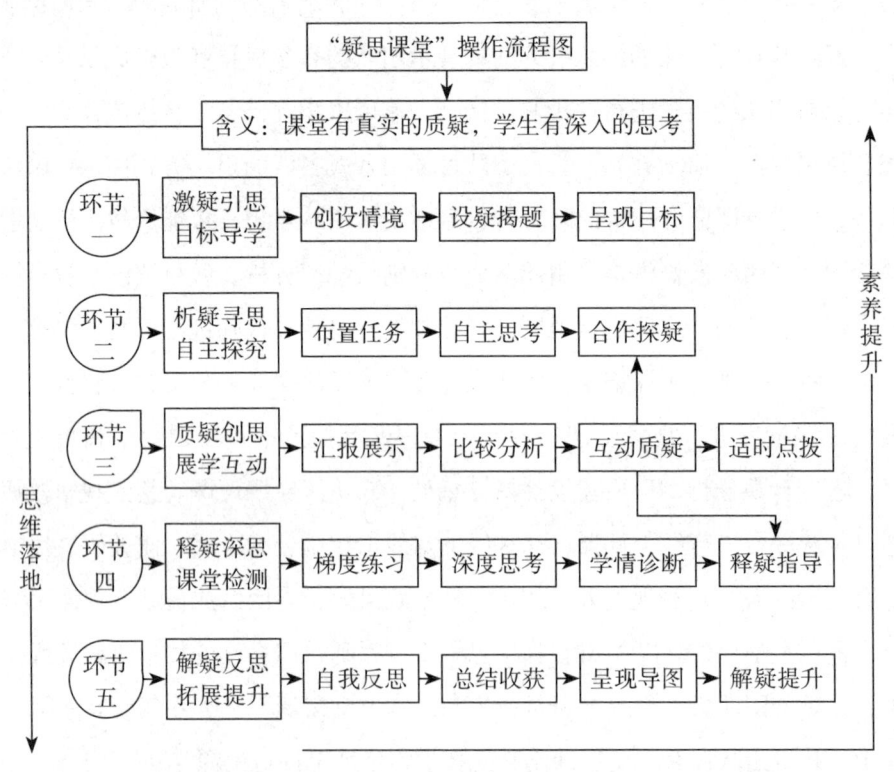

"疑思课堂"操作流程图

含义：课堂有真实的质疑，学生有深入的思考

环节				
环节一	激疑引思 目标导学	创设情境 → 设疑揭题 → 呈现目标
环节二	析疑寻思 自主探究	布置任务 → 自主思考 → 合作探疑
环节三	质疑创思 展学互动	汇报展示 → 比较分析 → 互动质疑 → 适时点拨
环节四	释疑深思 课堂检测	梯度练习 → 深度思考 → 学情诊断 → 释疑指导
环节五	解疑反思 拓展提升	自我反思 → 总结收获 → 呈现导图 → 解疑提升

（思维落地 ↔ 素养提升）

图3-22

经过课改实践，我校教师在"疑思课堂"基本模式上不断创新，教学效果不断优化，逐步构建"疑思课堂"教学模式。"疑思课堂"从学生成长规律和能力发展出发，通过课堂"处处有疑"，激发学生学习兴趣，解决"学生数学思考不够深入"的问题，核心素养得到有效提升。

通过抽取实验班级147班与平行班的学科教学成绩进行对比和分析，见表3-4，我们发现：师生经过对"疑思课堂"的深入研究与教学实践，班级成绩获得有效提升。

表3-4　实验班级（147班）与平行班（148班）的学科教学成绩对比

	2022年春季学期	对比	2023年春季学期	对比
147班	90.2分	−2.53分	87.5分	1.4分
148班	92.73分		86.1分	

2. 课改支点：形成了基于课例研究的"实证+"校本教研范式

在课改实践中，学校逐步形成了基于课例研究的"实证+"校本教研实践范式。该模式发挥了集体的智慧和力量，优化了教学方式，提升了教研品质，解决了"教师研究不够深入"的问题，通过实证支撑推动教师教学研究走深走实。

3. 课改体系：完善了学校的课改体系

学校以"疑思课堂"教学改革为突破口，坚持以学生核心素养提升为导向，以教师发展为核心，以教育科研为动力，盘活学校教育科研管理，形成了学校的教学模式和校本教研范式，完善了学校课改体系，形成浓郁的校本教研氛围。我校教学、教研模式经过各级比赛、学区推广、送教下乡等活动的多次检验，受到县内教育同人广泛好评和借鉴。

4. 综合发展：推动了教育高质量发展

近年来，学校通过课堂改革实践，造就了一批课改名师专家：陈立敏校长入选第二批广西基础教育名校长领航工程，钟旻芬副校长入选崇左市教育科研课题评审专家，两人均被评为崇左市"好校长"。陈香娥、黄红美、卢肖力、黄梅丹4位老师被评为崇左市"好教师"。教师教学课例获区、市级奖共31项，刊发与课改相关论文10篇，撰写论文获区、市级奖共11篇，其中区级一等奖4篇。学校一个课改项目获自治区基础教育教学成果二等奖。学校教育教学综合质量评估一直跻身全县小学前列，取得家长信任，赢得社会认可，学校影响力不断提升。

作为"疑思课堂"的提出者，笔者在县、市培训及会议上对课模进行推广介绍，见图3-23。

图3-23

案例引言：2022年9月，笔者运用"疑思课堂"的教学理念进行《旋转与角》一课教学设计，所录制的精品课获得扶绥县2022年春季学期"广西中小学云课堂"精品课例评选活动一等奖。

案例9 县级一等奖课例《旋转与角》教学设计与评析

一、教学内容

北师大版小学数学四年级上册22~23页。

二、教学目标

1. 知识与技能：借助具体情境和实物，认识平角和周角，会在点子图上画角，知道锐角、直角、钝角、平角、周角之间的大小关系。

2. 过程与方法：通过"看一看""摆一摆""画一画""找一找"和"折一折"等活动，经历平角和周角形成过程。

3. 情感态度与价值观：发展实际操作能力，感受角与现实生活的密切联系。

三、教学重难点

教学重点：

认识平角和周角，理解各种角的形成过程和它们之间的关系。

教学难点：

理解各种角的形成过程和它们之间的关系。

四、教学准备

教具：多媒体课件，活动角，三角板。

学具：活动角，尺子，三角板，圆形纸片。

五、教学设计

（一）概念的引入：激疑引思，目标导学

1. 创设情境，回顾学过的几种角，角各部分的名称。

师：同学们，今天有位爱探险的朋友朵拉将和我们一起开启一段数学知识的探索之旅。第一站是：时钟城堡。这里摆放着各式各样的漂亮时钟，其中有5个钟面的指针是静止的，我们一起来寻找数学密码，让它转动起来吧。

（1）我们以前都认识了哪些角？你还记得角是由什么组成的吗？

（2）观察分针和时针所形成的角，识别锐角、直角、钝角。

（3）你能结合本单元刚刚学过的线的认识，来说说什么是角吗？（课件演示：出示顶点，由顶点引出两条射线）

小结：从一个顶点，引出两条射线所组成的图形叫作角。

2. 揭示课题，出示本课学习目标。

师：同学们真了不起，很快解决了问题。请大家仔细观察这个钟面，在时针和分针不停旋转的过程中，它们形成了什么图形？

生：形成了角。

师：原来，生活中除了静态的角，还有像这样不断变化的角，今天，我们就和朵拉一起"动手"，去探索旋转变化中的角。（板书课题：旋转与角）

出示本课学习目标，全班齐读。

设计意图：以创设情境的方式，用生活中的实物钟面模型引导学生解答问题，并发现除了静止的角，还有不断旋转变化的角，即动态的角。寻找数学密码牢牢抓住学生的注意力，使学生获得学习的成就感，通过回顾旧知识，为后面的学习做了有效铺垫。

（二）概念的理解：析疑寻思，自主探究

1. 动手转一转，形成各种角。

师：同学们，你能用课前制作好的活动角，通过旋转，分别得到锐角、直角、钝角吗？先独立完成，再跟同桌交流。

同桌两人你摆我说。活动要求：

① 固定活动角的一条边，旋转另一条边，摆出三种角。

② 同桌两人一人摆角，另一人说旋转过程中摆出的角的名称。

③ 思考：角的大小与什么有关？

2. 学生动手操作，教师引导。

（1）同学上台展示角的变化过程：（锐角—直角—钝角，钝角—直角—锐角）

（2）探讨角的大小与什么有关。

通过旋转可以得到不同的角，我们一起来观察通过旋转，你又有什么新的发现？

教师一边演示各种角的形成过程（锐角—直角—钝角），一边提问，通过学生回答小结：在旋转过程中，角的大小是在变化的，两条边的开口（大），角就（大）。

教师继续演示（钝角—直角—锐角），一边提问，通过学生回答小结：当两条边张口（小），角就（小）。

小结：角的大小与两条边张口的大小有关，与边的长短无关。

3. 认识周角和平角。

（1）认识周角。

① 创设情境，引出周角。

师：刚才，通过旋转活动角，我们转出各种角，还知道了"角的大小与两条边开口的大小有关"。聪明的朵拉学以致用，设计了一台体重秤，人往上一站，指针就会旋转，转的角度越大就说明他的体重越重。我们一起到发明屋去看看吧，那里又藏着哪些数学奥秘呢？

布咻站上去，指针只转了一点，两条指针形成了（锐角）。

捣蛋鬼狐狸站上去，指针转动大了些，两条指针形成了（直角）。

朵拉站了上去，指针旋转的程度更大了，两条指针形成了（钝角），说明朵拉比捣蛋鬼狐狸和布咻还要（重）。

下一个站上去的是——超级飞侠乐迪，没想到指针唰的一下，还是指向原来的位置，这是怎么回事呢？乐迪不是应该比他们都重吗？

师：让我们仔细看看刚才都发生了什么，原来指针并不是一直不动，而是转了整整一圈之后，刚好回到了原来的位置。乐迪的体重果然非同小可！

② 学生用活动角演示指针的形成过程。

师：你能用旋转活动角的方式把刚才指针的旋转过程呈现出来吗？

师：你是怎么做的？

生：固定活动角的一边，另一边旋转一周，两条边重合在一起。

师：当两条边重合时，这种形状还是角吗？想一想，把你的想法和同桌交流一下。

指名学生回答。

生1：不是，它只有一条边。

生2：是一个角，它有一个顶点和两条边，符合角的特征，只不过两条边重合了。

师：同学们的回答都很精彩！请看大屏幕（课件演示周角的形成过程。）在数学上把这样的角叫作周角。

（2）自主探索，认识平角。

① 研究小爱的指针位置。

乐迪称完体重满意地飞走了，轮到小爱了。神秘的消息来源告诉我们：小爱的体重刚好是乐迪的一半。乐迪的体重让指针旋转一周，如果小爱上了称，指针会指向哪里？

②学生试着用活动角演示指针的形成过程。

师：接下来，我们继续通过旋转活动角来探索角的奥秘！请你想一想，用活动角把表示小爱体重的指针旋转过程呈现出来。

指名3个学生展示，并说一说自己这么旋转的理由是什么。

③思考：这种形状是角吗？

师：（课件旋转活动角得到平角。）当两条边在一条直线上时，这种形状还是角吗？

学生汇报自己的想法。（这个图形是由一个顶点，引出两条射线，符合角的基本特征。）

师：同学们，这是一个角，只不过它有点特殊，下面我们把它从活动角中请出来。（课件演示动画过程）在数学上把这样的角叫作平角。

（三）概念的建构：质疑创思，展学互动

1. 设疑问难，交流平角和周角的特点。

（1）请你用活动角分别旋转出周角和平角，并和同桌说一说周角和平角的特征。它们和以前所学的角有什么联系和不同？

生1：周角也有一个顶点。

生2：周角的两条边重合。

生3：平角的两条边形成一条直线。

生4：周角、平角和以前学过的锐角、直角、钝角一样，都有一个顶点和两条边。

生5：周角比其他角都大。

教师根据学生回答归纳特征：平角的两条边在一条直线上，周角的两条边重合在一起。

（2）思考教师提出的问题：周角是一条射线吗？平角是一条直线，对吗？

周角是一条边绕着端点旋转一周后两条边重合了，这是周角的特点：两条边重合，像一条射线。

2. 回顾旧知，学习平角和周角的画法。

（1）回顾角的画法。

师：在大家的共同努力下，我们又认识了两位新朋友——平角和周角，接下来我们要学习平角和周角的画法。先来回顾二年级学过的角的画法：先画一个顶点，再从这个顶点向不同的方向画两条射线，就画成了一个角。画直角时，可利用三角尺画边，记得要标出直角符号。

（2）教师演示并归纳平角、周角的画法。

教师一边在黑板上板演画平角，一边归纳画平角的方法：

① 先画一个顶点；

② 从顶点引出一条射线；

③ 再往相反方向引出另一条射线；

④ 我们从角的一边到另一边画一条半圆形的弧线，并标出旋转的方向（用不同颜色的粉笔画），平角就画完了。

教师板演画周角，归纳方法：先画一个顶点，再画一条边，因为周角的两条边重合了，我们只用画一条边就可以了，要标出周角的记号：从角的一边开始，画一个圆圈，回到起始的位置，并标出旋转的方向（用不同颜色的粉笔画），表示是另一条边旋转一周形成的。

3. 研究5种角之间的联系。

我们已经认识了5种角，接下来我们来探索各种角之间的联系。

（1）画一画，排一排。

师：看课本第23页第3小题，在点子图上画出锐角、直角、钝角、平角和周角。时间是2分30秒。

展示2位学生的作品，其他学生进行评价。

指名学生到希沃白板上，按从小到大来排列，看看谁能把角的队伍排得又快又好。

（锐角）＜（直角）＜（钝角）＜（平角）＜（周角）

教师注意强调钝角不仅要大于直角，还要小于平角。

（2）转一转，比一比。

活动要求：①旋转出一个你所喜欢的角，并说出角的名称；②离开位置与其他和你旋转出同一类的角比一比、说一说，你们旋转出的角一样大吗？

师：请旋转出锐角的同学，把锐角高高地举起。大家观察，这些角大小一样吗？（不一样）原来锐角的大小是不固定的。

师：请旋转出直角的同学，先用三角尺验证你旋转的是不是直角。验证完了再把直角高高地举起。大家观察，这些直角大小一样吗？（一样）直角是特殊的角，它的大小是固定的。

师：原来在这5种角中，有些角是特殊的角，如直角，它的大小是固定的；有些角的大小是不固定的，如锐角。由此推理，钝角、平角、周角的情况又怎样呢？

课堂活动：请将这些角按照"大小固定"和"大小不固定"来进行分类。

指名学生到希沃白板上进行操作。

总结：在这5种角中，锐角、钝角的大小不固定，可以有许多个。直角、平角、周角大小是固定的，是特殊的角。

（3）合作学习：折一折，想一想。

师：接下来，我们通过折一折，再来深入了解这3种特殊角之间的联系。

合作要求：

① 请同学们拿出圆形纸片，对折一次，再对折一次。你发现得到一个什么角？

② 展开一次，又发现了什么？思考：平角和直角之间有什么关系？

③ 接着再将纸片展开成原来的样子，以两条折痕交叉点为角的顶点，画一个周角。利用三角尺拼一拼3种角。小组讨论：周角、平角和直角有什么联系。

学生小组合作交流后，汇报结论。

教师在课件上验证，小结并板书：

1平角=2直角，1周角=2平角=4直角

4.概念的应用：释疑深思，课堂检测。

同学们学得非常认真，接下我们要和朵拉去几个神秘的地方，在通往神秘地方的路上，设了三个关口，只有闯关成功，才能顺利到达。大家有信心吗？

第一关——课本23页第2题。观察每个钟面，说出时针和分针所形成的角的名称。

想一想：还差哪一种角？（周角）你知道在哪个整时，时针和分针所组成的角是周角吗？

第二关——比一比，填一填。

出示六个不一样的角。

（1）把这些角按从小到大的顺序排列。

（   ）<（   ）<（   ）<（   ）<（   ）<（   ）

（2）比较角的大小时要注意：角的（   ）越大，角越大；角的大小与边的长短（   ）。

第三关——课堂活动：找准角的特征，把它们拖到合适的位置。

（四）概念的深化：解疑反思，拓展提升

1.全课总结。

师：恭喜大家闯关成功！这节课，你有哪些收获？

2.找一找生活中的平角和周角。

接下来，我们跟随着朵拉到各地去看看，去发现生活中的数学之美：

第一站：激动人心的2008年北京奥运会单杠决赛现场。

邹凯是奥运会史上，获得金牌数最多的中国运动员之一。2008年他实现突破，获得中国第一块单杠奥运会金牌，中国第一个奥运会五金王。他为中国赢得了无数的荣誉和掌声。

在这个比赛过程中，你有没有找到我们今天所学的平角和周角？下面我们就带着思考来看精彩的比赛片段。

第二站：家乡美丽的龙谷湾。

3. 说一说,"角的擂台赛"。

其实在我们日常生活中也有很多地方有平角和周角,请你用今天学的知识,说一说生活中的平角和周角。谁说得多,谁就是今天的小擂主。

师:这节课,同学们的收获可真不少!在我们的生活中,到处都有"角"的身影,角的世界丰富多彩,角的知识奥妙无穷。课后,希望大家继续用数学的眼光看周围世界。

六、教学反思

2020年10月,笔者在扶绥县实验学校教育集团上《旋转与角》名师展示课,并作题为《让学生的数学学习成为一场思维的旅行——"旋转与角"教学意图》教学反思。反思全文如下:

我在分析和设计这节课时,把学生的数学学习当成是一场思维的旅行,把"旋转与角"的知识的探索历程浓缩成一节课,让学生感受到探索知识的魅力!开课就引导学生:今天有位爱探险的朋友将和我们一起开启一段数学知识的探索之旅。接着就放手让学生在一段又一段数学探索的旅程里蹒跚而行,去经历数学知识的形成过程,去亲身获得大量的活动体验,不断丰富对角的认识。下面,我把这节课的设计思路抛出来与大家一起探讨:

1. 重视趣味情境的创设。

"在情境中学习数学和理解数学"是数学课程标准所倡导的。创设趣味情境有助于提升学生的学习兴趣。德国一位学者有过一句精辟的比喻:将15克的盐放在你的面前,无论如何你都难以下咽。但当将15克盐放入一碗美味可口的汤中,你早在享用佳肴时,将15克盐吸收了。盐一旦溶入汤中,会变得美味易于吸收;倘若知识融入情境之中,会变得生动有趣、利于学习。

本课,学生发现了角的大小与两边开口的大小有关之后,我设置了一个"解开超级飞侠乐迪的体重之谜"的情境,有效地将学生的认知活动和情感活动结合起来,使学生在轻松愉悦的状态下认识周角。接着,再借助"小爱的体重是乐迪的一半"这一情境创设,巧妙地引出平角,也为接下来探索平角和周角之间的关系埋下伏笔。这样的设计真正做到:情境中有数学味,情境能为教学目标服务。

2. 做好新旧知识的衔接。

很多数学知识之间往往有联系和区别，抓住新旧知识衔接，能帮助学生搭建新知学习的桥梁。课一开始，就从学生已有的经验和知识出发，唤醒学生对"角"知识的回忆，提出问题：图中都有哪些角？角是由哪几个部分组成的？这些问题能帮助学生重温旧知。北师大版教材没有对"角"的概念进行定义，用这一版本的老师们在教学时很纠结是否要呈现概念。结合人教版等各版本教材中对"角"的概念的定义，我在教学时，先用课件出示角的形成过程，并引出本单元起始课"线的认识"，引导学生发现角的"边"是"射线"，从而进一步引出角的概念，为接下来从角的本质去学习平角和周角的知识奠定基础。当教师故意设疑问难的时候，如"这个图形还是角吗？""周角是一条射线吗？"，等等，引发学生调动头脑中对角的已有认知去思考，教师引导学生从角的概念和组成方面去判断和讨论，最后肯定它是角，这样就使学生真正认识了平角和周角，理解了它们的特征。在学习画平角和周角的时候，让学生回顾前面学的画角的知识，促进知识迁移。

3. 积累丰富的活动经验。

数学课程标准指出：数学活动经验的积累是提高学生数学素养的重要标志。小学阶段学生的年龄和认知特点决定了学生在学习抽象的数学知识时，需要借助一定的外部活动来帮助理解，通过亲自实践操作而获得经验。因为，当学生自己去发现、去探索、去研究数学时，知识的理解就更为深刻，也容易掌握其中的内在规律、性质和联系。四年级学生的思维还处在形象直观到抽象过渡的阶段。基于以上认识，我设计循序渐进的操作活动，活动一：让学生两人你摆我说。学生通过旋转活动角的边得到锐角、直角、钝角，并得出角的大小与两边开口的大小有关。通过旋转的过程建立角的"动态表象"。学生在认识平角和周角时，我注重让学生用活动角旋转出它们的形成过程，通过动手操作和观察，加深对平角和周角的理解。在探索角之间的联系时，设计了比一比、排一排、折一折、说一说等活动，学生在大量的实践活动中经历数学知识形成的过程，在广泛的实践活动中获得体验、掌握新知，有利于解决数学的抽象性和小学生思维的具体形象性之间的矛盾，使抽象的数学内容形象化、清晰化。

4. 融通数学与现实生活。

数学课程标准指出：重视从学生的生活经验和已有的知识中学习数学和理解数学。当我们将数学知识紧密联系学生的生活实际，创设学生熟悉的情境，能增强学生的学习欲望。新课导入时，钟面时针、分针的旋转变化，工地上的钩机和吊机，龙谷湾游乐园海盗船和摩天轮等生活场景融入课堂中，极大地激发了学生对数学知识的兴趣。"角"在孩子们的眼中也不再是有棱有角的生硬面孔，而是变得丰富多彩、充满生命力，就处在周围生活中。最后，让学生说说生活中的平角和周角，激发学生的学习兴趣，明确它们在生活中的应用。

5. 进行知识对比和联系。

把平角和周角与前面所学到的锐角、直角和钝角放在一起进行对比，比较角的大小、角的画法和角的特征，能进一步巩固对"角"概念的理解，掌握平角和周角的特征，有利于学生搭建知识结构，将新知纳入到原有认知当中。

6. 通过设疑来激活思维。

数学的学习过程，要让学生的思维不断得到激活和训练，智力不断得到开发与挖掘，解决问题能力不断增强。设疑是激活学生数学思维的有效途径。本课，我精心设置了一些问题：两条边在一条直线上，还是角吗？周角是一条射线吗？周角和0度角有区别吗……学生在问题引领下，积极探索答案。这样，大脑被激活起来的数学课堂才能真正"活"起来。

7. 巧妙地渗透德育教育。

备课时，教师应注重挖掘教材中的德育元素，将它巧妙地融入新知教学当中，落实立德树人根本任务。教材中有一道练习，说说生活中的平角和周角，里面有运动员在单杠上运动的场景，我将它与激动人心的奥运会比赛有效结合起来，引入英雄的城市、美丽的家乡的场景，引导学生观察生活中的平角和周角的动态美，不仅在数学课堂中渗透德育教育，受到情感熏陶，也能使学生产生浓厚的兴趣。

图3-24为笔者执教《旋转与角》一课的情景。

图3-24

案例引言：2023年2月，笔者撰写的论文《触摸数学概念本质　促进思维深层发展：基于小学数学"疑思课堂"教学模式下八桂教学通的应用》参加2022年全区义务教育学校数字资源建设及应用论文征集活动，获一等奖。此文是以"疑思课堂"教学理念为导向，以八桂教学通的应用为重点进行阐述。提出基于小学数学"疑思课堂"教学模式下八桂教学通的应用策略：依托数字资源，助力教师备课；整合技术资源，赋能课堂教学；创新教学实践，提升核心素养。

案例10　触摸数学概念本质　促进思维深层发展：
基于小学数学"疑思课堂"教学模式下八桂教学通的应用

本文以北师大版小学数学四年级上册《旋转与角》一课为例，阐述了应用八桂教学通开展"疑思课堂"教学模式的实践过程和结果。本课以八桂教学通为载体，采用"横向纵向对比、厘清知识脉络，浏览数字资源、深化教材理解，融通内外资源、丰富教学素材，巧用数字资源、优化作业设计"四种方法进行高效备课；在教学过程中，巧妙运用八桂教学通的数字资源和平台功能，提高了教师授课的效率，创新了小学数学的教学实践，提升了学生数学核心素养。"疑思课堂"即"课堂有真实的质疑，学生有深度的思考"，着力于培养学生在数学课堂中的积极思维，实现思维落地、素养提升，提高学校数学教学质量。

一、依托数字资源，助力教师备课

（一）横向纵向对比，厘清知识脉络

八桂教学通平台可以提供各学科多版本教材，便于教师对同一教学内容的多个版本教材特点进行对比研究。以"平角和周角的认识"这一知识点为例。教师通过对不同版本教材进行横向比较和对各教材中知识点前后的联系进行纵向比较，就可以立足学情实际，进行创造性的教学设计。

横向比较不同版本的教材。例如，"平角和周角的认识"这部分内容在人教版、北师大版、苏教版三个版本中，都是出现在小学数学四年级上册教材中。其中，人教版和苏教版是在学习了线段、直线、射线和角的度量知识之后，从"角的分类"中认识平角与周角；北师大版则是在学习了线段、直线和射线的基础上认识平角和周角之后，才学习角的度量，这是教材编排上的差异。关于"角"的概念，人教版和苏教版教材都直接出示"角""平角和周角"的概念；北师大版教材没有出示有关角的概念，也没有指出角的两条"边"是"射线"。北师大版教材改变了另外两个版本仅依靠直接观察得出概念的做法，让学生在"活动角"的操作中，建立角的"动态表象"，感受角的特征，了解角的本质。

纵向比较知识点前后联系。"旋转与角"是北师大版小学数学四年级上册第二单元的教学内容，属于图形与几何板块。在二年级下册"认识图形"这一单元中，学生已初步认识了角，了解了比较角的大小的方法，会辨认锐角、直角和钝角；在三年级下册"图形的运动"这一单元中，学生已经认

识并感受了平移与旋转两种运动；在同册同一单元前两节课，学生学习了线的知识，体验了通过平移运动得到平行线。本课学习的内容是角的知识的又一次拓展，为后续学习角的度量奠定知识基础。通过八桂教学通平台的数字资源可以快速找到这些版本的教材，非常方便教师横向、纵向对比和串联知识点。利用八桂教学通平台，不仅能帮助厘清知识脉络，链接各阶段知识，使之形成"角"的概念的发展，还能通过三个版本教材及资源的对比研究，将其他两个版本教材内容创造性地用到北师大版教材内容的教学中，突破教材版本限制，给学生提供更丰富多样的学习内容，使各版本教材内容优势互补，拓展学生思维的广度和深度。

（二）浏览数字资源，深化教材理解

八桂教学通数字教材中内嵌诸多优质教学资源，在数字教材内容页面嵌入互动课件、微课视频、图片、音频、同步习题等精品数字化资源，能够多层次、多维度地改变纸质教材的单一性。平台资源库中还提供有配套的教学资源，使用数字教材，减少了教师查找素材的时间，让教师有更多的时间去研究教材和把握教材，深化对教材的理解。

（三）融通内外资源，丰富教学素材

八桂教学通平台，能让优质的教育资源实现共享，丰富了教学素材。除了数字教材内嵌资源，教师也可以甄选资源库中的数字化资源为教学服务。同时，根据学生实际和个性化教学需求，教师还可对教学资源进行补充，将教学活动中所需的课件、视频、习题等资源上传到资源库，丰富教学素材，方便教师在教学时融通平台内外资源，通过教学课程模块灵活、方便地组织课堂所需全部素材。

（四）巧用数字资源，优化作业设计

"双减"背后是"双优"。一是优化教育教学，二是优化作业设计。八桂教学通教学平台兼容多版本教材，能有效提升教师对教材及资源的研究和应用能力。教师可灵活对比各版本教材习题内容，采用"选自教材原题、选自资源中心题库、教师创编习题"的方式，巧用数字资源，优化作业设计，提高教师备课效率。

二、整合技术资源，赋能课堂教学

八桂教学通是一个强大的教学平台，不仅能帮助教师提高备课效率，还能优化教学过程。教学时，教师在结合平台提供的数字教材和优质资源的基础上，合理利用授课工具，将八桂教学通的应用与小学数学"疑思课堂"教学模式有效融合起来，可以提高课堂教学的效率。

（一）课前导学

课前导学有两个任务，一是呈现旧知，考察旧知学习；二是前置研究，引导课前预习。本课课前导学分为三个部分：①旧知链接，要求学生完成两道有关锐角、直角、钝角的旧知识练习，让教师能够了解学生对所学知识的掌握情况；②动手操作，要求学生做一个"活动角"；③新知先探，要求学生完成两道平角和周角的练习题。通过课前导学，教师对学生进行学情调研，就能找准学习起点。为了唤醒学生的空间意识，帮助学生实现由一维空间到二维空间的飞跃，教师通过班级QQ群推送八桂教学通的京师微课链接，助其顺利过渡。

（二）课中授课

研究表明，学生掌握数学概念，要经历直观表象到抽象思维，再从抽象思维到实际应用的过程，有时候还要经历循环反复才能实现。本课依托八桂教学通平台，设计了"激疑引思，目标导学；析疑寻思，自主探究；质疑创思，展学互动；释疑深思，课堂检测；解疑反思，拓展提升"五个环节，利用疑问引导学生在探究新知活动中，亲历数学知识的形成过程，以"概念的引入—概念的理解—概念的建立—概念的应用—概念的深化"为顺序展开课例建构，将对概念的建构由外部的操作深化为抽象概括，力求触摸概念本质，促进思维深层发展。

1. 概念的引入：激疑引思，目标导学。

本节课一开始就创设了和朵拉一起打开数学知识探索之旅的情境，第一站是时钟城堡。在这个环节中，学生要通过回顾旧知，正确回答新知问题才能找到"数学密码"。找到"数学密码"后，原来四个静止的钟面就会转动起来。教师在开课环节就牢牢抓住学生的注意力，让学生知道：原来不仅是静止的钟面存在着角，转动的时钟里也存在着不断旋转变化的角。正当学生带着疑问和好奇走进新课之时，教师适当进行珍惜时间的教育，鼓励学生善于用数学的眼光观察周围世界。接着，教师提问：你能结合本单元刚学过的"线的知识"来说一说什么是角吗？结合人教版和苏教版教材对于"角"的概念的表述，为了让学生能正确认识角的两条"边"是"射线"，教师通过八桂教学通的数字教材找到"线的认识"内容中的电子教材，运用放大功能，结合聚光灯的使用，聚焦线的知识，引导学生分析问题，解释疑问。最终得出一个结论：角有一个顶点和两条射线。这样设计教学环节，就能激活学生已学知识，顺应学生学习习惯，紧扣"角"的本质，帮助学生搭建起从已知走向未知的知识桥梁。在这个环节中，教师还要结合学情分析的结果，确定本课的学习目标，使师生共同带着明确的学习目标走进探究新课的环节。

2. 概念的理解：析疑寻思，自主探究。

第二环节是本课重点环节，主要围绕角的形成过程、对平角和周角的认识进行教学。此环节通过四个抓手，促进概念的理解。

抓手一：动手操作，丰富表象积累。学生通过操作"活动角"，进行观察、展示、交流等数学活动，直观感知锐角、直角和钝角的形成过程，进一步认识角的大小与开口的大小有关。

抓手二：创设情境，促进概念形成。在情境中学习数学是课标倡导的理念，也是激发学生学习兴趣、引出数学问题的方法之一。在周角的认识上，教师设置了一个"解开超级飞侠的体重之谜"的故事情境，教师从平台的授课资源中，播放上传的外嵌资源，让学生的认知活动和情感活动结合起来。

抓手三：问题导向，促进思维发展。教师引导学生用"活动角"演示指针旋转一周的过程。教师在示范操作"活动角"时，把角的一条边固定，让另一条边绕着端点旋转一周，使两条边重合在一起。随后教师提出疑问：

"当两条边重合时，这种形状还是角吗？"教师这种提问给学生造成一种认知的冲突，引起了学生的争论，引发学生进行深度的探讨。接着，教师紧扣概念的本质特征引导学生通过直观观察、交流得出结论：它有一个顶点和两条边，符合角的特征，因此，当两条边重合时，这种形状还是角。最后，教师播放"旋转与角"的数字教材内容，页面中嵌入的互动课件，通过动画演示，让学生再一次直观地感受角的形成过程。在此基础上，教师趁机告诉学生：这就是周角。教师正是借助学生认知上的冲突，通过直观演示，以问题导向引入概念，使学生记忆深刻，教学效果好。

抓手四：迁移类推，理解概念内涵。在这个环节中，教师再次借助"小爱的体重是乐迪的一半"的故事，巧妙地引出平角的学习。在进行平角学习的时候，教师一边给学生演示并一边问学生："当两条边在一条直线上时，这种形状还是角吗？"有了前面学习周角的经验，学生经过迁移类推，答道："是平角。"这样对平角的认识就水到渠成了。这样的教学，沟通了知识之间的内在联系，帮助学生很好地建立了平角、周角的空间观念和概念模型，为接下来逐步抽象出共同的本质属性，探究角之间的关系埋下伏笔。

3. 概念的建立：质疑创思，展学互动。

第三环节是本节课的难点环节，主要围绕认识角的特征、学会画角及理解各种角之间的关系展开教学。通过前面的学习，学生已经能辨认出平角和周角，但不代表学生的思维已经顺利从此岸迁到彼岸。为了触摸"角"的概念本质，教师通过三个抓手层层递进展开教学。

抓手一：以旧知识带新知识，揭示概念本质。首先，教师抛出问题："周角、平角和以前所学的角有什么联系和不同？"然后要求学生通过观察进行思考，并通过学习小组集体讨论，协商探究。为了了解学生集体讨论解决问题所需要的时间，教师借助八桂教学通平台的计时器工具进行计时。讨论结束后，各小组成员带着本组讨论的结果进行释疑解惑。有的学生用"角的组成"来讲解，有的学生一边操作"活动角"一边进行讲解。教师再利用八桂教学通内嵌资源播放"活动角"的动画，直观地呈现出新旧知识之间的联系和不同，再用平台的"画笔"工具对结论进行标注，完善概念特征。

抓手二：化新为旧，构建知识体系。在逐步完善概念特征之后，教师又设计分组辩论的活动。教师抛出问题："周角是一条射线吗？平角是一条直线，对吗？"学生没有马上回答问题。教学实践经验表明，学生往往只认"角是由一个顶点和两条边组成的"的道理，没有深刻理解和准确把握"角的两条边是两条射线"的本质属性。为了解决这个问题，教师利用八桂教学通的学科工具GGB将活动角抽象成可操作的动态几何图形角，并指定一名学生上讲台一边操作一边讲解。如图3-25所示。

图3-25

通过人机交互，帮助学生抽象出角的本质属性，建立了平角、周角的空间观念和概念模型。在回顾角的画法基础上，教师再引导学生学习画平角和周角。布鲁纳曾说过："学生的错误都是有价值的。"学生做画角练习时，教师通过巡视，收集起学生典型的错误生成，用手机连接到平台的授课助手，将学生作品进行投屏供全班同学评析。通过生生互评和大家一起纠正错题的环节，让学生从中获得启迪。通过以上对比沟通，将旧知作为新知的基础，以旧带新，再化新为旧，既揭示了概念的本质，又使学生明确新旧知识的内在联系，构建起一个较为完整的知识体系。

抓手三：对比辨析，深化概念理解。在研究各种角之间的关系时，本课安排了两个活动。两个活动都是以自主探索、合作交流、动手操作的方式展开，让学生在轻松的氛围中，充分展示自己的想法，主动获取新的知识。

活动一：探索哪些角的大小是固定的，哪些角的大小是不固定的。学生通过探究得出结论：锐角、钝角的大小不固定；直角、平角和周角是特殊的角，大小是固定的。

活动二：探索直角、平角和周角之间的联系。教师利用平台上的尺规工具，让学生上讲台进行拼组。通过直观演示，深化了学生对直角、平角和周角之间联系的认识，得出正确的结论：1个周角=2个平角=4个直角。教师利用八桂教学通平台的授课功能，提升了学生的空间想象能力，突破了本节课的教学难点。

4. 概念的应用：释疑深思，课堂检测。

练习是学生巩固知识、获得进步的重要环节。教师在本课练习设计中采用"教材原题+八桂教学通资源库习题+教师创编习题"的方式，依托八桂教学通平台上的资源和功能，通过"朵拉闯关"的方式完成当堂检测任务。第一关，选自课本23页第2题。学生打开八桂教学通平台的授课资源就能找到对应的题目。教师让学生独立完成题目的问题解答后，再通过平台的授课资源进行展示反馈。第二关，对应的是平台上配套的习题。教师要求学生通过数字资源库找到"授课资源"库中的练习题进行巩固练习。第三关，是教师创编的习题。教师要求学生利用平台课件设计课堂活动。因为随着学习时间的增加，学生学习兴趣会逐渐减弱，练习环节加入人机操作和课堂活动，能激发学生解决问题的积极性。学生练习时，教师注意引导学生养成认真仔细、有条理的好习惯。

5. 概念的深化：解疑反思，拓展提升。

一是总结评价。在课堂教学准备结束时，教师先要求学生每人谈谈自己的学习收获，对自己本课的学习收获进行总结评价。然后，教师利用"思维导图"帮助学生完善本课堂学习内容的"认知结构图"。二是回归课本。在进行教学总结时，教师要求学生回归教材，引导学生从实物的面上抽象出角的知识。教师还要求学生从单杠运动、石磨盘等游乐设施中发现平角和周角。并且要求学生走上讲台一边说，一边用画笔画出平角和周角。三是德育渗透。教师利用八桂教学通平台播放功能播放小视频"中国古代最先进的排灌农具——龙骨水车"，激发起学生的民族自豪感和爱国热情。四是联系生活。在本节课的最后，教师组织学生开展"角的知识擂台赛"。要求每个学生都能举出一个实际例子，说说生活中经常碰到的平角和周角。教师的教学从具体到抽象，又从抽象回到具体，符合小学生的认知规律。这种教学方法可以让学生能更准确地把握概念的内涵和外延，体会"数学来源于生活"的教学理念。

（三）课后拓展

数学学习、德育教育不能仅停留在课堂上，还应延伸到课外。在教学过程中，教师要适当设计一些内容丰富、形式灵活、类型多样的数学主题活动，融入数学教学，实现学生学科核心素养的培养。

在《旋转与角》课后设计中，教师设计了两个数学实践活动：①融通数学与生活。要求学生在课后找一找日常生活中经常出现的平角和周角。这种活动不仅使在上课时开展的"角的知识擂台赛"活动得以延续，而且能够落实最新版的《义务教育数学课程标准（2022年版）》提出的"用数学的眼光观察现实世界"的教学理念；②创新应用实践。教师要求学生"用你喜欢的方式创造平角和周角"。教师通过课后拓展，渗透了"数学源于生活"的教育理念，激发了学生学习数学的兴趣，让学生懂得学习数学是有用的，数学能在现实生活中产生巨大的作用。

三、创新教学实践，提升核心素养

小学数学"疑思课堂"教学模式下八桂教学通的应用，确实给课堂带来可喜的变化，学生数学核心素养真正得到提升。本课教学通过"新旧衔接、动手操作、创设情境、问题导向、迁移类推、人机互动、对比沟通"七个抓手，把课堂还给学生。通过课前导学的前置研究、课中授课的"激疑引思—析疑寻思—质疑创思—释疑深思—解疑反思"五个环节和课后拓展的实践活动，让学生体会到协作探究、获取新知的乐趣，自觉地跟随着教师挑战一个个学习任务。教师借助八桂教学通的数字资源、授课工具及若干个2.0微能力点的创新融合，为学生创造了优良的探究环境，实现"双减"背景下的两个优化：一是优化了教育教学过程和方法，对分析教材、课堂导学、环节把握、人文关怀、信息技术运用等方面下足了功夫；二是优化作业设计，采用"教材原题+八桂教学通资源库习题+教师创编习题"的方式整合作业设计，满足了不同学生的需求，整体提升了学生的数学核心素养。

教学实践证明，基于小学数学"疑思课堂"教学模式下八桂教学通的应用，利用八桂教学通平台的数字教材、授课资源与课件之间的随机转换，能够方便教师授课，提高教学效率，促进学生核心素养提升，实现"双减"背景下的教育增值。

案例引言：2022年10月，笔者运用"疑思课堂"的教学理念进行《旋转与角》一课教学设计，参加2022年全市义务教育国家课程数字资源优秀案例遴选活动作说课展示，荣获一等奖。

案例11 市级一等奖说课稿 依托数字资源，助力"双减"提质增效；触摸概念本质，促进思维深层发展：以北师大版教材四年级上册《旋转与角》教学为例

大家好！我是来自扶绥县实验学校的钟老师。下面我将结合八桂教学通平台在教师备课、授课中的使用情况，以"依托数字资源，助力'双减'提质增效；触摸概念本质，促进思维深层发展"为主题，以《旋转与角》一课为例进行说明，从六个方面展开阐述。

模块一：理清脉络说教材

《旋转与角》是北师大版小学数学四年级上册第二单元的教学内容，属

于图形与几何板块。在二年级下册《认识图形》单元中，学生初步认识了角，了解比较角的大小的方法，知道锐角、直角和钝角。在三年级下册《图形的运动》单元中，学生认识并感受了"平移"与"旋转"两种运动。在本单元前两节课，学生学习了射线知识，体验了平移运动得到了平行线。本课是角的知识的又一次拓展，为后续学习角的度量、图形的旋转等奠定知识基础。备课时，通过八桂教学通平台的"数字资源"板块，可以快速找到这些教材内容，方便教师通过各阶段链接形成"角"的概念的发展，提高备课授课效果。

本单元课时安排分"线的认识"和"角的认识"两个小节，本课是本单元的第四课时。"旋转"和"角"都是学生已掌握的知识，这节课是将这两个已有知识之间建立联系，教材突破了原来仅依靠直接观察得出概念的做法，而是将静态的角变成动态的角，让学生在旋转活动角中建立角的"动态表象"，并了解角的本质。

模块二：立足实际说学情

四年级学生的思维处在形象直观到抽象过渡的阶段。学生已经认识角，知道角的组成，认识锐角、直角和钝角，能感知图形的旋转，具备一定的解决问题能力，以及动手操作、合作学习、推理能力，但空间思维和逻辑思维能力不强。

模块三：综合分析说目标

基于以上综合分析，教学目标从三个维度进行设定。其中，教学重点是认识平角和周角，经历各种角的形成过程和它们之间的关系；教学难点是理解各种角的形成过程和它们之间的关系。

模块四：紧扣目标说方法

基于八桂教学通平台，本课教法主要采用以下三种：①情境教学法。将角的知识融入童话情境中，吸引学生探究知识的欲望。②比较分析法。通过五种角的大小比较和角之间的关系的对比分析，进一步认识角的本质特征。③设疑启发法。通过设疑问难，激活学生数学思维。本课学法主要采用三种：①动手操作法。在动一动、画一画、拼一拼等活动中认识平角和周角。②探究学习法。课前布置学生做"活动角"，课中给学生充分的时间、空间和学具，探索角的知识。③合作学习法。在合作学习中，促进学生获取知识和提升合作交流能力。教学过程中，采用直观形象的教学手段，注重教法与学法的结合，让学生在丰富的体验活动中，经历数学知识的形成过程。

模块五：循学施教说过程

本课教学以"概念的引入—概念的理解—概念的建立—概念的应用—概念的深化"五个教学环节展开课例建构，力求触摸概念本质，促进思维深层发展。

一是概念的引入。本环节通过"激活经验"和"微课资源"两个抓手，做到新旧知识有效衔接。

抓手一：激活经验，达到有效衔接。开课时，我创设了和朵拉一起打开数学知识探索之旅的情境，第一站是时钟城堡。此时，屏幕上显示静止的钟面，每道题目对应一个钟面。学生通过回顾旧知，回答正确才找到"数学密码"，原来4个静止的钟面就会转动起来，开课就牢牢抓住学生注意力。接着，教师提问：你能结合本单元刚学过的"线的知识"，来说一说什么是角吗？教师通过八桂教学通的数字教材找到《线的认识》电子教材，运用放大功能，结合聚光灯的使用，聚焦"射线"的知识，引导学生得出：角有一个顶点和两条射线。这样设计，不仅激活学生已有经验，而且紧扣"角"的本质，顺应学情，帮助学生搭建从已知走向未知的桥梁。

抓手二：微课资源，助其顺利过渡。为了唤醒学生的空间意识，我利用八桂教学通的授课资源，播放《旋转与角》的微课，帮助学生实现由一维空间到二维空间的飞跃。

二是概念的理解。这是本课重点环节，通过"动手操作""创设情境""问题导向"和"迁移类推"四个抓手，围绕角的形成过程，平角和周角的认识进行教学。

抓手一：动手操作，丰富表象积累。首先，学生通过操作活动角，进行观察、展示、交流等活动，直观感知锐角、直角和钝角的形成过程，知道角的大小与开口的大小有关。

抓手二：创设情境，促进概念形成。在周角的认识上，我设置了一个"解开超级飞侠的体重之谜"的情境，把学生的认知活动和情感活动结合起来。我从平台的授课资源中，播放课前导入的外嵌资源"超级飞侠的体重之谜"视频。

抓手三：问题导向，促进思维发展。接着引导学生用活动角演示指针旋转一周的过程。教师拿出"活动角"演示，并提出疑问：当两条边重合时，这种形状还是角吗？给学生造成认知冲突，引起争论，引发深度探讨，教师紧扣概念的本质特征进行引导：它有一个顶点和两条边，符合角的特征。在理解的基础上再引出：这是周角。借助认知冲突，以问题导向引入概念，学生记忆深刻，教学效果好。

抓手四：迁移类推，理解概念内涵。再借助"小爱的体重是乐迪的一半"，巧妙地引出平角。学生跃跃欲试，用活动角演示指针的旋转过程。教师演示并追问：当两条边在一条直线上时，这种形状还是角吗？有了前面学习周角的经验，经过迁移类推，平角的认识就水到渠成了。

三是概念的建立。我通过四个抓手，围绕角的特征、画角、各种角之间的关系，层层递进展开教学。

抓手一：以旧带新，揭示概念特征。回顾角的组成，辨认锐角、直角和钝角，揭示角的概念特征。

抓手二：化新为旧，构建知识体系。首先，让学生带着问题"周角、平角和以前所学的角有什么联系和不同"进行观察思考。同时，教师利用八桂教学通内嵌资源，播放活动角的动画，再用"画笔"对结论进行标注，完善概念特征。

抓手三：人机互动，触摸概念本质。接着，设置疑问展开讨论：周角是一条射线吗？平角是一条直线，对吗？经验表明：学生往往只认"角是由一个顶点和两条边组成的"，如果没有深刻理解，很难把握"角的两条边是两条射线"的本质属性。为了解决问题，我利用八桂教学通的学科工具将活动角抽象成可操作的动态几何图形角。通过人机交互，帮助学生抽象出角的本质属性，建立了平角、周角的空间观念和概念模型。最后，学习画平角和周角。我用手机链接平台授课助手，将学生作品进行投屏供全班同学评析，从中获得启迪。通过以上对比沟通，将旧知作为新知的基础，以旧带新，再化新为旧，既揭示概念本质，又使学生明确新旧知识的内在联系，构建知识体系。

抓手四：对比辨析，深化概念理解。在研究各种角之间的关系时，我设计了两个活动。活动一：探索哪些角的大小是固定的，哪些角的大小是不固定的。通过活动得出：锐角、钝角的大小不固定，直角、平角和周角是特殊的角，大小是固定的。顺势进入到下个环节。活动二：探索直角、平角和周角之间的联系。两个活动以自主探索、合作交流、动手操作的方式展开，学生在轻松的氛围中，充分展示想法，主动获取新知。我利用平台上的工具，直观演示帮助学生深化认识，得出结论：1个周角=2个平角=4个直角。利用信息技术手段，提升学生的空间想象能力，突破本节课的教学难点。

四是概念的应用：练习巩固，内化知识。我设计了和朵拉一起闯关为背景，利用八桂教学通平台资源和功能来完成练习，依托数字教材提高课堂效率，减轻教师备课负担。

第一题是课本23页第2题。点击授课资源找到对应的题目，请学生上台边写边说。

第二题对应的是平台上自带的习题，点击授课资源找到对应的题目进行巩固学习。

第三题是通过平台课件设计的课堂活动。随着学习时间的增加，学生学习兴趣减弱，练习环节加入人机操作和课堂活动，能激发学生解决问题的积极性。

五是概念的深化：课堂总结，拓展延伸。先让学生谈学习收获，教师再利用思维导图帮助学生完善认知结构。

教育家史宁中指出：数学教学的最终目标，是让学习者学会用数学的眼光去观察现实世界，用数学的思维去思考现实世界，用数学的语言去表达现实世界。

闯关成功后，课件出现美丽的家乡龙谷湾，学生从摩天轮、海盗船等游乐设施中发现平角和周角，再通过课件授课页面的第三方链接播放2008年奥运会周凯单杠决赛视频，同学们边观察边找出比赛中出现的平角和周角，激发学生热爱家乡的情感和民族自豪感。接着点击授课资源回归教材，引导学生从实物的面上抽象出角，鼓励学生上台一边说，一边用白板画笔在电子课本上画出平角和周角。

最后，开展"角的擂台赛"，学生自举实例说说生活中的平角和周角。从具体到抽象又回到具体，符合小学生的认知规律，学生可以更准确地把握概念内涵和外延，体会"数学来源于生活"的教学理念。

整节课，利用八桂教学通平台的数字教材、授课资源与课件之间的随机转换，方便教师授课，提高教学效率，助力"双减"提质增效。

模块六：言简意赅说板书

本课板书简洁明了，体现教学内容，形成知识结构，促进学生理解和记忆。

以上是我的说课，感谢大家的倾听，欢迎大家批评指正。

案例引言：2019年11月，笔者撰写论文《让学生的学习真正发生——〈年月日〉教学实践与思考》获得崇左市2019年中小学、幼儿园教育教学优秀成果评选一等奖。

案例12　让学生的学习真正发生
——《年月日》教学实践与思考

2019年9月，我县小学数学学科中心组成员陆永华老师参加自治区"名师新课堂"的教学展示，执教《看日历》这一课。《看日历》是北师大版三年级上册第七单元的内容，属于数与代数的范畴，这部分内容是在前面学过

《认识钟表》和《认识时分秒》《体验时间的长短》的基础上安排的，学生在日常生活中有一些感性的认识和经验。我们备课团队对本节课反复研磨，磨课是一个痛苦与快乐交织的过程，我们经历了不断实践—反思—再实践的过程，设计了自主学习和自主建构的学习过程，从回顾入手展开学习活动，通过填表、整理、思考，发现规律，让有关年、月、日的知识，更加系统地纳入自己的知识结构中。通过磨课历程，我们对教材的挖掘更深刻了，问题意识、团队意识和反思意识逐渐增强。

一、初次实践

（一）开门见山，直接导入

今天是哪年哪月哪日？有谁知道？（板书日期×年×月×日）黑板上出现了一些比较大的时间单位，那就是：年、月、日，要学习年、月、日的有关知识，我们得借助年历卡，今天我们就一起来学习《看日历》。（板书课题）

（二）自主探究，学习新知

1. 认识年历。

（出示年历卡）谁来说说一年有多少个月？关于年历，你还有哪些认识？

2. 大月、小月、特殊月的探究。

（1）大家可别小看这一张年历，年历里面可是还藏着许多的小秘密呢！接下来就让我们先认真观察自己手中的年历卡，和小组成员讨论并完成下面的问题：

A. 你观察的是哪一年的年历？

B. 哪几个月有31天？哪几个月有30天？

C. 2月有几天？这一年共有几天？

讨论完成后汇报给小组长，再由小组长总结填写学习卡（1）上的记录表，好吗？

学习卡（小组学习记录表见表3-5）

表3-5

年份	这一年共有几个月	31天的月份	30天的月份	2月的天数	全年天数

（2）学生自主讨论学习，小组长填表。

（3）小组汇报：对照统计表，说说你发现了什么。

请学生汇报他们的观察发现：

① 一年有12个月。

② 31天的月份有1月、3月、5月、7月、8月、10月、12月。（指出：有31天的月份叫作大月）

③ 有30天的月份是4月、6月、9月、11月。（指出：有30天的月份叫小月）

④ 2月有的年份有28天，有的年份有29天。（指出：2月既不是大月也不是小月）

⑤ 一年有365天，有的年份有366天。

3. 大月、小月记忆方法。

（1）那么多大月和小月，怎样能很快地记住哪几个月是大月？哪几个月是小月？谁来说说你的看法？

学生汇报，老师总结方法：

方法一：歌诀：七个大月心中装，七前单来七后双。（你理解这歌诀的意思吗？）

方法二：歌诀：一三五七八十腊，三十一天永不差。（看谁能用10秒钟把这歌诀给背下来。）

（2）其实老师还有一种更妙的方法，也能很快地记住大月和小月，这就是有名的左拳记忆法。

（3）出示左拳记忆法图片，并介绍左拳记大小月法。

师：同桌互相说一说左拳记忆大小月法。

师：谁能上讲台来用左拳记忆法告诉大家怎么记住哪几个月是大月和哪几个月是小月？

(三)巩固应用，练习提高

1. 抢答。

教师出示月份，学生抢答是大月还是小月。

2. 课本练习（略）。

3. 判断题。

（1）一年中有7个大月，5个小月。（   ）

（2）小明说："我爸爸4月31日要去南宁出差。"（   ）

(四)畅谈收获，全课总结

通过今天的学习，你有什么收获？

【教学反思】

课后，我们备课团队进行了热烈的讨论。大家认为，初次的教学实践，整节课顺顺利利，效果并不理想。无论是执教教师还是参与听课研究的教师，都感觉如饮开水，无滋无味。学生沿着教师精心为他们铺好的路一步一步按预期走向终点，平淡无奇，波澜不惊。再次聚焦课堂、聚焦学生，我们思考：我们真的尊重学生的认知经验和水平了吗？学生的主体地位落实了吗？基于这些思考，我们对设计进行调整。

1. 平淡的导入无法激起学生兴趣。

直接导入是最简单和常用的一种导入方法，开课伊始，便单刀直入地问学生："今天是哪年哪月哪日？"虽然很快能引起学生的注意力，但是显然，学生对学习的心理准备不足。

2. 活动设计，缺乏思考空间。

帮助学生初步建立年、月、日等时间概念，掌握大月、小月各有多少天是本节课的主要内容，试教中，先让学生观察年历，然后直奔主题：找出有31天的是哪几个月？有30天的是哪几个月？学生通过观察，自然能找出答案，大部分学生是被动接受学习，没有主动参与。分析其原因，要求通过"观察"来得出问题答案，知识的形成过程很顺利，似乎一切按部就班，但是这"顺利"的背后，总觉得缺少点什么。缺少了学生的主动思考，变成了单纯地寻找答案。研讨后，我们考虑是否让学生去观察年历的月份天数，通过填表、整理、思考，发现规律，让学生有一个深入思考的过程。

3. 练习缺乏思维梯度和趣味性。

练习中，学生热情不高。我们发现练习注重了知识基础性，但在思维发展、趣味性方面有所欠缺。那么，如何吸引学生主动参与，增加练习梯度性和趣味性，在课的结尾成就"拓展延伸，提升能力"这一点睛之作呢？我们讨论了练习力求体现以下特征：注重基础知识，巩固新知；有梯度的练习，遵循学生认知规律；提高练习趣味性，感受数学的价值。基于以上思考，我们对这节课进行了第二次设计，并再次展开了教学实践。

二、再次实践

（一）创设情境，引入新课

播放2009年10月1日，新中国60华诞庆典举世瞩目的国庆大阅兵视频。

师：视频中，祖国的60华诞庆典是哪年哪月哪日？有谁知道？（板书日期：×年×月×日）黑板上出现了一些比较大的时间单位，那就是：年、月、日，谁来说一说已经知道的关于年、月、日的知识？今天我们就利用看日历来继续研究关于年月日的知识。（教师板书课题：看日历）

设计意图：重视学生已有的生活经历和知识经验，放手让学生讲讲已经知道的关于年、月、日的知识，可以较好地了解学生的认知起点，弄清学生的数学现实，充分挖掘学生身上的课程资源，同时，激起学生对新知学习的热情，激发爱国情感，拉近学生与新知的距离，为学生的学习做好充分的心理准备，让学生亲近数学。

（二）合作学习，探究规律

1. 看日历。

师：请同学们打开数学课本，仔细观察课本中的日历，你发现了什么？

2. 大月、小月、特殊月的探究。

学生观察并填表，用不同的彩色笔把相同的天数圈一圈。教师巡视指导。

学习卡（一）（小组学习记录表3-6）

表3-6

年份（年）	1月天数	2月天数	3月天数	4月天数	5月天数	6月天数	7月天数	8月天数	9月天数	10月天数	11月天数	12月天数
2016												
2017												
2018												
2019												

小组汇报：对照统计表，说说你发现了什么。

请小组汇报他们的观察发现：

（1）一年有12个月。

（2）31天的月份有1月、3月、5月、7月、8月、10月、12月。（指出：有31天的月份叫作大月）

（3）有30天的月份是4月、6月、9月、11月。（指出：有30天的月份叫小月）

（4）2月有的年份有28天，有的年份有29天。（指出：2月既不是大月也不是小月）

（5）一年有365天，有的年份有366天。

师：你知道为什么2月有时候有28天，有时候有29天吗？大家一起看视频。

设计意图：一张学习卡，为学生认知结构的构建创设了一个灵动的空间，随着学生的汇报，逐渐从中发现一些规律，进一步认识年月日的知识。表格不断完善的过程，是学生不断观察、思考、归纳和分析的过程，也是学生知识不断建构的过程，这样从学生现有的生活经验和已有知识背景出发，学生得到充分进行数学实践活动的机会，真正理解和掌握数学知识思想和方法，获得广泛的数学活动经验，真正让学习发生在学生身上。关于2月为何有时有28天，有时又是29天的问题，在这里通过视频播放帮助学生理解，丰富学生的视野和知识，使课堂渗透浓浓的数学文化。

3. 大月、小月记忆方法。

师：对于大月和小月，怎样能很快地记住哪几个月是大月？哪几个月是小月？谁来说说你的看法？

学生汇报，老师总结方法：

方法一：歌诀：七个大月心中装，七前单来七后双。（你理解这歌诀的意思吗？）

方法二：歌诀：一三五七八十腊，三十一天永不差。（看谁能用10秒钟把这歌诀给背下来。）

师：有一种更妙的方法，也能很快地记住大月和小月，这就是有名的左拳记忆法。

出示左拳记忆法相关内容，并介绍左拳记大小月法。

师：同桌互相说一说左拳记忆大小月法。

师：谁能上讲台来用左拳记忆法告诉大家怎么记住哪几个月是大月和哪几个月小月？

（三）巩固应用，提升能力

1. 游戏，我要站起来。

师：大家都学会了那么多知识，累了没有？我们来玩个游戏放松一下好不好？

A. 出示游戏规则：男生代表大月，小姑娘代表小月，老师说月份，是大月的男生就站起来，是小月的小姑娘就站起来。

B. 老师说出2月时，为什么有的同学犹豫着要不要站起来呢？谁来说说？

生：2月既不是大月也不是小月。

2. 小法官判一判。

做完游戏，我给大家一个当小法官的机会，看看大家这个法官判断正确还是不正确。

出示：姑妈11月31日回来。

7月、8月这两个月正好有62天。

10月30日的后一天是11月1日。

3. 猜一猜它们的生日是哪一天。

看到大家学得那么开心，光头强他们也被我们吸引过来了，你能根据它们说的话，猜出他们的生日分别是哪一天吗？

熊大：我的生日是5月的最后一天。

光头强：我的生日是国庆节的前一天。

熊二：我的生日是2月的最后一天。

谁来说说为什么熊二的生日不能确定是哪一天呢？（2月有的年份是28天，有的年份是29天。）

设计意图：喜欢游戏是孩子的天性，游戏是他们最熟悉而乐于参与的活动，如果我们把游戏和教学结合起来，使其融为一体，相互促进，就会收到事半功倍的效果。为此，在课堂练习中，采用了以游戏为主的巩固知识形式。首先在题型设计上，打破了旧的练习框框，根据不同层次的题型，采取了不同的形式、层层递进进行练习。

（四）拓展练习，提升能力

小明是一个勤奋的孩子，他已经连续两个月坚持练习书法，请问：小明连续练习书法多少天了？

设计意图：数学源于生活又服务于生活，生活中处处有数学。在教学中，教师应经常让学生运用所学知识去解决生活中的实际问题，使学生在实践数学的过程中及时掌握所学知识，感悟到数学学习的价值所在，从而增强学好数学的信心，学会用数学的眼光去看周围的事物，想身边的事情，拓展数学学习的领域。

（五）畅谈收获，全课总结

通过今天的学习，你有什么收获？

教学评析：

1.从联系生活实际走向唤醒知识经验。

实践证明：与生活"亲密接触"的数学知识富有活力和灵性，使课堂焕发生机。数学课程标准强调了数学教学的生活性，让学生在真实的生活情境和数学活动中学习数学，体现了"数学源于生活，寓于生活，用于生活"的思想。基于上述认识，教师在教学过程中要充分挖掘数学知识与生活的联系，创造性地将数学知识融于生活之中，通过捕捉生活画面、收集生活素材，帮助学生建立丰富的感知，在此基础上引出问题："祖国的60华诞庆典是哪年哪月哪日？""谁来说一说已经知道哪些关于年、月、日的知识？"帮助学生唤醒已有的知识经验，为学生接下来的学习打下了良好的心理基础。

2.放手让学生主动建构新知，让学习真正发生。

美国休斯敦的一家儿童博物馆里有一句醒目的话：我听过了，就忘记了；我见过了，就记住了；我做过了，就理解了。这句话告诉我们只有在有效的数学活动中，学生的思维才能发展，只有在亲自参与实践活动中，学生才能不断地积累活动经验，提升观察、推理、验证和概括的能力，从而发展数学思维。本课遵循这一规律，设计让学生自主去观察年历卡，通过填写每个月的天数，再进行汇总、分析、归纳，从而得出规律，促进学生深度思考，让学生在参与数学活动中思考更清晰、全面、深入，让学习真正发生。

3.练习设计形式应多样化和生活化。

练习设计由易到难、由简到繁的梯度变化，让不同的学生在原有基础上都有所提高。此外，三年级的小学生，对枯燥的数学练习会产生厌烦情绪，对感兴趣的内容会自觉、主动地学习。如果练习的形式符合小学生的兴趣特点和注意特点，就能使学生从不同的角度去理解和掌握数学知识，如果能够很好地使课堂教学内容与现实生活紧密相连，一方面可以有效地丰富并拓展数学内容；另一方面还可以促使学生运用数学知识去解决生活中的问题，真正做到学以致用。如，本课的练习设计中，游戏环节达到巩固知识和维持学生学习兴趣的目的，紧接着"判一判""猜一猜"和生活应用题都能引起学生挑战的欲望，这样一来，学生所学的年、月、日内容在课堂练习中获得了有效巩固，达到了练习的效果。

【参考文献】

［1］曹洪辉，汪东兴.寓教于趣 寓学于乐：教学游戏在小学教学中的作用［J］.现代小学教育，2000（1）：29.

三、基于实证的教研模式："实证+"校本教研实践范式

当前，学校的校本教研往往"基于经验、缺乏实证"，原因是许多中小学教师虽有着丰富的教育教学经验，但缺乏厚实的理论基础，校本教研指向性不明、针对性不强、内驱力不足、实效性不佳、创新性不够，这与新时代对校本教研工作的要求不相符，如何引领学校校本教研工作走向"求真、求实、求活"，从而促进教师专业化成长，是值得学校管理者深思的问题。我校在历经十多年的实践过程中，逐渐形成了"实证+"校本教研实践范式。

（一）凝练"实证+"校本教研实践范式的理念

"实证+"校本教研实践范式秉承作为实验学校应有的"实证引领，科研驱动"实验精神，倡导"求实""求真"和"求活"的教研理念，以实践为基础，以问题为导向，以解决问题为主线，最终达到问题解决的目的，通过"立题—解题—破题—验题—评题—结题"六大环节，构建问题清晰、标靶准确、证据充分、过程扎实、结果有效的校本教研体系。

求实：强调实事求是，追求真实、客观、准确的数据和证据，以科学的研究方法进行教育研究和教学实践。在"实证+"中，求实不仅是一种态度，更是一种方法论，旨在推动教育科研向更加科学化、实证化的方向发展。具体而言，就是要基于通过获得数据和实例等事实性的证据去发现问题和解决问题。

求真：追求真理，不断探索教育的本质和规律，深入了解学生的学习需求和发展潜力。在"实证+"中，求真是一种精神，一种对教育真理的不懈追求。通过实证研究，揭示教育的本质，为教育改革和发展提供科学依据。具体而言，就是要在一线教师的真实课堂实践中获得真实问题，真实解决问题。

求活：强调创新和灵活性，不断探索适应时代发展的教育模式和教学方法。在"实证+"中，求活是一种思维方式，旨在推动教育科研的活力和创新。通过实证研究，不断优化教育实践，提高教育教学的质量和效益。具体而言，就是要根据教学过程中的个性化、差异性寻求更为自主、灵活和有效地解决问题的办法，让课堂教学在解决问题过程中得以创新，赋予活力。

（二）制定"实证+"校本教研实践范式的目标

本着"求真、求实、求活"的校本教研主张，致力于提供先进、实用的教育解决方案，结合我校实际，针对教育教学中的实际问题，开展实证研究，探索有效的教育教学方法和策略。打造具有鲜明特色和实效性的教育品牌。

（1）开展实证研究：结合我校实际，针对教育教学中的实际问题，开展实证研究，探索有效的教育教学方法和策略。

（2）推进教研教改：通过组织教师参加教研活动、课题研究等方式，促进教师专业发展。

（3）提高教学质量：通过实证研究和校本教研工作的推进，提高教学质量，提升学校校本教研品牌和社会影响力。

(4)提升科研水平：通过组织教师参加教研活动、课题研究、成果提炼等方式，促进教师专业发展，从而整体提升学校的科研水平。

（三）设计"实证+"校本教研实践范式的品牌标识

品牌标识由放大镜和石榴元素组成，放大镜表示实证研究，石榴籽寓意为抱团发展，石榴开裂象征着创新与突破，图案简洁明了，能充分体现"实证+"校本教研样态的品牌及内涵（见图3-26）。

图3-26

（四）探索"实证+"校本教研的实施路径

通过"实证+"校本教研实践可以找出教育教学问题症结，修正改进教育教学。如何为教育教学提供翔实的第一手资料？可以通过对教学主题的聚焦、教学资源的挖掘、课堂行为的观察、教学评价的细化、团队展评的优化、实践成果的深化等过程，展开以问题为导向的校本教研实证研究。

1."实证+"校本教研品牌基本框架

2019年11月，教育部印发《关于加强和改进新时代基础教育教研工作的意见》，明确提出要强化校本教研。"实证+"校本教研实践范式以"立题（实证+研讨主题）—解题（实证+集智备课+课题研究）—破题（实证+教学实践）—验题（实证+教学评价）—评题（实证+团队展评）—结题（实证+实践成果）"六大环节为基础，展开教育教学实证研究，目的是改进课堂教学，提升教师专业水平。"实证+"校本教研模式流程如图3-27所示。

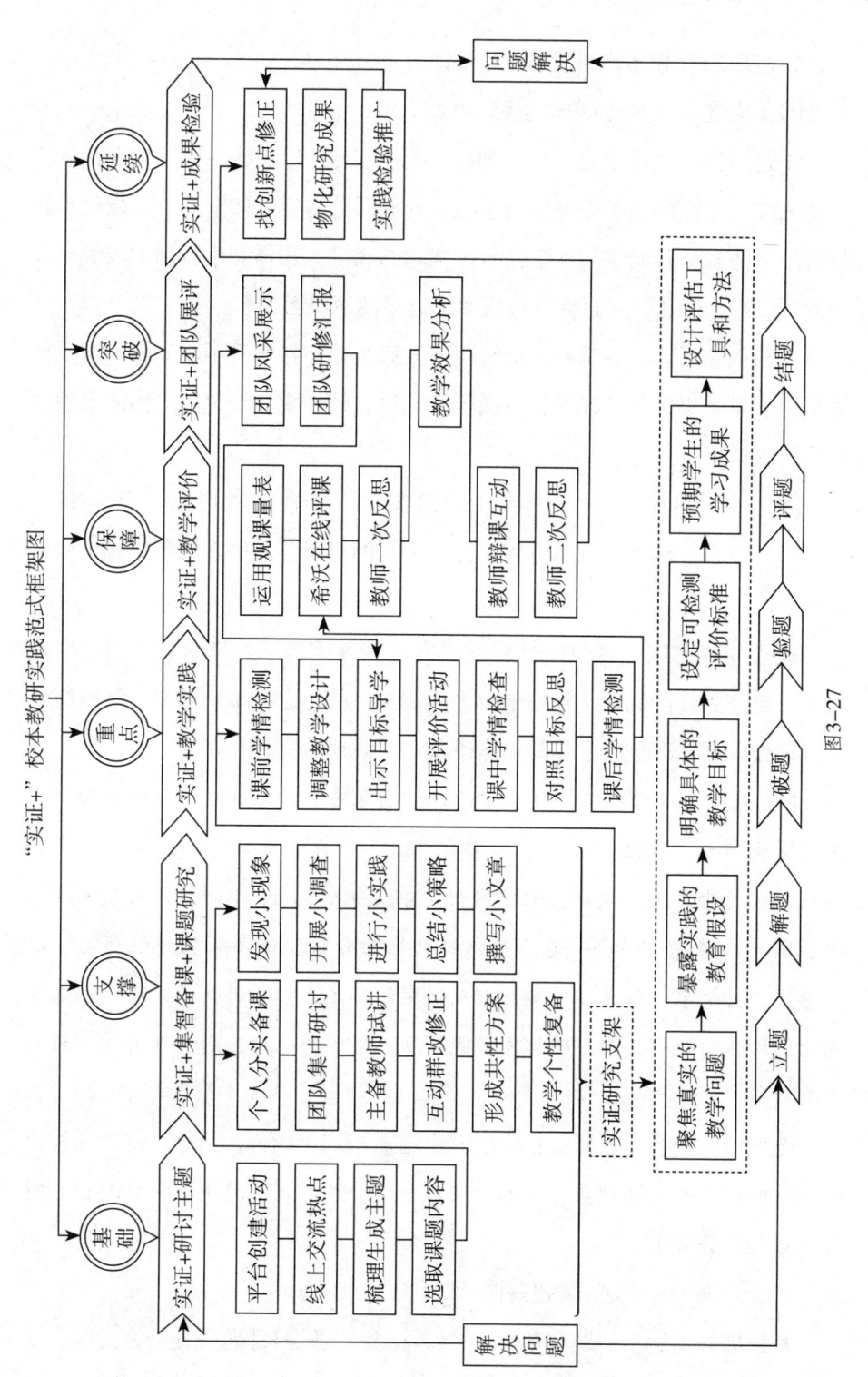

第三篇 在操作层面上，借助"三模"发力

图3-27 "实证+"校本教研实践范式框架图

2. "实证+"校本教研活动过程设计

（1）立题——实证+研讨主题

立题即提出教研主题。以"实证+研讨主题"为基础。设计"平台创建活动—线上交流热点—梳理生成主题—选取课题内容"四个环节，鼓励学科教研组全体教师共同参与本学科研讨主题的确定，这样利于教师形成主动发现问题、提出问题，通过探究形成解决方案的思维习惯。

平台创建活动。各学科年级组长或教研组长在扶绥县中小学教师校本研修平台上发布集体备课任务，向同年级学科教师征集备课单元的困惑或想要解决的教学疑难。

线上交流热点。全体教师针对自己在学科教学中碰到的、感兴趣的某个重点、难点、热点、困惑点等，提出个人的思考问题并在校本研修平台上留痕。

梳理生成主题。教研组长对话题内容进行梳理、筛选，收集信息以及数据，聚焦共性的问题，根据平台老师们提供的信息，确定凸显学科本质属性、结合课程标准核心素养的集体备课的学科教学研究的主题。

【**案例一**】在四年级10位数学老师的想法中，有80%的老师认为四年级上册第六单元"除法"学生学起来最难，其中有100%的老师认为"秋游"这一课针对除法中"调商"的学习则是难上加难；有50%的老师对于算理算法教学产生焦虑心情……基于对这些数据的分析，四年级教研组确定了以"除法"这个单元作为本学期的重点研究的单元，以学科核心素养的"运算能力"培养为核心，以"明算理、促算法、提能力"为主题，开展教学教研实践。

选取课题内容。教研组长将研究主题发布到年级群，让每一位老师都明确本学期的研究主题和重点内容。通过小组会谈方式，教研团队共同制订研究计划和任务分工。

（2）解题——实证+集智备课+课题研究

解题即提出解决问题方案。以"实证+集体备课+课题研究"为支撑。设计"个人分头主备—团队集中研讨—主备教师试讲—互动群改修正—形成共性方案—教师个性复备"五个集体备课环节，组长将全部备课任务分配给备课组所有成员，不仅减轻所有人的工作量，而且经过集体备课，能得出一份融合整个教研团队智慧的教学设计方案，实现经验共享，合作共赢。此外，为了更好地解决教师教学中的问题，备课组还可以开展微型课题研究，流程是"发现小现象—开展小调查—进行小实践—总结小策略—撰写小文章"。

个人分头主备。主讲教师形成本课的教学设计和课件的初稿，于集体备课活动前2~3天发到同组教师手中，团队成员对教学设计和课件初稿提出个人思考建议，做好记录，为集体备课时的交流做好充分准备。

团队集中研讨。首先由主备人对研讨主题的知识结构进行系统分析，梳理出核心概念和知识体系并作汇报；接着，团队其他成员对主备人的研讨成果提出自己的修改建议。集体研讨中，教研团队以"四围绕"展开研讨，即通过"围绕核心素养，围绕教学目标，围绕教学环节，围绕备课困惑"深化教学实效，优化教学设计。

主备教师试讲。主备教师根据自己的教学设想，结合团队意见改进教学设计，并进行试讲。

互动群改修正。团队成员找出主备教师设计中的不足之处，提出改进意见，共同修改教学方案。

形成共性方案。主备人结合备课研讨过程中达成共识的意见，及时对课件、教案进行二次修改，最终形成凝聚集体智慧的教学共案。

教师个性复备。授课教师根据实际情况对集体备课形成的教学共案进行微调，形成个性化教学设计。

如果经过两个阶段的团队研讨仍然不能达到理想的效果，仍有困惑有疑问的，则遵循此步骤，再次进行个人试讲、互动群改，直到形成备课组最优化的共案。

通过集体备课和微型课题研究，最终形成实证研究支架：聚焦真实的教学问题—暴露实践的教育假设—明确具体的教学目标—设定可检测评价标准——预期学生的学习成果——设计评估工具和方法。为接下来的课堂实证研究做好铺垫。

（3）破题——实证+教学实践

破题即应用新的方案。以"实证+教学实践"为重点。设计"课前学情检测—调整教学设计—出示目标导学—开展评价活动—课中学情检查—对照目标反思—课后学情检测"六个环节，引导学生逐步达成目标，教师根据学习目的和评价标准展开有效评价，使"教学评一致性"有效发生、真实发生。

课前学情检测。课前进行学情检测，利于教师科学调整教学设计，以实现教学的最佳效果。课前学情检测可设置在"预习性"作业中，或放在课前三分钟进行，教师结合前测数据，分析学生的认知起点、经验水平。

【案例二】北师大版小学数学六年级总复习《图形的运动》这一课，教师设计了平移、旋转、轴对称三种图形的运动方式的课前检测练习，结果发现：96%的学生能正确画出轴对称图形的另一半；82%的学生能正确画出一个基本图形平移后的图形；仅有54%的学生能按要求画出一个基本图形旋转后的图形。基于以上数据，复习课的安排以"旋转"这一图形运动方式为教学重点，设计专项训练、专家会诊、能力提升三个学习活动，帮助学生掌握旋转的作图。

调整教学设计。根据学情分析，教师对教学设计进行微调，设计有针对性的学习活动，在学生困惑处放缓教学步伐。

出示目标导学。导入新课后，教师及时出示学习目标，采取学生齐读或教师读、标注重点等方式，使师生双方都带着明确的学习目标进入到新课学习中。

开展评价活动。为了达成学习目的，教师需要根据本课学习内容，通过分解学习目标，设置几个评价活动，让学生明确做到什么样的程度才算达成学习目标，这样的评价活动，再加上教师针对性的评价，让学生明确学习的方向。

课中学情检测。通过课堂检测了解学生学习掌握情况，如果学生掌握保底知识的人数低于80%，则需要对该知识点再次组织学习。教师课中掌握学情的方式有课堂巡视、有意指名中等生和后进生回答问题、请学会了的学生举手、让学生在黑板上板演等多种方式。

对照目标反思。师生共同梳理全课知识时，结合学习目标对照反思，明确自己学习的学习收获和状况。

课后学情检测。将课后学情检测与课后作业有效融合，通过及时批阅作业，深入了解学生学习效果，以便确定是否需要再做教学补救。

（4）验题——实证+教学评价

验题即通过实证检验。以"实证+教学评价"为保障。设计"运用观课量表—希沃在线评课—教师一次反思—教师辩课互动—教师二次反思"五个环节，合理运用课堂量表充分收集课堂证据，从而让课堂诊断更科学。

运用观课量表。课前，备课团队根据研究主题和教学内容，开发目的明确、易于操作的观课量表。观课量表是用于记录和收集证据的工具，它的作用在于基于实证分析，帮助教师找出课堂低效的症结在哪里，而不是评定一节课好坏的标准。主讲教师进行课堂教学展示。团队成员用不同的观课量表进行课堂观察，记录"教"与"学"的表现性数据和真实现象，将其作为课堂量化证据。课后结合研究主题，经过数据分析和实情推敲，得出结论。

希沃在线评课。课后，通过希沃课件生成评课二维码，观摩教师进行在线评课，教研团队则分析整理观课量表，全员参与评课活动。

教师一次反思。教师对教学实践进行第一次反思。

教师辩课互动。基于学校实际和学科德育视角，教学评价主要从目标达成、教学过程、教学效果、教师能力、媒体运用、价值取向六个方面展开课例研究。此环节，无论是执教者或是观察者都在辩课互动中汲取经验和营养，提升教学素养。

教师二次反思。主讲教师结合自身教学实践情况和团队教学效果分析，以及现场辩课互动中的看课观点和中肯建议，认真总结教学得失，分享改进的做法和思路。

（5）评题——实证+团队展评

评题即效果展示评价。以"实证+团队展评"为突破。设计"团队风采展示—团队研修汇报—教学效果分析"三个环节，此环节充分展示了教研组的教科研实力和团队凝聚力。

团队风采展示。团队风采展示以风格各异的方式展开，介绍团队基本情况，此环节给课例研究活动带来活力，同时将团队成员紧密团结在一起。

团队研修汇报。教研团队的研修汇报包含：结合前测数据，作学情教材分析，教学目标设立说明，学生学习起点说明，教学策略说明，作业设计说明。

教学效果分析。教研团队通过观课议课"六个要素"，结合观课量表获得的数据、课堂事实进行教学效果分析，并根据后测数据反馈的教学成效，提出中肯的改进意见。

（6）结题——实证+实践成果

结题即凝练推广成果。以"实证+实践成果"为延续。设计"找创新点修正—形成研究成果—实践检验推广"三个环节，不断推动教学策略和成果的积累及应用。

找创新点修正。教师进入希沃信鸽平台，收集教师们的评课建议，结合上一阶段获得的思考和认识，从中找到创新点，修正完善研究成果。

形成研究成果。通过"实证+"校本教研活动，主要形成积累教学设计、案例分析、教学反思、教学课件、教学视频、作业设计六种校本教研成果。

实践检验推广。当一种做法通过反复推敲形成有效的教学方法，当一个课例通过研究打磨形成优质的教学课例，就积累成为经验和成果。教学实践、送教下乡、交流展示、成果参评和比赛磨炼是成果应用和检验的有效途径。在实践应用推广中，教师要及时捕捉生成性资源，找到创新点，不断完善成果形式。

"实证+"校本教研范式经过科学组合可用于类型不同、主题不同的教学研究。例如，进行校本教研时，可采用完整的六个流程环节，即"实证+教研主题+集智备课+教学实践+教学评价+团队展评+成果检验"；倘若是校外研讨课，可采用"实证+教研主题+教学评价+成果检验"。组合方式以基于实际、易于操作、精于研究、期于改进来衡量。此外，合理分工协作是实证研究的前提，收集信息证据是实证分析的重要保障，基于实证的信息和数据为课堂教学诊断提供第一手资料，善于总结教学策略才能有所突破，从而改进课堂教学。

（五）彰显"实证+"校本教研实践范式的品牌效应

经过长期实践证明，在"实证+"理念影响下，我校逐步形成符合学校发展和教师专业成长的校本研修模式，形成"求真、求实、求活"的教研活动特色。我们通过名师工作坊"三级联动"县域教研为契机，依托广西中小学云课堂平台在线直播、雅学云平台，进行"实证+"校本教研实践范式的推广活动；以校际交流为桥梁，推广"实证+"校本教研实践范式，实现校际资源共享，起到示范、辐射和带动作用，彰显"实证+"品牌效应。

1. 获得德育元素与教学融合的途径

借助德育教育与学科教学相融合，以此来推动立德树人目的落地于课堂，是我校一以贯之的追求。在广泛实践探索中，我们获得了德育元素与教学融合的"7+3"有效途径。各学科实施学科德育有7条通用路径，此外，还总结出语文、数学、英语学科特色的3条路径。

各学科7条通用路径是：①应用数字资源，进行情感渗透；②倾注师爱育人，爱溢课堂内外；③促学教评一致，优化学习方法；④融进生活素材，提升学科素养；⑤加强国情认知，激发创新奋进；⑥植入历史素材，滋生爱国情感；⑦紧扣时事热点，注入政治意识。

具有学科特色的3条路径是：语文学科。①识字写字教学，融进传统文化；②进行文本阅读，增强情感体验；③写作内化沉淀，思想认识深化。数学学科。①凸显数学本质，严谨治学态度；②品味名人事迹，崇尚科学精神；③重视图形规律，陶冶爱美情操。英语科。①探索英语本质，严谨治学态度；②融合行为习惯，培养合作精神；③延伸课堂活动，渗透文化意识。

【案例三】北师大版小学数学六年级下册第三单元《图形的旋转（一）》一课，以"感受旋转力量　厚植家国情怀"为主题，践行学科德育，升华"数学与生活"的融合，把德育融注于知识载体之中，让学生在古人发明竹蜻蜓对人类航空发展的影响里，在河北保定双翼斜拉桥华丽"转身"的场景中，感受旋转的力量，厚植家国情怀。

2. 推动学科教学渗透德育的新课堂

经过多年德育与学科教学相融合的实践研究，以课例实证研究撬动课堂改革，以立德启智为教学出发点，逐渐形成行之有效的教学模式——学科渗透德育的"三阶三维五环"模式。"三阶三维五环"教学模式以"课前导学、课中授课、课后拓展"三个阶段、以"德育为根基，学科为载体，信息技术为手段"三个维度，以"立德教材，激趣导入—明德乐学，探究新知—崇德善思，知能合——修德敏行，学以致用—强德升智，总结提升"五个环节实施教学。教师在"三阶三维五环"基本模式上不断创新，教学效果不断优化，实现整校推进，全学科覆盖，学校教育教学质量不断攀升，学生综合素质明显增强，育人效果显著，取得了家长信任、赢得了社会认可；"三阶三维五环"教学模式经过比赛和推广多次检验，受到县内外教育同人广泛好评和借鉴。

3. 推动研究型教师队伍的加速建设

"实证+"课例研究模式能较好地促进每一位教师对自身的教学策略和行为进行研究和反思，促进教师教学方式的转变。新的教学教研模式的实施，促进教师专业化成长、抱团式发展，打造学校优质教研团队，推动研究型教师队伍的加速建设，为学校高质量发展赋能。

4. 形成有例可循的校本教学资源库

在多年的"实证+"校本教研实践活动中，积累了大量、优质的教学资源，逐渐形成有例可循的校本教学资源库。通过送教下乡和推广交流等活动,将优质教学资源辐射到乡镇薄弱学校,实现资源共建共享,推动区域教育教学质量整体提升。

(备注:此部分为广西教育科学"十四五"规划2023年度专项课题《学科德育视角下的"实证+"小学教学课例研究模式的构建与实践》(2023ZJY445)研究成果。)

案例引言:该案例入选广西2023年中小学"国培计划""区培计划"项目典型案例。2023年10月,笔者根据自身培训经历和工作实践,撰写了一篇题为"走进'国培' 推进'实证+'校本教研样态"的教师成长案例。

案例13 教师成长案例:走进"国培" 推进"实证+"校本教研样态

杏坛耕耘24载,"国培计划"犹如一束光,照亮我前行的道路,受惠于"国培计划"的我,一直坚信:最美的风景,就在永不停歇的研修路上!2023年3月,我有幸参加了"国培计划"崇左市统筹项目——教育科研能力提升培训,这次宝贵的培训经历对我日后的教育工作产生了深远的影响。

一、木铎之心,素履之往

我所在的学校地处边境地区崇左市扶绥县城,学校拥有良好的办学声誉,老教师占比较大,有着丰富的教育教学经验。然而,学校教育科研中存在一些问题,例如:在教学过程中,教师过于注重"教"的精彩,学生往往处于被动地位;在教研活动中,内容比较单一,缺乏实效性。如何更新教学理念、增强科研意识、提升教研品质,成为负责学校科研工作副校长的我想要破解的难题。

山重水复疑无路,柳暗花明又一村。2023年3月16—25日,我怀揣着对科研能力提升的期待与使命,走进"国培计划"崇左市统筹项目——教育科研能力提升培训。此次培训,南宁师范大学做了精心的课程设计,涵盖了丰富的学习内容,为我们的教育科研理论注入了源头活水。专家们深入浅出地为我们讲解了教育科研的基本概念、理论方法,指出了"教育科研不仅是一种学术活动,更是提高教育质量的重要手段",并通过大量的实践案例,生动地展示了如何从日常教学中发现问题、提出假设、设计实验、收集数据并最终得出结论的全过程。我专心致志地聆听培训中每位专家弥足珍贵的讲座,通过培训,我深入地理解了教育科研的前沿理论和重要意义,掌握了教育科研方法和技巧。这些对我今后的教育教学工作具有重要的指导意义。我逐渐找到了解决问题的新思路和新方法,充满了信心和底气去改变学校的校本教研现状。

二、春暖花开,清风徐来

教育家苏霍姆林斯基曾把教育科研喻为"幸福之路"。我深知:要让一线教师体会到这种"幸福",何其艰难!为了让教育科研成为学校教师的一种需要,我认真践行罗教授提出的三个关键环节:培训、研讨、科研与教研有效结合。

开展全员培训。回到学校,我立即展开全员培训,把学习到的理论和技术教给全体教师,动员广大教师主动参与到教育科研当中,在行动中研究,在研究中实践,不断滋养教育教学的底气。

进行专题研讨。召开校本教研领导、教研组长会议,提出以实证研究和教育科研为核心,以课堂改革、集体备课、微型课题、团队展评、主题教研为抓手,全方位、多维度进行课改实践。

锚定目标方向。从教授的精彩讲座中,我深深感受到:名师都是在实践中摸爬滚打出来的,是在开展教育教学改革的实践中成长的。李教授提出:教师教研能力的自我修炼,首先要有教研的目标,其次是教研的意识,最后形成问题意识,除此之外,还应具备教研行为和思维,选择适合学校发展、自我发展的研究点。专家的讲座给我指明了方向,我亲自上阵带领老师们在理论和实践之间徜徉,在行动研究中,不断总结经验和方法,修正结论,逐步明晰学校校本教研方向和目标:将教研和教学相结合,积极打造学校教研品牌——"实证+"校本教研样态。"实证+"校本教研样态是以实证研究和教育科研为核心,致力于提供先进、实用的教育解决方案。该品牌强调实证证据和教育科研的结合，能够更好地解决教育问题，提高教育质量。

组建科研团队。法国哲学家帕斯卡尔曾说：人是一根能思想的苇草。为了增强全校教师的科研意识，不断以思想激活思想，我组建了"实证+"教研品牌团队。经过大家共同研究讨论，还形成了"实证+"校本教研品牌标识。有了品牌标识，较好地传递"实证+"品牌的精神和理念，激发团队的积极情绪和抱团精神。

开展实践研究。费尔巴哈曾说：理论所不能解决的那些疑难，实践会给你解决。朝着共同的方向，我和同事们一起在教育科研的海洋中探索，在学习研修的道路上奔跑。我们聚焦"实证+研讨主题"、推进"实证+集智备课"、植根"实证+教学实践"、细化"实证+教学评价"、优化"实证+团队展评"、推动"实证+实践成果"，在广泛的实践探索和多次县域教研展示中，教师更新了教学理念，增强了科研意识，学校逐渐形成"实证+"校本教研实践范式，获得广泛认可。

三、筚路蓝缕，以启山林

每一次的尝试都让我感到欣喜，每一次的进步都让我充满信心。然而，"不登高山，不知天之高也"。走进"国培"，除了让我享受高规格的"文化大餐"之外，还有机会结识来自各地优秀的同行，在思维碰撞和研修分享中，他们的成功经验和教育智慧给我带来了很多启示，让我对学校的教育科研工作有了更全面的认识。正如古人所言："吾日三省吾身"，我也意识到了学校与名校的差距——校本教研是短板！学校没有一项教学成果奖。我决定要沉心静气走好科研兴教、科研兴校之路，用教育科研的高度和深度，来提高实验学校教研品牌的含金量。渐渐地，"带一支团队，抓几个项目，出一批成果"的科研梦想种子深深扎根在我心中。

此后，我开始沉浸在对教学的研究和实践中，带领团队努力寻找突破口，在学校已践行十几年的教学模式基础上继续改进。短短几个月时间历经数百次的艰辛打磨，我们不断完善小学学科教学渗透德育的"三阶三维五环"模式，实现全学科整校推进。依然记得，那时的我们，时而灵机一动抚掌而笑，时而夜以继日冥思苦想，时而茅塞顿开火花四溅，每一个否定重建、每一次据理力争，都是对未来教学成果奖的无声承诺，那一幕幕场景，至今想起仍令人心潮澎湃。终于，喜讯在今年8月传来，我所带领的团队申报的教学成果项目《边境地区小学学科教学渗透德育的"三阶三维五环"模式研究与实践》，获得崇左市基础教育教学成果一等奖，推送至自治区教育厅参评，最终获得自治区教学成果二等奖，实现历史性突破！

四、风禾尽起，盈车嘉穗

研无止境，笃行不怠。正如教授所说的：教育科研是一个不断学习和探索的过程，我们需要保持学习的热情和动力，不断提高自己的专业素养和学术水平。为了带动全体教师共同发展，我坚持每学期送教下乡上示范课、录制精品课、做专题讲座，带动学区发展。同时，我非常重视自身专业素养的提升，将"国培计划"项目中学习到的科研论文撰写的方法和技能应用于实际，不断刷新2023年个人获奖纪录，用事实来证明成长和进步：

1. 2023年1月，独立撰写论文《触摸数学概念本质，促进思维深层发展——基于德智课堂"335"教学模式下八桂教学通的应用》获2022年全区义务教育学校数字资源建设及应用论文一等奖。

2. 2023年10月，《图形的旋转（一）》精品课入选自治区基础教育精品课。《图形的旋转（一）》教学设计荣获2023年全区中小学教师信息技术应用能力提升工程2.0系列竞赛活动信息化教学设计二等奖。

3. 2023年12月，独立撰写学校案例《疑思课堂：指向核心素养的数学学习——基于质量监测结果运用提升小学生核心素养的应用案例》入选2023年全区义务教育质量监测结果运用优秀案例。

4. 2023年10月，作为学校信息技术首席官，与团队共同完成《多方融合·多维驱动·多元应用——扶绥县实验学校信息技术2.0整校推进探索与实施》学校案例，参加2023年全区中小学教师信息技术应用能力提升工程2.0系列竞赛活动，获得区级一等奖。

5. 2023年2月，独立撰写的案例《借力"品质教研" 撬动"德智课堂"》，在崇左市2022年度教育信息化应用及探索优秀案例征集评比活动中，入选学校优秀案例。

6. 2023年8月，作为主持人，带领团队申报教学成果项目《边境地区小学学科教学渗透德育的"三阶三维五环"模式研究与实践》，获得崇左市基础教育教学成果一等奖。12月，获得自治区教学成果二等奖。

7. 2023年8月，独立撰写《基于立德树人目标的边境地区"多维驱动、多方融合、多元评价"教育科研推进机制》获得崇左市2023年度大中小学思政课"一体化"建设教育教学成果（论文）评选一等奖。

8. 2023年9月，荣获崇左市"好校长"荣誉称号。

9. 2023年3月，入选崇左市教育科学规划课题评审专家。

10. 2023年4月，录制精品课《百分数的应用（四）》获得扶绥县中小学教师精品课例一等奖。

这一项项荣誉正是对我一年来所付出的艰辛的褒奖。回首过去，踏上"国培"的征程，欣赏着研修路上的美景，让我遇见了更优秀的自己！而我的"拓荒之举"也影响了越来越多的老师投身于教育科研队伍。实践证明：国培的赋能，推进"实证+"校本教研样态的发展，助力学校教育教学质量实现质的飞跃！

案例引言：这篇文章写于2004年9月，获得"全国师德论坛广西分论坛征文评比"一等奖，那时笔者24岁，参加工作有5个年头。现在，每当看到这篇文章，总能化身为青春的自我获取力量：坚守教育初心，追逐教育梦想！行走在教育这条道路，我将一如既往认真践行一名教师应尽的职责，为自己、为学校留下印记，为我所热爱的教育留下一个个故事……

案例14　与时俱进，奏出青春的一片深情

"教师，教师，人间的普罗米修斯"，我始终将教师这个神圣的职业视为传播文明圣火的使者，并为选择这个职业而倍感自豪。作为新时期的教师应具有现代教育思想、精湛的教学技艺、宽阔的视野、广博的学识，"努力

积师之识、锻师之能、铸师之魂、完善职业人格",才能担负起历史赋予的神圣使命,铸就教师在学生心中的崇高形象。一直以来,我忠诚于人民教育事业,求真务实,勇于探索,锐意改革,始终以积极、饱满的热情开展各项教育教学工作,并能主动提高自身的理论知识。

一、德高为师,努力完善教师人格

教师劳动是通过教师本身的思想、道德、情感、意志等品质发挥巨大的教育效能的。小学生处于人生中可塑性较强的年龄段,也是世界观、人生观及道德品质形成的关键时期,"向师性"是这个时期突出的心理特点,教师在学生心目中具有"偶像"意义,其精神风貌和人格特征直接关系到青少年心灵的塑造,对学生具有潜移默化的"熏染作用"。

身正才能为范,无德无以为师。教师应是一切美好品质的化身和可以效仿的榜样,应严于律己,以身立教,凡是要求学生做的,自己坚决要做到。比如,要求学生认真做作业,我备课时一丝不苟,板书工整,布置作业及时批改;即使是最平常的义务劳动,学生身上有多少灰尘,我身上也有多少灰尘,用自己的言行感染和影响学生。在与学生相处的每一瞬间,我意识到自己的一言一行,一举手一投足都教育着学生。因此,我必须尽量做到"美其德,慎其行",不得出半点疏漏和敷衍,育人的同时教师的人格得到升华。

有段时间,忙于一个课题,我白天操劳于学生和作业的批改之间,晚上仍漫步书林、畅游学海。育人的神圣职责让我日夜如斯地工作,恼人的咽喉炎随之而来,我仍坚持上课。课上到一半时,学生举起手,似乎有什么疑惑未解,于是我示意他提出来,学生说:"老师您喉咙哑了,休息吧,让我们做作业就可以了。"多么真诚啊!学生的申请又使我增添了信心和力量,于是我坚持支撑着为学生上课。就是在这样的专注和坚持中,我越来越痴迷于党的教育事业。平时,无论多忙或身体不适,在学生面前我都尽力做到举止文明、服装整洁、精神振奋、自信热情,注重以自己良好的思想品德和工作作风影响和教育学生,时时事事以合格党员的条件来严格要求自己,只有这样方能给学生树立楷模,激发学生的敬爱之情,使他们健康成长。

二、敬业知耻，不断增强自身素质

德高固然重要，但学高方能为师，这是无可辩驳的真理。夸美纽斯说："不学无术的教师，消极地指导别人的人是没有躯体的人影，是无雨之云，无水之源，无光之灯，因而是空洞无物的。"反之，教师博学多才、视野宽阔、知识深湛、业务水平高、教学效果好，一定会深受到学生的崇敬和信任。

2000年10月，我来到岜盆乡中心小学支教，别人劝我"早出晚归、快乐支教"，我却安居此隅。乡村的艰苦环境没有让我皱眉头，深入所教班级，了解到该班数学成绩史上的"一穷二白"：基础差，平均分和及格率在全乡同年级倒数第一，而学生学习的兴趣和信心甚是荒凉。眼前的一切，并没有使我那马卡连柯式的美梦灰飞烟灭，我意识到如果忽视了自身素质的增强，简单一味地或长官意志地要求学生努力学习，势必进入"独钓寒江雪"的境地，教学目标的实现就难以奏效。为了打开局面，我珍视每一次学习提高的机会，刻苦钻研专业知识，虚心好学，择善为师，涉猎最新的教育书报，深入教材把书教活，在实践教学中认真研究教学技巧，不断充实和提高自己。当该班的数学成绩不再羞于见榜，有史以来在乡同年级的排名中跃进第二名，家长和同事们为之赞许时，我收获的是"秋在万山深处红"的莫大慰藉。

实践表明：教师的能力比较强，学生就会满怀期待，并对所教学科感兴趣。学生不能容忍教师教学上的无知无能，教师只有具备了多种能力，才能卓有成效地搞好教育教学工作。发展学生，首先要发展自己，我决心要以一种精益求精的执着上下而求索，凭一身较硬的基本功驰骋教学。由于我对自身素质的不断严格要求，取得了一些成绩：多次参加县、乡镇举办的说课比赛、演讲比赛，获得第一名；参加县级、市级小学数学教师基本功比赛，获得第一名；参加全区小学数学教师基本功比赛，获得二等奖；参加县级、市级课堂教学活动评比，获得一等奖。

三、大胆创新，切实提高教学水平

教师的真功夫主要在课堂上。工作以来，我一直孜孜以求，倾情于教育教学事业，通过不懈的努力，使自己迅速成长成为一名骨干教师。明清之际的思想家黄宗羲指出："道之未闻，业之未精，有惑而不能解，则非师矣"。因此，教师必须博采众长，学而不厌，从有关教育教学刊物中汲取新的知识和经验，内化为自己的东西，创造自己的特色，然后把良好的东西贡献给学生。

课堂教学是培养学生创新能力的主渠道。在实践教学中，我精心设计每一节课的教学过程，创造性地运用多样化的教学形式，激发学生的学习兴趣。立足于人的发展，激励、唤醒、鼓舞学生的积极性和主观能动性，创设民主、和谐的氛围，让学生在教育的春风夏雨中舒展丰富的个性和独特的思维。教学实践后，立即进行反思，总结经验，弥补缺陷，促进教学业务的熟练和教学素质的提高。生活中的数学让学生亲近数学，游戏激发学生的积极性，合作交流点燃学生智慧火把，问题情境活跃学生思维，动手操作让学生"知其所以然"。放手让学生有目的地尝试，不仅培养学生主动学习、干预创新的精神品质，还易于让学生产生求知的迫切和成功的喜悦……收获那些引导纯真心灵、启迪心智的奥秘是一件多美幸福的事。课堂上我始终尽可能地寻求最优化的教学过程，实现高效率的教学效果，使课堂教学颇具个人特色，获得了领导同事们的好评，备受学生欢迎，每学期都获得县级教学质量奖。工作第三年，教育站就派我到各校巡回上示范课，锻炼了我的教学交流能力。工作第七年，县教研室聘请我为"送教下乡"讲学团成员，多次在各乡镇、县里上示范课，作专题讲座，介绍经验。2008年4月，本人受聘于崇左市教育局，到各县巡回上示范课，课后还作了教学反思以及相关数学课改理念的研讨，获得当地领导和老师的广泛好评，积极发挥着自治区级骨干教师的辐射作用。

四、刻苦钻研，树立终身学习的观念

"玉不琢，不成器。人不学，不知道。"古人寥寥数语就将学习的重要

性高度地概括出来了。我坚信厚积才能薄发，通过自己不断的理论学习和实践研究，教育教学水平必定会得到质的飞跃。

新课改正式启动后，我认真学习新课改的理念，珍惜每一次外出学习的机会，认真去聆听、去领悟专家的课堂教学和精彩讲座。有幸参加了崇左市教坛明星候选人、广西园丁工程自治区级骨干教师的培训，我的内心受到了很大的震撼，我又重新审视自己的教育教学观和学生观，可以说这是一次真正的、前所未有的"洗脑"风暴。我开始了一种全新的角色转换，从教学实施者朝着教学研究者、指导者的方向努力，要做一个专业型的优秀教师，于己于学生，吾将上下而求索！去年，组织提拔我为教务处副主任，更激起我向更深的教研领域进军的决心。课改需要研究，我根据平时的教学经验和理论学习，摸索出《创设数学生活化教学情境的探究》，成为自治区级"十五"B级立项课题。作为学校的教导处副主任和课题负责人，潜存于思想深处的那份责任感、危机意识却不时撞击着我的思绪，城西学校的课堂教学必须改革！于是，我认真组织全校教师研讨实施，接着课堂教学大练兵活动轰轰烈烈展开。为了让自己的课改和科研中的感悟、心得更有说服力，让这些成果和同行们分享，避免教学中走弯路，我就将其整理投稿、参评。几年间我写了大量的教学后记、教育故事和教学论文，专业素质在不断提高，多篇文章在报纸杂志上发表，撰写的论文多次获得市、区、国家级奖，一些论文还在学校、县、市的会议和座谈上作宣读。

人民教师肩负着教书育人的崇高职责。我深深感受到：一个好的教师要有献身教育、甘为人梯的崇高境界；热爱学生、诲人不倦的基本原则；严于律己、为人师表的职业道德；严谨治学、不断探索的进取精神。"路漫漫其修远兮"，我决心继续努力，不断探索，热爱学生，自始至终以敬业心去诠释对党和人民的忠诚，将炙热的情怀注入三尺讲台，奏出青春的奋进之歌！

案例引言：当前，进入教育数字化转型快速发展时期，各地各校都在积极探索数字化赋能教学教研的新方法和新路径。笔者借力我县名师工作坊"三级联动"大教研工作机制，做了一些大胆的尝试，力求把一些做法亮出来，在反复实践中去检验，以反馈修正促提升，用推广宣传去引领。

案例15　数字化赋能"实证+"校本教研实践范式的区域探索

本文针对我县城乡师资的不均衡趋势、教研场域的局限性问题、教学研究的浅表化现象、校本教研的形式化倾向等教育问题，探索数字化转型背景下适应教育发展需求的教研工作新模式，通过充分发挥名师工作坊"三级联动"大教研牵引力作用，落实"七个三"工作措施走深走实，推进"实证+"校本教研实践范式的区域实践，实现同研共训、齐管并进的实践效果，促进县域教育高质量发展见行见效。

一、案例背景

在教育数字化战略背景下，我县城乡师资的不均衡趋势、教研场域的局限性问题、教学研究的浅表化现象、校本教研的形式化倾向等问题越来越凸显，教师的专业发展受到限制，严重影响县域教育教学质量的提升。因此，急需一种符合教育发展需求，能够实现资源共享、经验交流和教学研究有效结合的教研新模式。

（一）把握国家层面政策要点

1.加强"三个课堂"应用的意见。

《教育部关于加强"三个课堂"应用的指导意见》要求组建网络研究共同体，发挥名师名课的作用，利用网络的优势开展新形态的教研活动。

2.信息化背景下的教研模式改革。

《教育部关于加强和改进新时代基础教育教研工作的意见》要求强化校本教研工作，探索教育信息化背景下的教研模式转变。

3.数字化赋能教学质量提升要求。

教育部办公厅印发《基础教育课程教学改革深化行动方案》，要求推进教育数字化赋能教学质量提升。

4.深化教师队伍建设改革的意见。

《中共中央　国务院关于全面深化新时代教师队伍建设改革的意见》指

出：兴国必先强师，要打造高素质、专业化和创新型教师队伍。该意见将教师队伍建设摆在了突出的位置，强调推动新时代教师队伍建设改革开好局起好步。

（二）立足县域层面循因定点

1. 以教师发展为重点的区域教研改革。

以教师发展为重点，设立教师学习共同体，加大教师培训力度，探索区域教研改革，缓解城乡师资的不均衡趋势。

2. 以数字化为依托助推区域教研管理。

创建一个集在线培训、教学交流于一体的数字化教研平台，拓宽教研场域，便于研讨，利于合作，解决教研场域的局限性问题。

（三）找准学校层面教研痛点

教学研究的浅表化现象和校本教研的形式化倾向成为学校教育研究中亟须解决的痛点。

1. 以学生为中心的课堂教学实践。

实施以学生为中心的教学方法，鼓励教师学习典型案例，收集课堂实证，统计量化证据，撰写反思总结，破解教学研究的浅表化现象。

2. 以解决问题为主线的校本教研。

学校的校本教研活动应以解决教育教学中的实际问题为根本目标，旨在激发教师的内驱力，在教研活动中生成解决问题的真招实招，有效应对教育教学中的各种挑战，扭转校本教研的形式化倾向。

二、创新举措

（一）直指目标，建立名师工作坊"三级联动"教研体系

2017年9月，我县教研室开始组建基础教育各学科"名师工作坊"，积极搭建促进中小学青年骨干教师专业成长以及学科名师自我提升发展的平台，确保师资队伍可持续发展。名师工作坊的建立为扶绥教育持续向好发展找到了新的着力点。2022年2月，我县印发《扶绥县名师工作坊"三级联动"教研管理实施方案》，组建了中小学和幼儿园共174个学科名师工作

坊、45个名优班主任工作坊。通过构建"三级联动"的教研工作体系，旨在搭建一个促进教师专业成长的平台，以教师专业发展和教育质量提升为目标，以学科名师和名优班主任为引领，以学科教学和班级管理为纽带，以先进的教育思想和教学方法为指导，在学科名师、名优班主任的引领下，加大青年教师和潜力教师培养的力度，支持薄弱学校教师提升教育教学能力技能，促使教师团队成长，努力缩减城乡教育差异，在全县建设一支具有现代教师素养和创新精神的新型骨干教师队伍和骨干班主任队伍，将县域教研、集团教研、校本教研联动起来，走"强师—强校—强县"教育发展之路。

1. 选定立足点：采取"3+n"模式建坊。

我县按照"城乡统筹、强弱搭配"原则，共设14个教育集团，包含学前4个、小学6个、初中4个，每个教育集团设立一所办学质量最好的学校为领航学校。工作坊建立的形式采取"3+n"模式。"3"指在县域学科组及班级管理队伍中，分别成立以教研员为一级坊主，以集团领航学校学科名师及政教领导为二级坊主，以学校学科骨干教师为三级坊主的"学科名师工作坊"和以骨干班主任为三级坊主的"名优班主任工作坊"，建构三级教研管理体系。"n"指各校每学科至少建立一个学科工作坊、每年级至少建立一个班主任工作坊，由坊主、导师、新入职或潜力教师（班主任）组成，全县建有"n"个工作坊，搭建促进教师发展的教研、培训、评价、研修一体化平台。

2. 锚定突破点：实行"三级联动"管理。

注重学科整体研训。设立县域教研、集团教研和校本教研三级活动，明确各级教研的工作重点和任务。通过"三级联动"机制，采用线上、线下相结合的方式，围绕"系列课题、系列沙龙、系列展课、系列研讨、系列成果"五个"系列"，根据不同学科，针对不同问题，寻求新的策略。

县域教研。学科名师工作坊和名优班主任工作坊的一级坊主（县教研室教研员）负责策划和组织开展备课研讨、教学示范、"三个课堂"引领、课模推广、理论培训等教研活动，每学期开展2～4次学科（班主任）县域教研活动，推动教学方法和教育理念的创新。

集团教研。由集团领航学校学科名师工作坊和名优班主任工作坊的二级坊主组织开展集体备课、赛课、学术交流、教学研讨等教研活动，配合县教研室开展"专递课堂""名师课堂"和"名校网络课堂"在集团成员学校的常态化按需应用。每学期开展4次集团教研。

校本教研。立足本校实际，定期开展集体备课、主题教研、经验交流等校本教研活动，配合县域和集团开展联动教研。

3. 锁定发力点：制定工作坊研修任务单。

学科名师工作坊成员完成"七个一"研修任务：一是师徒结对。二是理论学习。三是教材研读。四是提升信息技术应用能力。联动周期内协作完成2个数字化精品课例，如微课、精品课、八桂教学通课例等。五是课题研究。参与各级课题研究。六是成果共享。七是辐射带动。联动周期内，学科名师工作坊成员最少参加2次集团学校间的网络教学、赛课、送教、学术交流等教研活动，并担任主持人或主讲人。名优工作坊成员完成"五个一"研修任务：一是理论学习；二是创建文明班级；三是上好主题班会；四是分享管理经验；五是撰写德育论文。

（二）直面问题，落实"七个三"区域教研工作管理

我县在推进教研工作中，以"三定、三点、三共、三抓、三追、三赋、三破"的"七个三"工作措施，积极构建"县域—集团—学校"教研工作新体系，扎实开展丰富多彩的教研活动。"七个三"区域教研工作管理框架图如图3-28所示。

"一核·三链·三模·六化"校本教研新样态
—— 典型教育教学案例

"七个三"区域教研工作管理框架图

```
国家中小学智慧教育平台 ┐
广西中小学智慧教育平台 ┤    县域教研 ── 以"三定"明方向 → 目标定位+主题定向+活动定点
                     │           ── 以"三点"聚核心 → 聚焦热点+破解难点+找到支点
                校本教研(同研 共训 齐管 并进)
八桂教学通平台 ┐            ── 以"三共"促协同 → 资源共享+活动共联+平台共建
             │             ── 以"三抓"强保障 → 紧抓队伍+狠抓落实+稳抓产出
             │             ── 以"三追"出实效 → 追及过程+追逐实效+追踪复盘
腾讯平台 ┘    校本教研 ── 以"三赋"提能力 → 技术赋能+名师赋能+科研赋能
                     └─ 以"三破"造新局 → 打破常规+突破瓶颈+冲破阻碍

××县雅学云平台
××县校本研修管理平台
```

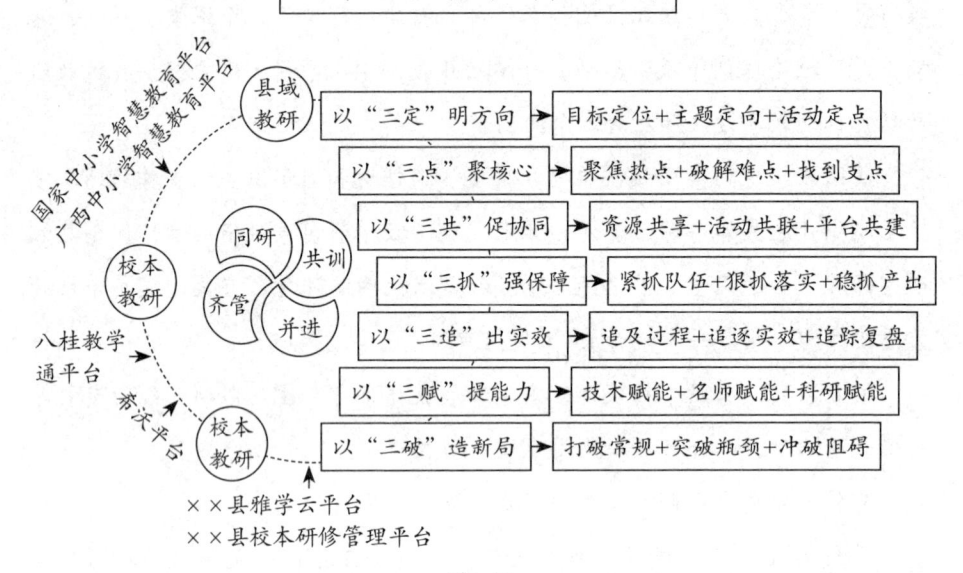

图3-28

1. 以"三定"明方向：目标定位+主题定向+活动定点。

目标定位：明确名师工作坊和名优班主任工作坊在县域教研工作中的定位，确立其引领和支持作用。

主题定向：教研主题要来源于一线教师现实教学中真实的、急需解决的教育教学问题，与义务教育课程标准以及国家政策指出的方向相关联。

活动定点：选择合适的活动地点，结合线上线下方式开展活动，便于城乡教师全员全程参与。

2. 以"三点"聚核心：聚焦热点+破解难点+找到支点。

聚焦热点：聚焦当前教育的热点问题，如：核心素养、五育并举、"双减"、跨学科融合等，提供及时的研究和解决方案。

破解难点：破解教师在教学过程和班级管理中遇到的难点问题，提升教学质量和班级建设。

找到支点：通过培训学习、经验分享等，找到能支撑改革和教师成长的有效支点，如学科融合、教学模式、评价体系等，推动教研工作和课改研究的深入推进。

3. 以"三共"促协同：资源共享+活动共联+平台共建。

资源共享：通过工作群、管理平台等推送优质资源，推动县域内外的资源共享，包括备课资源、教学材料、课标理念和研究成果等。目前，我县教师在广西中小学云课堂上传课例1336节，点击量12.7万，体现了数字资源赋能我县教学改革与发展。

活动共联：以八桂教学通平台资源深度开发应用驱动教学方式改革，开展校际联合教研，发挥研训实效，加强成果转换，增进教师交流互助，形成联动效应。

平台共建：加强扶绥县"雅学云"平台建设，提升其互动直播效果；将校本教研纳入××县校本研修管理平台进行信息化管理；充分利用八桂教学通、希沃等平台数字资源和功能进行备授课，常态登录中国智慧教育平台、广西中小学智慧教育平台进行学习提升。

4. 以"三抓"强保障：紧抓队伍+狠抓落实+稳抓产出。

紧抓队伍：紧抓名师工作坊和名优班主任工作坊队伍建设，落实工作坊研修计划和各项任务，提升工作坊成员的专业素养，带动更多青年教师快速成长。

狠抓落实：狠抓计划落实情况，强化监督职能，充分发挥县教研室的研究和指导职能，教务处、科研处的管理和示范职能，教研组的学习和研训职责，分层分级管理，逐级压实教研工作的落实。

稳抓产出：有一定研究价值和应用意义的成果产出是有效教研活动的标志。这需要明确教研活动的目标和预期成果，制订详细的活动计划，有专业引领与合作共享，才能稳定地抓住教研活动的产出，促进教师专业成长。

5. 以"三追"出实效：追及过程+追逐实效+追踪复盘。

追及过程：注重对教研过程进行管理和监督，收集活动记录、发言稿、教学设计、活动美篇或总结等教研过程性材料和成果材料，确保教研工作有序有效推进。

追逐实效：力求每一次教研活动都产生积极的影响，鼓励教师将教研成果转化为教育教学现场的实际改进。

追踪复盘：对教研活动的效果进行定期评估、总结经验、校正路线和持续优化。

6. 以"三赋"提能力：技术赋能+名师赋能+科研赋能。

技术赋能：借助××县雅学云平台和广西中小学智慧教育平台的直播互动功能，采取现场展示、在线直播、云端互动等线上线下相结合方式，打破校际空间壁垒，提高教研实效。

名师赋能：充分发挥本县名师示范辐射引领作用，通过开展讲座、送教下乡、教学诊断等方式，帮助薄弱教师提高技能，快速提升青年教师的专业素养。

科研赋能：开展课题研究活动和课改项目实践，总结和改进教学策略，撰写研究反思和论文，通过科研带动教师深入研究提升能力。

名师工作坊开展课题研究、项目实践，总结实践经验，积极撰写论文，不断提升科研水平，带动大批青年教师提升校本教研能力。

7. 以"三破"造新局：打破常规+突破瓶颈+冲破阻碍。

打破常规：打破常规教研模式，设置一些创新举措，给教研带来新活力。例如，"实证+"校本教研实践范式中的"团队展评"环节，采用抽签形式抽取评价任务进行展示汇报，这种"盲盒式"教研促使所有成员卷入式、全身心、全过程参与到活动中，提高教研实效和教师专业素养。

突破瓶颈：针对学校某个学科教育教学中所遇到的瓶颈问题，集中工作坊的力量深入开展教学研讨活动，合力寻找破解方案来改变局面。例如，开展送教下乡示范课活动时，让受教学校通过在线表格填报本校需要帮扶的年级、科目和课题内容，这种"订单式"的教研更合乎学校需求，利于突破瓶颈改变现状。

冲破阻碍：为了加快推进我县"互联网+教育"行动计划，解决教研活动场域的局限性，顺利地开展"三级联动"大教研工作，让全县中小学教师都能参与到相应教研活动中，我县斥资2192.37万元建设"扶绥县教育大数据综合服务平台"。截至2024年3月，已安装主讲教室40间，听讲教室69间，全县所有中小学校实现全覆盖。有效发挥其中"中小学信息化平台——雅学云互动直播"板块的功能作用，开展"三级联动"教研72次，参与教师达8678人次，保证了我县教育信息化"三个课堂"正常开展。全县中小学教师依托教育信息化平台，上传数字教育资源24323条、精品课例471节、备课163085节次、授课42944节次。

（三）直击痛点，推动"实证+"校本教研实践范式

当前，学校开展的校本教育研究活动常常偏重经验主义，而不够注重实证研究的支撑。这与新时代对校本教研提出的高标准不相适应。面对这一痛点，我们积极探索有效引导校本教研工作向追求真理和实证研究的方向转变，进而推动教师专业发展。在这一过程中，随着"三级联动"大教研活动多年来的正常运转，"实证+"校本教研实践范式已获得广泛认同，它为校本教研提供了新的思路，并逐步推广。

1. 从问题到实证。

（1）化忧为优。

教师在教学中遇到的问题和忧虑，通过数字化协同教研，可以转化为研究和改进的契机，进而优化教学策略。例如，借助本县雅学云直播互动平台、广西中小学智慧教育直播平台、教师群等渠道，分享和推广优秀的教学案例、研究成果和教学方法。这样不仅可以扩大优秀教育实践的影响力，让更多的教师受益，还能解决边远山区薄弱学校因教学方式陈旧而无法适应现代社会需求的问题。

（2）化错为措。

教师可以利用数字化手段记录和分析学生在学习过程中出现的错误，深入地分析问题原因，制订改进措施，并将这些措施转化为具体的行动计划，从而提高教学质量。

（3）化急为机。

利用数字化协同教研平台可以迅速聚集各方资源和智慧，探讨和解决教学实践中遇到的紧急问题。数字化工具的即时通信功能可以加快信息传递的速度，让更多人员能够迅速参与到问题的解决过程中，提出教学假设，运用数字化资源和工具进行创新和课堂实证，从而将教学紧急情况转变为实现最佳教学效果的机会。

2. 从范例到范式。

多个实证范例证明：通过"实证+"校本教研实践范式可以找出教育教学问题症结，修正改进教育教学方式。该范式秉承"实证引领，科研驱动"精神，以实践为基础，以问题为导向，以解决问题为主线，通过"立题—解题—破题—验题—评题—结题"六大环节，构建问题清晰、靶标准确、证据充分、过程扎实、结果有效的校本教研体系。该范式把基于实证基础上的研究作为教研的核心要素，专注于通过收集信息、积累证据、深入理解，从而发现、提出、分析和探究实际教育教学过程中存在的教学质量问题，以期更有效、更及时、更有针对性地加以解决，促进教师在教学及教研中的方法革新，推动教育科研的实证化、科学化和创新化发展，为教育改革和发展提供有力支持。

（1）"实证+"校本教研实践范式核心追求。

"实证+"校本教研范式的核心追求是"求真、求实、求活"，指导教师在专业成长和教学实践中不断探索和进步。"实证+"校本教研实践范式的核心追求如图3-29所示。

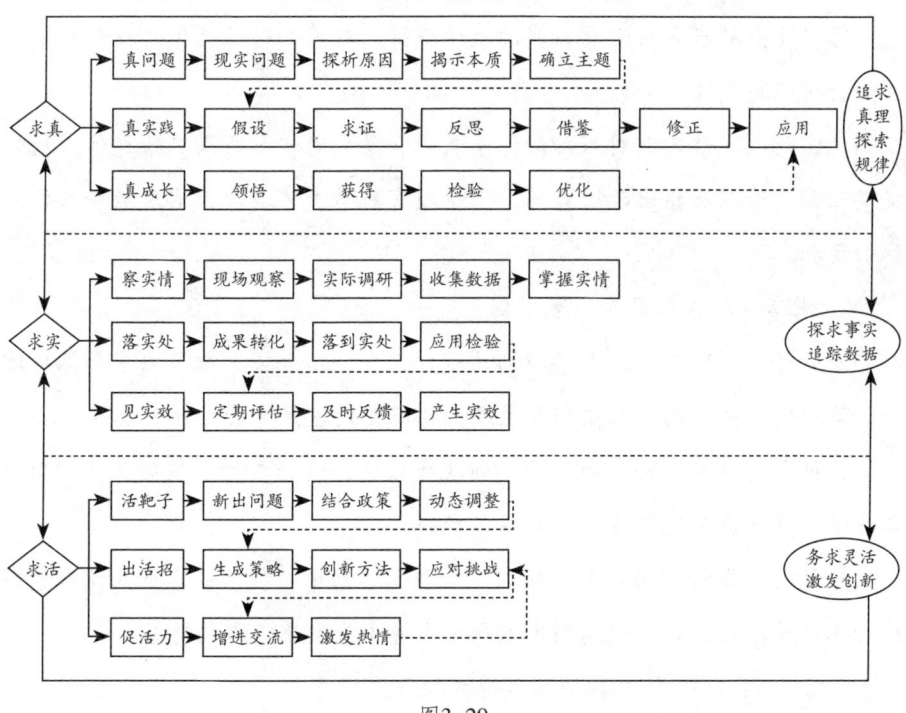

"实证+"校本教研实践范式的核心追求

```
求真 ──┬── 真问题 → 现实问题 → 探析原因 → 揭示本质 → 确立主题
       ├── 真实践 → 假设 → 求证 → 反思 → 借鉴 → 修正 → 应用
       └── 真成长 → 领悟 → 获得 → 检验 → 优化
                                                                  追求真理
                                                                  探索规律

求实 ──┬── 察实情 → 现场观察 → 实际调研 → 收集数据 → 掌握实情
       ├── 落实处 → 成果转化 → 落到实处 → 应用检验
       └── 见实效 → 定期评估 → 及时反馈 → 产生实效
                                                                  探求事实
                                                                  追踪数据

求活 ──┬── 活靶子 → 新出问题 → 结合政策 → 动态调整
       ├── 出活招 → 生成策略 → 创新方法 → 应对挑战
       └── 促活力 → 增进交流 → 激发热情
                                                                  务求灵活
                                                                  激发创新
```

图3-29

① 求真——追求真理,探索规律。

真问题:校本教研要以问题为导向,以解决问题为目的,通过分析教学中真实存在的问题,揭示问题本质,确定研究的主题和方向,真实解决问题。

真实践:教研活动应基于真实的教学场景和实践经验,进行"假设—求证—反思—借鉴—修正—应用"研究活动,在研讨和借鉴经验中不断生成和修正假设,形成研究成果并指导实际的教学活动。

真成长:教师通过教研活动中的亲身体验和反思,领悟新理论和方法的价值,通过自己的实际操作和实验来验证其有效性,并不断改进和优化教学,从而真正获得成长。

② 求实——探求事实,追踪数据。

察实情:通过现场观察和深入调研,获得数据和实例,掌握学校和课堂的实际情况，才能更好地服务于教师的专业发展和教学质量的提升。

落实处：教研成果需要在实际教学中得到应用，通过具体的行动和实践来检验研究的成效。

见实效：通过定期对教师的课堂教学和学生的学习效果进行评估，及时提供正面反馈以及指出改进空间，产生教育教学工作实效，实现教研工作的核心目标。

③ 求活——务求灵活，激发创新。

活靶子：教研应关注教学中新出现的问题，结合国家政策要求和课标理念，依据实际情况动态调整研究主题，使研究内容保持活力和时效性。

出活招：鼓励教师在教研中不断生成策略，借助多种手段和工具创新教学方法，灵活应对教学过程中的各种挑战。

促活力：在指向问题解决的教学和教研活动中，教师的专业热情和创新能力不断被激活，并感受到校本教研是自身专业发展的幸福桥梁。

（2）"实证+"校本教研实践范式操作流程。

"实证+"校本教研范式由"立题（实证+研讨主题）—解题（实证+集智备课+课题研究）—破题（实证+教学实践）—验题（实证+教学评价）—评题（实证+团队展评）—结题（实证+实践成果）"六大环节组成。

① 立题——实证+研讨主题。

立题即提出教研主题。以"实证+研讨主题"为基础，设计"平台创建活动—线上交流热点—梳理生成主题—选取课题内容"四个小环节。借助本县的校本研修管理平台，鼓励学科教研组全体教师共同参与本学科研讨主题的确定，明确研究的问题和方向，旨在帮助教师形成发现问题、提出问题，并通过深入研究得到解题方案的思维习惯。

② 解题——实证+集智备课+课题研究。

解题即提出解决问题方案。以"实证+集智备课+课题研究"为支撑，设计"个人分头主备—团队集体研讨—主备教师试讲—互动群改修正—形成共性方案—教师个性复备"的六步备课流程。教研组长将备课任务分配给组内成员，人人有任务，通过集体备课呈现每一位教师基于实践认识、精彩课例、理论学习当中的一个个教育假设，最终得出一份融合整个教研团队智慧的教学设计方案和若干个解决实际问题的策略，实现经验共享、合作共赢。同时，开展"五小"课题研究，即"发现小现象—开展小调查—进行小实践—总结小策略—撰写小文章"五个环节。从而实现问题到课题的转化、经验到理论的提升。

以上两个环节，有效利用数字化资源和在线协作平台，汇聚教师智慧，共同设计方案，最终形成实证研究支架：聚焦真实的教学问题—暴露实践的教育假设—明确具体的教学目标—设定可检测评价标准—预期学生的学习成果—设计评估工具和方法。

③破题——实证+教学实践。

破题即应用新的方案。以"实证+教学实践"为重点，设计"课前学情检测—调整教学设计—出示目标导学—开展评价活动—课中学情观察—对照目标反思—课后学情检测"七个环节的课堂实证。引导学生逐步达成目标，教师根据学习目的和评价标准展开有效评价，使"教学评一致性"有效发生、真实发生。

④验题——实证+教学评价。

验题即通过实证检验。以"实证+教学评价"为保障，设计"运用观课量表—希沃在线评课—教师一次反思—教师辩课互动—教师二次反思"五个流程。为了让课堂诊断更科学，可以针对不同的研讨主题设置合理的观课量表，有效结合数字化评价工具，充分收集课堂证据，检验课前的教育假设和预期的学生学习效果，从而进一步优化课堂教学。

⑤评题——实证+团队展评。

评题即效果展示评价。以"实证+团队展评"为突破，设计"团队风采展示—团队研修汇报—教学效果分析"三个环节。组织教研团队结合观课量表和现场观课获得的实例，对教学实践和评价结果进行分析、讨论和展示，促进每一位教师全过程、全心全意参与到活动当中。团队展评是教师成长、教研组教学业务的汇报,也是教研组综合实力的展示,有助于教师抱团式发展,有效提升教研品质。

⑥ 结题——实证+实践成果。

结题即凝练推广成果。以"实证+实践成果"为延续,设计"找创新点修正—物化研究成果—实践检验推广"三个环节,不断推动教学策略和成果的积累及应用,形成可推广的优质资源和教学范式,并通过数字化平台分享实践成果。

"实证+"校本教研实践范式经过大量的课堂实证与推广应用,已成为推动我县教师专业发展和教育创新的重要力量,撬动我县名师工作坊"三级联动"大教研新体系取得显著成效,提升教师教学能力和科研水平,呈现出课程丰富、教法多样、评价多元的课改向纵深发展的崭新局面,涌现出教育教学的新模式和新方法,其中,已获得自治区级基础教育教学成果奖的"导问——131"课堂模式、学科教学渗透德育的"三阶三维五环"模式实践效果尤为突出。数字化赋能的教研工作新体系彰显同研共训、齐管并进的实践效果,把学校和教师推向了研究,以实证研究诠释优质教研,推动了义务教育优质均衡发展,推动县域迈入内涵式高质量发展加速期。

案例引言:2021年5月21日,笔者在奥鹏远程教育中心举办的第三次全国能力提升工程2.0实施交流会上,做《立足校本 促进信息技术与学科教学的融合创新》课例展示,得到专家的肯定与指导,激励我不断运用教育信息技术,丰富自己的学习资源和教学手段,树立进行教学改革的信心。

案例16 立足校本 促进信息技术与学科教学的融合创新

大家好!我是广西自治区崇左市扶绥县实验学校分管科研的副校长钟旻芬。非常荣幸能在这个平台和大家进行交流。接下来我将分享扶绥县实验学校在实施信息技术2.0项目过程中的一些做法、体会和成果。请大家提出宝贵的意见。

扶绥县实验学校创办于1997年9月,校园占地面积99亩。现有教学班58

个，在校学生2937人；专任教师有150人。学校各种设施较为完善，各种功能室配备齐全，具备学校信息化建设基本条件。学校先后荣获全国青少年人工智能教育示范基地、全国人工智能特色单位、自治区文明学校等多项殊荣。学校的知名度和影响力在市内外日益提升。

一、立足校本实际，学深悟透做实

我校信息技术应用提升2.0项目整校推进工作着眼于五个"突出"。

（一）突出规划引领，谋划信息化教育教学新路子

1.现状分析，精准把脉。

我们对学校信息化发展现状进行客观分析，多维度诊断，精准把脉和准确评估学校信息化教育教学现状。

2.明确方向，确定内容。

根据学校基本情况，我校确定基于混合学习环境下的四个维度10个微能力点。

3.建章立制，规范管理。

我校注重校本培训的制度化、规范化建设，逐步建立健全校本培训的相关制度。同时增强过程性督导检查，积极引领、鼓励支持教师培训提高。

4.整体设计，团队互助。

为了便于教师在学习中研讨和交流，我们以教研组为单位，根据学校确定的能力点来选定5个点，并倡导同年组、教研组选择相同的能力点，这样选择既有利于教师同步进行学习和交流，促进整组教师能力提高，又有利于学校对研修效果进行监管。

（二）突出理论引导，筑牢信息化教育教学新思想

1.统一思想，提高认识。

为了扎实有效推进此项目的开展，陈立敏校长及学校信息化管理团队多次召开信息技术应用能力提升工程2.0项目动员会、研讨会，解读有关文件，不断提高我校教师对项目的认识。

2. 学习理论，借鉴典型。

我们认真查阅文献资料和网络资源，收集整校推进的典型做法，以先进的教育理论和典型做法支撑项目整校推进工作。

（三）突出团队引航，汇聚信息化教育教学新动能

1. 组建团队，跟踪指导。

组建好两个团队，进行跟踪指导。一个是学校信息化管理团队；一个是校级培训团队，两个团队负责在线上及线下对活动中的技术难题及相关教师培训进行跟踪指导。

2. 明确思路，有序开展。

我校在2021年1月5日至13日期间，分别由学校培训团队成员，一人对应一个微能力点，展开细致、具体的微能力点解读，及微能力点测评任务如何达成的系列培训。

老师们通过线上自主学习和线下学校培训团队的解读指导，对微能力点有了更深认识，为卓有成效推进信息技术2.0项目打下良好基础。

2021年1月14日，学校培训团队对有关能力点所运用的相关工具进行培训和实际操作。

2021年4月2日，我校开展信息技术应用能力培训活动，主要内容是：制作和美化PPT。

2021年5月20日，我校邀请希沃公司的讲师到校开展希沃白板功能培训。

信息技术的获得，无疑给这些技术对应的能力点的运用插上了腾飞的翅膀，给信息技术2.0的校本应用打下了坚实的基础。

（四）突出阵地引学，共创信息化教育教学新局面

1. 自主研修，集中学习。

教师自己对学科信息技术的需要实行自主研修，完成线上的课程学习任务。学校组织教师集中学习能力点解读，各种软件、App使用，简单的视频剪辑等相关技术。

2. 帮扶指导，层级落实。

管理团队和培训团队在重点时机、重要环节第一时间深入教师当中，进行调查和跟踪指导，推动工作落实，构建"管理团队—培训团队—教研组长—组内教师"一体化思想帮扶模式，着重帮扶不熟悉信息技术的人员，逐级压实工作职责，通过帮扶指导，同伴互助，在校内形成人人想学、人人皆学、同伴互助的良好氛围。

3. 聚焦课堂，行动研究。

以提高教师的课堂教学能力为基础，突出微能力点如何在教育教学实践中的实施和落地，引导全体教师展开课堂教学实践，全力追寻信息技术与学科深度融合的方法。

在信息技术2.0背景下，为了促进信息技术与学科进一步融合，学校抓住应用驱动，语、数各年级教研组，英、体、美、音教研组分别打磨课堂，推出一节信息技术与学科融合的好课，一份"微能力点的教学应用"精品教学设计，让每一位教师都能把信息技术恰当地融合到教学实践中。如，邓文华老师执教的《石灰吟》在多媒体教学的环境下，应用A7能力点技术支持的总结提升，让学生在气势磅礴的党史历程的视频中，提升对托物言志这一知识点的学习效果，促进学生对所学知识和技能的整体理解，帮助学生更为直观地理解和发现事物与诗人志向之间的关联，有助于学生在读、说、写活动中体验和掌握托物言志的方法。

（五）突出科研引力，实现信息化教育教学新突破

我校积极探索信息技术应用能力提升工程2.0背景下的学校校本研修模式，促进信息技术与教育教学融合创新。

2021年春季学期，学校开展"微能力点的教学应用"主题教研，实施"五微行动"，即：微榜样、微阵地、微课题、微视频、微课堂。

"微榜样"是指在开展2.0项目整校推进过程中，对表现优秀的，学校予以表彰，树立优秀典型。

"微阵地"是指把"讲2.0"作为开展教师信息技术应用能力提升理论学习的阵地，通过"集中讲+流动讲"的形式"讲2.0"，把课堂作为开展教师信息技术应用能力提升实践应用的主阵地。其中，最受学校教师欢迎的方式是每次全校教职工会议前，骨干教师做"微榜样，讲2.0微能力点的教学应用"分享。

"微课题"指的是"微能力点的教学应用"系列校级微课题，2021年3月初，学校科研处审批通过了8个校级微型课题，鼓励教师进行课堂教学与信息技术融合的探索与实践，进行微能力攻关，探寻路子、打造模子，不断提升学校教师研究能力。

"微视频"指的是教师微能力点测评的视频、微课材料，推选出做得较好的、原创的作品进行展示，让老师们相互学习。

"微课堂"指的是进行教学实践，关注应用微能力点在提高课堂教学效益中的效果达成。我校开展信息技术2.0"微能力点的教学应用"课堂评比活动及优秀教学案例讲评活动。各年级组选派的选手分别展示了信息技术与学科融合和创新的精彩课堂。各年级团队对本年级的比赛课聚焦"微能力点的教学应用"，进行优秀教学案例讲评，重点说明如何运用信息技术服务教学、服务教学效率与质量的提升，选取能力点的达成。活动精彩纷呈，展现了我校教师的智慧与风采！

此外，我们利用QQ群、微信群、微校、美篇等阵地，进行交流和宣传。通过开展丰富的主题教研活动，探索信息技术应用能力提升工程2.0背景下的学校校本研修模式，老师们不断做细、做实、做深、做精，使研究内涵不断丰实，研究外延不断拓展，滚雪球般地推动校本教研成果不断累积。

二、注重集结成果，辐射带动学区

我们注重过程材料积累，集结了一大批成果，把老师们在实践中的研修成果充实到学校资源库中，实现优秀资源共享。

（一）获得了各类教学比赛佳绩

自本项目在我校实施开展八个月以来，我校教师在各类比赛中获得佳绩。年轻老师在参与各种比赛活动中，不断提升自身素质，实现从"普通"到"骨干"的跨越式发展。

（二）带动了学区成员校共同发展

我校名师积极主动、富有创造性地运用信息技术和优质资源，发挥名师的示范辐射作用，为乡镇、边远山区学校送去先进的教学理念，信息技术与学科教学融合的方法。例如，笔者执教的《六年级试卷讲评课》分别于2021年5月上旬送教到邑盆乡中心校和柳桥镇中心校。这节课主要运用了两个能力点：A3演示文稿设计与制作、A5技术支持的课堂导入。故事情境引入，加上希沃白板技术的运用，让在场老师纷纷感叹：没想到试卷讲评课还可以这么上！在突破圆柱圆锥的等底等高、等底等体积和等高等体积三种关系时，通过运用希沃白板中的几何图形拖拽功能，现场操作圆锥的变化，实现生机互动，使学生直观感知两者之间的关系，从而探索变化规律，有效突破难点。课后，在该校老师的要求下，笔者又对部分老师进行课件制作指导，这是"微能力点的教学应用"的一个推广案例。

2021年5月上旬，黄梅丹执教《小学毕业作文总复习——写景》一课，分别送教到邑盆乡中心校和柳桥镇中心校。黄老师利用A3演示文稿设计与制作，通过表格、图片、思维导图、结构图等有逻辑地呈现写景作文方法，让学生一目了然，便于识记；运用B2能力点设计与制作微课，制作落叶纷飞的动感画面，让学生进一步细致观察，通过听—说—读—思—练，发现还有哪些动态的景物没有描写到位，再次进行修改，训练学生用修辞手法、动静结合的写法，把景物写得具体、生动、形象，从而突破了教学的重难点。（请看现场课片段视频）

（三）开创了学校信息技术特色活动新篇章

随着信息技术2.0的推进，我校加大了信息技术特色活动建设。目前，学校组建了校园人工智能社团——电脑编程班、机器人班、3Done班。课程学习一经启动，立刻成为了最受学生欢迎的科学素质课程。教师指导的学生在各类大赛中获得佳绩。

习近平总书记强调："大道至简，实干为要。"扶绥县实验学校在信息技术应用能力提升工程2.0项目整校推进中，做到了真学、真用、真提升！今后，在教育信息化变革教育的道路上将继续努力做得更好、走得更远！

第四篇

在体系构建上，
推动"六化"特色

随着教育教学改革的深入，教育事业的不断创新和发展，我校积极探索和实践"六微六化"特色校本教研工作体系，以提升学生素养为核心，以教师发展为基础，以提高教育教学质量为重点，使教研活动走深、走实、见效，使课堂教学融合、创新、扎实，推动学校教育教学工作全面发展。

"六微六化"即"微"讲座，校本研修"培训化"；"微"课题，教育问题"课题化"；"微"课堂，学科教研"主题化"；"微"备课，集体备课"系列化"；"微"阵地，搭建舞台"精品化"；"微"展评，品质教研"特色化"。这里的"微"意在着眼于学校校本教研工作的细微处，抓住"小现象""小问题""小需求"，抓好"小调查""小实践""小主题"，抓出"小策略""小体系""小成果"等，以教师个体的"小"积累成教师群体的"大"，达到聚沙成塔的效果。

一、"微"讲座，校本研修"培训化"

教师队伍是学校教育教学质量提升的重要因素，我国教育界提出"校本研修培训化"的战略。我校也在积极探索将校本研修与培训相结合的方式，按照"走出去、请进来、强内部"的工作思路，结合本校实际需求，选择性、有重点、系统化推进教师校本研修工作，突出"微"讲座，切实提高教师的专业素养和教育教学能力。

1. 制订科学的培训计划

学校科研处每学年进行调研和评估，了解学校教师的培训需求和学校校本教研短板。在此基础上，结合学校的教育发展规划、办学理念、教师发展实际，以及县域教研活动和教育集团赛事，制订科学合理、切实可行的学校教师培训计划，将之纳入到学校校本研修计划中，帮助教师通过研训获得成长。教师个人在此基础上制定个人学习规划。

2. 创新培训方式和方法

通过扎实开展"师徒结对"办法，加大青年教师和薄弱教师培养工作的力度，尽快提高他们教书育人的能力。利用信息化手段，通过线上线下相结合的方式，开展培训学习。

采取经典案例学习、名师教学视频学习、专家讲座等多样化、形式丰富的研修过程。

3. 建立有效的激励机制

学校组建学校各学科培训专家库，针对学校教师专业短板，系统推进学校教师全员培训，切实提高校本研修工作实效。鼓励有经验的教师将教育教学实践中有效的模式和方法分享出来，让更多的老师学习，从中获得提高。

4. 引入先进的培训内容

邀请校外专家和名师等进行专题讲座，使教师们能够全员接受先进的教育教学理念和方法，不断提高自身的教育教学水平，拓宽学校管理和教改工作视野。

二、"微"课题，教育问题"课题化"

学校高度重视科研赋能教育发展，针对学校教育教学中出现的小现象和小问题，倡导教师以课堂教学问题为导向，开展短、平、快的"微"课题研究活动，着力破解学校教师们在课改实践中遇到的瓶颈问题。通过课题研究更好地解决实际问题，并将研究成果应用于实际教学中，不仅提高了教育教学质量，还能为学校的教育教学改革提供有益的借鉴。在广泛的实践中，我们构建了"五小研究"微型课题研究模式，为教师创设真研究、真行动的氛围和平台。"五小研究"即发现小现象、开展小调查、进行小实践、总结小策略、撰写小文章。微型课题研究成员一般为2~5人，课题组成员包含有年轻教师和具有一定研究经验的骨干教师，其中至少包含1位5年内入职的新教师，最终实现：经验丰富的教师将"经验"提升为"理论"，骨干教师将"问题"转化为"课题"，年轻教师树立"问题即课题，教学即研究"意识。学校组建了学科课题骨干团队，对学科课题立项申报、过程研究和结题工作认真把关，监督指导各课题组有序规范开展课题研究活动，课题研究有了质量保障，使"五小研究"微型课题研究真正提升教师教学水平和科研水平。"五小研究"微型课题研究模式框架图如图4-1所示。

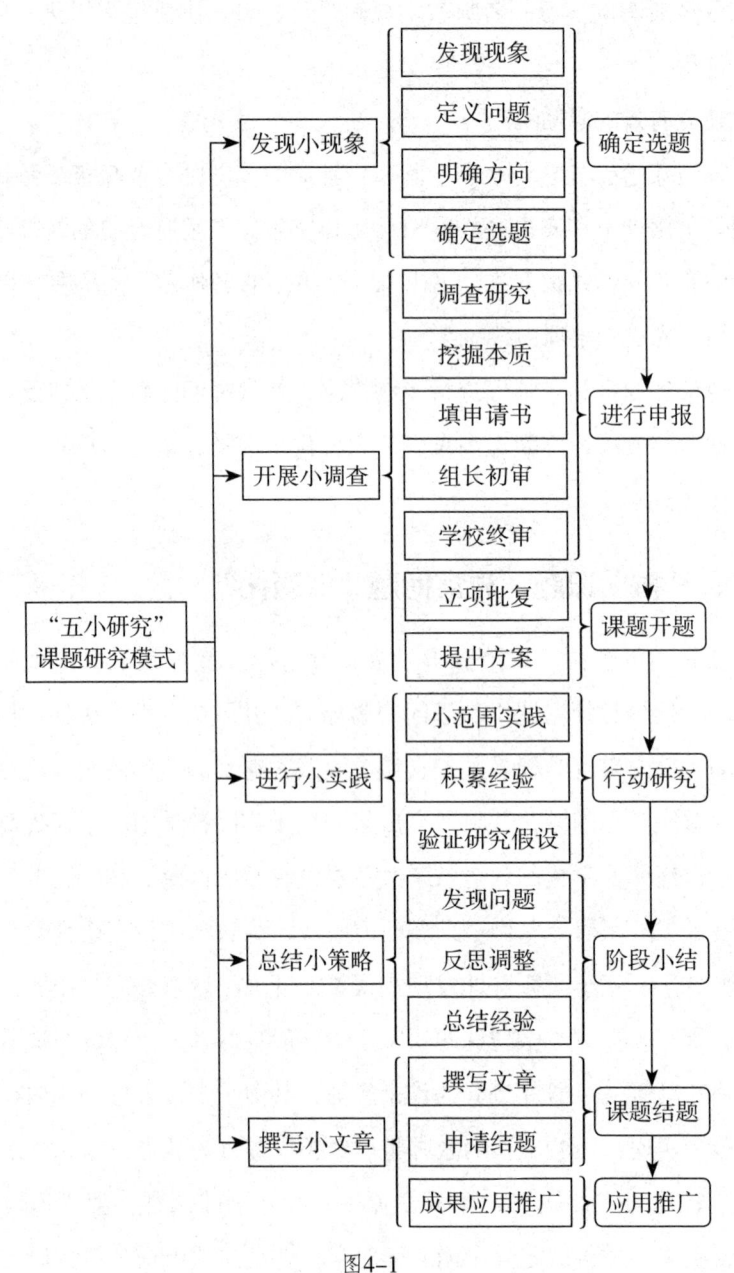

```
                            ┌─ 发现现象 ─┐
                            │  定义问题  │
              ┌─ 发现小现象 ─┤  明确方向  ├─ 确定选题
              │             │  确定选题  │
              │             └───────────┘
              │             ┌─ 调查研究 ─┐
              │             │  挖掘本质  │
              │             │  填申请书  │
              ├─ 开展小调查 ─┤  组长初审  ├─ 进行申报
              │             │  学校终审  │
              │             └───────────┘
"五小研究"    │             ┌─ 立项批复 ─┐
课题研究模式 ─┤             │  提出方案  ├─ 课题开题
              │             └───────────┘
              │             ┌─ 小范围实践 ┐
              ├─ 进行小实践 ─┤  积累经验   ├─ 行动研究
              │             │ 验证研究假设│
              │             └───────────┘
              │             ┌─ 发现问题 ─┐
              ├─ 总结小策略 ─┤  反思调整  ├─ 阶段小结
              │             │  总结经验  │
              │             └───────────┘
              │             ┌─ 撰写文章 ─┐
              └─ 撰写小文章 ─┤  申请结题  ├─ 课题结题
                            │ 成果应用推广├─ 应用推广
                            └───────────┘
```

图4-1

1. 发现小现象

在进行微型课题研究时，要以现实问题为导向。在学校的教育教学工作中，通过教师之间相互交流教学困惑，进行教学实践、观察和反思，从而发现身边的教育教学小现象。针对现阶段教师急需破解的教育教学中常见的、细微的小现象进行挖掘，定义问题，明确研究的方向和目标。微型课题的选题内容要体现四个特点：一是"小"。研究的内容来自于教师教育教学中的小现象，尤其关注学生学习表现的各种情况，以及教师在教学过程中的困惑、难点或问题。例如，低年级学生易写错别字的成因和对策，提高小学四年级学生运算律应用能力的研究，思维导图在小学高年级总复习中的应用研究，小学高年级学生回答问题不积极现象的成因与对策研究等。二是"真"。只有真实存在的现象和问题，才有研究的意义，课题组成员才会有更多的动力去破解难题，形成的成果才有应用和推广的价值。三是"易"。研究的内容不能太难，过难会导致研究中断或出现虎头蛇尾的现象，要选择操作性较强、可预期找到破解方法的内容。四是"新"。"新"体现在研究的内容是大家没有研究过的或者比较少的，也可以是对比现有做法想有所突破的。

2. 开展小调查

在进行微型课题研究时，要以真实调查为依据。此环节采取的流程是：调查研究—挖掘本质—填申请书—组长初审—学校终审—立项批复—提出方案。首先，设计针对特定的问题、明确研究目的的调查问卷或访谈提纲，通过开展小调查，获取客观翔实的数据和信息，再深入分析问题本质，从而明确研究方向和策略。"小调查"体现在调查的问题较小且聚焦，调查样本要有代表性，可以通过观察、问卷调查、访谈等方式进行，为后续的分析和研究提供依据。完成小调查后，负责人组织人员一起填写申请书，交给学科教研组长进行初审。通过初审之后，由学校科研处组织学校科研课题评审小组进行终审。获得立项的课题，负责人要召集组员一起讨论完成本课题的研究方案。

3. 进行小实践

在进行微型课题研究时，要以实践探索为支撑。经过调查分析，对问题有了深入了解之后，根据研究的目标和问题的本质，制订相应的解决方案或改进措施，并在小范围内进行反复实践尝试和反思，例如，确定某个实验班级、实验小组等，把研究的范围缩小。通过有目的的实践活动、记录实践过程和结果、收集相关数据和反馈意见，我们可以积累研究经验、问题解决的路径和策略，从而验证研究假设。例如，提升四年级学生运算能力策略的应用研究，在实验班级采取一些针对性的实践，比如，课前三分钟速算比赛、错题订正马上再练等策略。经过一段时间后，与横向班级进行对比，通过数据分析，检验这些做法的有效性。经过"提出做法→反思交流→调整做法→再次实践"的多次重复，不断积累提升学生运算能力的经验做法。

4. 总结小策略

在进行微型课题研究时，要以总结提炼为抓手。课题组要对微型课题研究的过程定期进行小结，包含对小现象的观察发现、小调查的设计和实施、小实践的策划和组织等方面的经验教训。在课题研究后期，对实践过程和结果进行总结和归纳，提炼出有效解决问题的小策略，课题组共同分析小策略的优点和不足，提出改进的建议，并将小策略应用到非实验班（或小组）的实践教学中，进一步观察和评估其效果，为今后的教育教学和科研工作提供借鉴和参考。学校要做好优秀课题成果推广，赋能教育教学改革。

5. 撰写小文章

在进行微型课题研究时，要以撰写文章为突破口。通过撰写小文章，课题研究者重新审视整个研究过程和结果，通过写作对课题研究的背景、目的、内容、方法和结论进行深度思考，使研究结论和应用价值逐渐清晰，进一步提升研究者的科研能力和写作水平。

三、"微"课堂，学科教研"主题化"

校本教研活动要想开展好，就必须有一个好的符合学校实际的研修主题，而不是盲目地开展活动。研修主题不需要高大上，而是将学校教育教学中的困惑和急需解决的问题提炼成研讨主题。为了让教师们更好地进行学科教研，我校推行"微"课堂活动，将学科教研主题与课堂教学实践相结合，教师们围绕学科课堂教学中的重点、难点、热点和疑点，聚焦其中一个点，开展主题教研活动，聚焦课堂教学某一片段、某个环节展开深入研讨。例如：教研组确定"学生数感能力培养策略"这一主题，执教教师在课堂教学中展示自己的教学特色和研究成果。通过观课议课、分享研讨的方式，老师们就自己重点关注的情境创设、练习设计、活动设计、教师讲解等某一个点进行评议和支招，而非面面俱到地对课堂教学进行总评。大家共同探讨学科教学中培养学生数感的方法和策略，从而获得共同进步。

四、"微"备课，集体备课"系列化"

为了提高集体备课的效率和质量，我校以"一个依托、四个围绕、三个阶段"展开集体备课。通过依托数字资源，实施"横向纵向分析，厘清知识脉络—浏览数字资源，深化教材理解—融通内外资源，丰富教学素材—巧用数字资源，优化作业设计"的备课策略，围绕"课程标准、三维目标、教学策略、备课困惑"四个方面展开备课研讨，以"分头主备，形成初案→集思广益，形成共案→求同存异，形成个案"的主题式单元集体备课三个阶段，优化集体备课模式，提高备课的针对性和实效性，深化课堂教学改革。集体备课流程如图4-2所示。

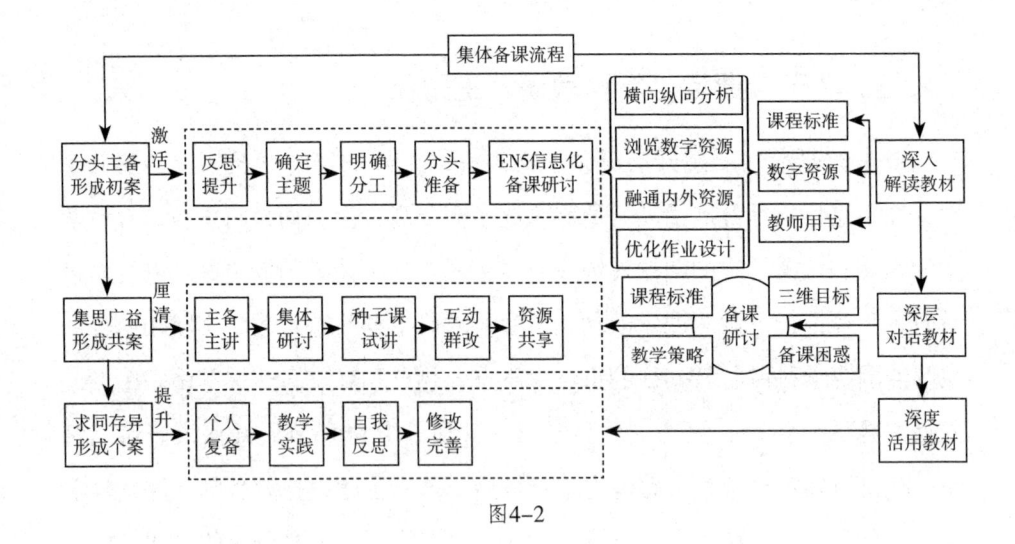

```
                                    集体备课流程
                                              横向纵向分析
                                                              课程标准
         激             反思   确定   明确   分头   EN5信息化   浏览数字资源   数字资源   深入
分头主备   活            提升   主题   分工   准备   备课研讨                           解读教材
形成初案                                                融通内外资源   教师用书

                                              优化作业设计

         厘                                                  课程标准         三维目标   深层
集思广益   清            主备   集体   种子课  互动   资源                 备课         对话教材
形成共案                主讲   研讨   试讲   群改   共享    教学策略   研讨   备课困惑


         提
求同存异   升            个人   教学   自我   修改                                      深度
形成个案                复备   实践   反思   完善                                      活用教材
```

图4-2

该模式能很好地帮助教师：深入解读教材，激活教学智慧；深层对话教材，厘清教学思路；深度活用教材，提升教学效果。该模式在分头准备、备课研讨、主备主讲、资源共享等环节，充分运用信息技术手段，通过线上线下教研融合，发挥集体备课的力量，提高备课质量。

集体备课还要求做到"五备五知五坚持"。"五备五知"即：备教材，知目标；备学生，知学情；备教法，知学法；备练习，知分层；备资源，知手段。"五坚持"即：坚持个人备课和集体备课有效结合，坚持线上研讨和线下集备双向对接，坚持学科教学和德育教育协同育人，坚持目标导学和任务驱动相辅相成，坚持课后反思和集中复盘相互促进。

案例引言：2021年9月，我和我的数学团队在扶绥县县域教研活动上展示了我校"主题式单元集体备课模式"。本次集体备课是以小学数学四年级下册《小数乘法》单元为备课内容来展开的，活动获得广泛好评。以下案例是笔者在活动后撰写的一篇论文。

案例17 深耕"集体备课"，撬动"疑思课堂"

随着"双减"政策落地，社会、家庭和学校对教师教学效益提出了更高的要求。如何落实"课标"，真正做到减负增效，集体备课成为学校深化课堂教学改革的着力点。提升集体备课效率，优化教学方案，拓展教学思路，是追求高效课堂教学的根本措施。主题式单元集体备课以学科备课组为单位，把一个单元课时看作一个整体，立足于个人备课的基础上，在集体备课活动中，备课组围绕主题对整个单元教学进行设计研讨，解决单元教学问题，得出适合学生学和教师教的最佳教学方案，从而提高教学质量。布鲁纳说过："获得的知识，如果没有完满的结构把它联系在一起，那是一种多半会被遗忘的知识。"进行主题式单元集体备课，利于教师系统地掌握整个单元知识的前世、今生和后延，形成完整的知识体系，整体把握单元教学内容，从而促进学生完善认知网络，完善"知识链"，形成整体建构的思想。

当前，教育政策密集出台，教育数字化进入快速转型阶段。学校教师承担了不少教学以外的事务，各种活动挤占时间过多，集体备课容易流于形式，探索集体备课的有效策略是摆在我们面前的难题。在这样的背景之下，笔者在多年集体备课的实践研究中，提出信息技术环境下集体备课模式的探索。

一、依托数字资源，深耕集体备课

"一个依托"即依托数字教材资源，提高备课质量。

（一）横向纵向分析，厘清知识脉络

八桂教学通平台提供了各学科多个版本数字教材，备课时，通过浏览八桂教学通平台的"数字资源"，可以快速找到相关数字教材，方便教师横向纵向对比分析和串联知识点，厘清知识脉络，提升教师研读教材、理解教材的能力。通过不同版本教材及资源的对比研究，有利于教师立足于学情，突破教材版本限制，整合不同版本的教材内容，给学生提供更丰富多样的学习内容，使各版本教材内容优势互补，拓展学生思维的广度和深度。以小学数学四年级"乘法分配律"这一知识点为例，通过横向比较人教版、北师大版、苏教版教材例题，纵向比较知识点前后联系，进行教材整合创新。

横向对比"乘法分配律"不同版本的教材特点，分析见表4-1。

表4-1

版本	册数	概念导入		概念揭示		概念表征	
		教材呈现	分析	教材呈现	分析	教材呈现	分析
人教版	四下	解决植树人数的问题。	都以解决现实生活中的问题入手，北师大版教材从不同的角度去解决问题，在拓展学生思维、提高解决问题能力方面，优于其他版本。	文字直接呈现乘法分配律的概念含义。	只有北师大版没有用文字呈现乘法分配律的概念含义，其他两个版本都有概念含义。	用字母表示，呈现两种方式。	三个版本都重视让学生经历"再写几个这样的等式"，运用抽象概括的方式将乘法分配律的概念用字母表述出来。其中人教版呈现了两种不同的字母表示方式，利于发展学生思维灵活性。而北师大版还安排了进行验证的环节，通过运用乘法的意义、图形直观的方法，进一步巩固对乘法分配律内涵的理解。
北师大版	四上	解决厨房贴瓷砖数量的问题。	^	只有智慧老人提示的概念名称：这是乘法分配律。	^	用字母表示，呈现一种方式：$(a+b)\times c = a\times c + b\times c$	^
苏教版	四下	解决4、5年级跳绳数量的问题。	^	先结合具体等式叙述，再类推，最后文字直接呈现乘法分配律的概念含义。	^	用字母表示，呈现一种方式：$(a+b)\times c = a\times c + b\times c$	^

此外，人教版教材在问题解决中，用箭头符号呈现计算思维过程，非常清晰，利于学生理解。例如，算式（4+2）×25=4×25+2×25中，用两个箭头分别标记在等号左边的算式上，一个箭头将括号里的"4"与括号外面的"25"连接起来，标记在上方，另一个箭头将括号里的"2"与括号外面的"25"连接起来，标记在下方，这是教材的亮点之一，有利于学生直观地理解乘法分配律的计算过程。北师大版和苏教版则没有呈现这些标识。有了以上对比分析，备课时就能对不同版本的教材内容进行重组，创造性地使用教

材，创新教学设计。

纵向分析知识点前后联系。北师大版小学数学四年级上册第四单元的"乘法分配律"属于数与代数板块。在二年级学习乘法口诀，学生已在不知不觉中和乘法分配律打过交道；在三年级学习了两位数乘一位数的笔算，以及长方形的周长中，都隐藏着乘法分配律的知识。在课堂教学的整理回顾阶段，教师可以利用课件逐一呈现二年级、三年级、四年级相关内容数字教材，引导学生回顾所学知识，激活学生的知识储备，帮助学生形成完整知识链。

（二）浏览数字资源，深化教材理解

八桂教学通的数字教材中内嵌诸多优质教学资源。在数字教材内容页面嵌入了互动课件、微课视频、图片、音频、同步习题等精品数字化资源，多层次、多维度地改变纸质教材的单一性。平台资源库中还提供配套的教学资源，使用数字教材，减少了教师收集素材的时间，让教师有更多的时间去研究教材和把握教材，深化教材理解。

（三）融通内外资源，丰富教学素材

八桂教学通平台，能让优质的教育资源实现共享，丰富教学素材。除了数字教材内嵌资源外，教师也可以甄选资源库中的数字化资源为教学服务，同时根据学生实际和个性化教学需求，教师还可对教学资源进行补充，将教学活动中所需的课件、视频、习题等资源上传到资源库，丰富教学素材，方便教师在教学时，融通平台内外资源，通过教学课程模块灵活、方便地组织课堂所需全部素材。

（四）巧用数字资源，优化作业设计

"双减"背后是"双优"，一是优化教育教学，二是优化作业设计。八桂教学通教学平台多版本教材的兼容性，能有效提升教师对教材及资源的研究和应用能力。教师可灵活对比各版本教材习题内容，采用"选自教材原题、选自资源中心题库、教师创编习题"的方式，巧用数字资源，优化作业设计，提高教师备课效率。

二、聚焦四个围绕，助推备课研讨

"四个围绕"即围绕"课程标准，三维目标，教学模式，备课困惑"四个方面展开备课研讨。

（一）围绕课程标准，立足单元整体

不同地区或许使用的教材版本不同，但都以课程标准为依据。备课时，教师要认真研读课标，把握课标要求，立足单元整体，全面考虑一个单元的整体教学工作，研讨时方能言之有"理"，思之有"悟"。

（二）围绕三维目标，坚守学科本质

有效的课堂要聚焦"三维目标"，通过有效的知识学习理解学科本质和价值观。进行单元集体备课时，要确定单元的教学目的和要求，还要研究单元教学内容的特点，确定教学重点、难点，落实每一课时的三维目标。

（三）围绕教学模式，丰厚教学结构

笔者经过多年行动研究，逐步形成行之有效的"疑思课堂"教学模式，该模式已在县域进行推广。"疑思课堂"中的"疑"是指课堂有真实的质疑，"思"指的是学生有深入的思考。集体备课研讨时，围绕"疑思课堂"教学模式的五个基本环节展开，即：①激疑引思，目标导学；②析疑寻思，自主探究；③质疑创思，展学互动；④释疑深思，课堂检测；⑤解疑反思，拓展提升。这样能丰厚教学结构，促进核心素养落地。

（四）围绕备课困惑，明晰教学方向

备课组要围绕备课时产生的困惑和问题展开研讨，才能共研生慧，明晰教学方向。

三、改革备课模式，撬动疑思课堂

经过多年集体备课实践与反思，笔者总结提炼出主题式单元集体备课模式。主题式单元集体备课依循"分头主备，形成初案→集思广益，形成共案→求同存异，形成个案"的三部曲。该模式在分头准备、备课研讨、主备主讲、资源共享等环节，充分运用信息技术手段，通过线上线下教研融合，发挥集体备课的力量，提升教研品质，推动"双减"走向纵深。该模式如下所示：

（一）深入解读教材，激活教学智慧

第一曲是"分头主备，形成初案"。主要通过自主深入解读教材，激活教师的教学智慧。

反思提升。开展集体备课前，先对上一单元教学的困惑问题或经验进行充分交流、反思和分享，以实现相互学习、积累经验、共同提升的目的。

确定主题。由组长组织备课组成员一起初读教材，站在课标的角度，确定单元集体备课的主题，以新的教育理念来指导教学。例如，"运算律"这一单元，我们将本单元集体备课主题确定为"基于核心素养发展运算能力"。

明确分工。备课组长对"运算律"单元章节备课任务进行分工，本单元有5个课时，确定5个主备人，确定《买文具》这一课为单元种子课，确定单元教材分析、单元检测设计的中心发言人。

分头准备。备课组成员明确任务之后，在深入解读教材和课标基础上，主备人形成本单元的教学设计和课件的初稿，其他成员完成相应任务。

EN5信息化备课研讨。组长于集体备课活动前三天将教学设计和课件的初稿发布到希沃平台的"备课研讨"中，通过EN5信息化备课研讨激活备课组教师的研究意识，备课组成员围绕单元备课主题，在线上提出个人思考建议，主备人根据实际进行调整。

（二）深层对话教材，厘清教学思路

主备主讲。主备教师逐一作中心发言，首先从"课标指导、单元学习内容前后联系、单元学习内容分析、课时安排建议、学情分析、单元学习目标"六个方面进行单元教材分析。接着，主备人对本单元逐个课时内容进行主讲，重点以"教学重难点、问题串分析、教学建议、总结提升、练习设计"五个环节展开对每个课时的建议和说明。例如《买文具》一课，在本课问题串分析中，第一个问题是：引导学生将小数乘整数的意义与整数乘法意义进行沟通，得出：小数乘整数的意义与整数乘整数的意义相同，都是求几个相同加数的和的简便计算。主备人建议在课堂导入环节中，呈现学生已经学过的整数乘法有关练习的复习,再自然过渡到小数乘整数,实现知识迁移。在本课的教学重难点处:探索"0.2×4="时,主备人建议:鼓励学生通过想一想、画一画、算一算等不同的方法进行计算。方法一是根据乘法的意义,把小数乘整数转化成乘小数连加计算;方法二是通过元、角、分之间的互换,转化成整数乘法计算;方法三是根据小数的意义,借助面积模型计算,也就是将小数转化成整数乘计算单位的形式进行计算。在总结提升环节,主备人归纳出本节课的知识重点,即小数乘整数的口算方法:将小数转化成整数乘计算单位的形式进行计算。在练习设计环节,主备人分别呈现了基础题、综合题和提高题。整个过程都是围绕着"渗透转化思想,发展运算能力"这一主题展开。

集体研讨。备课组成员结合"基于核心素养发展运算能力"的单元主题,聚焦四个"围绕"展开研讨,以整体的视角分析教学内容,深层对话教材,就主备人的主讲内容进行质疑和补充,主备人对集体研讨过程中达成共识的意见进行归纳、总结,使全体教师全方位地把握教材,抓住重难点厘清教学思路,达成最优教学设计共案。

种子课试讲。种子课即关键课,本单元我们重点打磨单元起始课——《买文具》。上好关键课,对于整体把握单元每一课时教学,促进知识生长、学生成长、教师专业发展具有举足轻重的作用。由年轻的主备人进行15分钟左右的试讲,更利于发现问题,种子课试讲是助推年轻教师快速成长的路径之一。

互动群改。备课组针对种子课试讲中发现的问题进行充分研讨和互动,经验型教师在关键处进行示范讲课,把"种子课"精心打磨成凝聚集体智慧的"精品课"。有了对"种子课"精雕细琢的深刻,就有了"后续课"迁移生长的简约。

资源共享。承担各课时设计任务的主备人结合集体备课过程中达成的共识,及时对教学设计和课件进行二次修改完善,形成本组最优共案,分享到备课组,进行资源共享。

（三）深度活用教材，提升教学效果

个人复备。 个人结合本班学情、自身教学风格进行个人复备，进行个性化添加和取舍，求同存异，形成个案。

教学实践。 进行教学实践时，教师要留意寻求学生认知状况与教师教学设计之间的契合，同时，重视课堂的生成，并根据教学实际活用教材、调整教学设想，更好地调动学生学习主动性，从而提高课堂实效。

例如，执教本单元《乘法分配律》一课，在练习环节，发现学生对乘法分配律和乘法结合律容易混淆，说明学生还没有真正理解乘法分配律的深层含义，因此没法灵活应用运算定律。根据人教版两种方式的字母表示概念的启示：

$(a+b) \times c = \underline{\quad} \times \underline{\quad} + \underline{\quad} \times \underline{\quad}$

想一想：$a \times (b+c) = \underline{\quad} \times \underline{\quad} + \underline{\quad} \times \underline{\quad}$

笔者设计了两个"玩转乘法分配律"的数学游戏，以此化解学生理解上的难点：

玩法1：运算律接龙。学生选择算式，然后应用运算律，写出相应的算式，形成等式，并照样子自创新的等式。

①$25 \times (8 \times 32) =$ ②$25 \times (8+32) =$

学生根据两种运算律举出实例，进行区别。

玩法2：运算律变身。给出一道含有运算律的等式，要求学生写出相应的变式，使运算律依然成立，并阐述自己的理解。

$39 \times (12+26) =$

学生列出乘法分配律的各种变式，如：

$39 \times (12+26) = 39 \times 12 + 39 \times 26$，

$39 \times (26+12) = 12 \times 39 + 39 \times 26$，

$39 \times 12 + 39 \times 26 = (12+26) \times 39$

……

以上案例，教师活用教材，进行单元整合教学，引导学生进行统整化学习，有效提升学生学习数学的积极性和思维的灵活性。

自我反思。教师及时总结教学中的得与失，认真撰写教学反思。

修改完善。教学实践和反思后，教师对教学设计和课件再次修改完善，为下次集体备课的"反思提升"做交流发言准备。

近年来，学校名师把主题式单元集体备课模式和"疑思课堂"教学模式送教到乡镇薄弱学校，为乡村教育振兴提供有力的支撑；多次在县域教研活动中，展示我校的集体备课模式和课堂教学模式，充分展示教师的成长、教研组的综合实力，给教研带来活力；教师运用"疑思课堂"教学模式参加赛课、展示课，使课堂提质增效，获得佳绩和广泛好评。同时，在送教下乡、交流展示、成果参评、比赛磨炼的多样化成果应用实践中，教师通过及时捕捉生成性资源，找创新点不断优化教学资源。

实践证明，我校实施的小学数学主题式单元集体备课，能很好地将集体智慧与个人特长有机结合，提高备课质量，优化教学设计，撬动"疑思课堂"教学模式的研究不断深入，使课堂教学整体结构逐渐完整、高效，实现核心素养在课堂中落地，并不断积累校本研究成果，推动教师教学水平、教育教学质量整体提升。

五、"微"阵地，搭建舞台"精品化"

为了多方面、多角度展示教师们的教育教学成果，我校积极搭建校本教研"微"阵地，为教师们提供展示自己教育教学特色的舞台，形成精品和成果，从而激发教师们的教学热情，提高教育教学质量。

通过搭建教师教学比武平台、成果展示平台、学术论坛等，大力营造课改氛围，促进教师加强理论学习、夯实专业知识，提高课堂教学实施能力，不断总结经验，提炼成果，形成精品，积极稳妥推进学校课堂教学改革工作，形成教学设计、教学课件、教学案例、教学实录、教学论文等成果。

六、"微"展评，品质教研"特色化"

"展示"是骨干教师专业成长的重要路径。为了激发教师的教育教学研究热情，推动品质教研的发展，我校开展"微"展评活动，对凝练出来的教研成果进行展示和评价，形成学校教育教学工作的特色，并不断做细、做实、做深、做精，使研究内涵不断丰实，研究外延不断拓展，滚雪球般地推动学校教研成果不断累积。例如，"实证+团队展评"模式，采取"团队风采展示—团队研修汇报—教学效果分析—教学实践反思"四个流程环节，通过自我反思、同伴互助，提升教研品质，教师取长补短，实现抱团式发展。团队展评是教师成长、教研组教学业务的汇报，也是教研组综合实力的展示。

后 记

奔跑吧，追梦人

25年杏坛修炼，从跌跌撞撞的受伤到不卑不亢的坚强，从蹒跚学步的胆怯到大步流星的坚定，在我的逐梦历程里，留下难以磨灭的印迹和独一无二的光芒。现采撷几个片段进行分享，也能从记忆中汲取力量。

一、享受，成长里的跌跌撞撞

在我的教师生涯中，许多青涩的印迹令人感慨，其中有两段至今仍记忆犹新。

第一段是初登讲台的青葱岁月。

记得到单位报到时，青春的我内心也曾有着对教育事业的无限浪漫情怀与美好期待。可当真正走上工作岗位以后，初涉讲台的我切切实实体会到了教师行业平凡而烦琐的生活，体会到了工作的艰辛和巨大的压力。

1999年8月30日，我被分配到扶绥县新宁镇那密小学工作，那年我19岁。那是一所学生人数不到200名的县城周边小学，学校办学规模较小，每个年级有1个教学班。学校领导根据我的个人简历所反映的情况，安排我担任一至六年级的音乐学科教师，每周12节课。原来上音乐课的杨老师改上语文课了，我从她的表情中看出一种解脱的快乐。

读中师时，我学习的是普师专业，并非音乐专业，对音乐学科没有过系统的学习，只是对它有极大的兴趣，我喜欢唱歌和弹吉他，有一些基本的乐理基础和舞台表演经历。但乐于挑战的我还是满心欢喜地接受了,能把兴趣爱好和工作结合在一起,我觉得也挺幸福的!因为年轻就有资本,我相信有足够的时间去学习,多磨炼、增才能,一定会很快适应这份工作。

于是,毫无音乐课教学经验的我,就这么带着憧憬和喜悦从一年级上到六年级。直至上完一至六年级班级一轮之后,才发现自己的想法过于罗曼蒂克了。

身心的疲惫、精神的焦灼变成了我当时的真实写照。几乎每天都是在忙忙碌碌和焦灼不安中度过,一是非音乐学科科班出身的我每周要备六本教材,压力不言而喻;二是急于要在班级中形成良好的上课秩序。以为有"严师"之举就能出听话守纪的"高徒",当学生上课说话、搞小动作时,我直接以严厉的批评和管教方式进行教育,敲起桌子、瞪眼直视、面目狰狞,以为指出并纠正问题,学生就会友好地接受并改变。然而,事与愿违,收效甚微。一个月过去了,感觉到和善温柔已经从我身上渐行渐远,一到教室门口就习惯性地绷着脸,乌云密布,仿佛山雨欲来……孤立无助的我像是没有找到钥匙开门的孩子,一直在教学殿堂门外徘徊而不得进入。

于是,我开始留心看别的老师怎样井井有条地管理班级,就亦步亦趋地跟着学,依葫芦画瓢照搬过来,虚心求教于周围的同事。渐渐地,半个学期之后,花费很大力气,班级纪律的管理终于已经上手。

一个学期的时光匆匆而过,我慢慢适应了学校的规律和节奏。可是那个年代,我们只有BP机没有手机,学校仅有一台电脑,信息相对封闭,资源甚是短缺,上课都是以教师为主体的讲讲讲,强调的都是分分分!然而这些,都与我和我的音乐课毫无关联。学校开展的教研活动很少,全校教音乐的只有我一个,缺乏观摩学习和交流的机会,也没有人帮忙指导。我根本不知道什么样的音乐课才是一节好课,心中有许许多多的疑问得不到有效解决。慢慢地,疑问就像滚雪球一样越滚越大,那时的我急需一个转变教学现状的契机。直到有一天,我主动报名去县城区新宁镇第二小学观摩语文科县级展示课。那一次的经历让我内心受到很大的触动,我第一次深深感受到:课堂也可以生动有趣，充满魅力。

教育家雅斯贝尔斯说过："教育的本质意味着，一棵树摇动另一棵树，一朵云推动另一朵云，一个灵魂唤醒另一个灵魂。"我逐渐意识到：课堂应该是师生互爱、鼓舞人心、教学相长的地方。若是仅仅依靠知识的灌输和纪律的压制，只会让课堂显得苍白无力。

此后，我开始沉浸在对教学的研究和实践中，努力寻找突破口，慢慢地，一节又一节实践，一轮又一轮思考，逐渐形成了自己的教学风格。一个优秀教师对教学艺术的追求是永无止境的，这个追求需要经历一个缓慢的过程，像辛勤的农民经历劳作之后，幸福地收获丰硕的果实。2008年，我曾受聘于崇左市教研室，到崇左市各县的县城和乡镇小学上教学示范课。从教以来，在区、市、县级各类教师教学技能比赛中取得好成绩。

2010年4月，由于工作的需要，我借调到县教育局教研室担任小学数学教研员，一干就是10年！当时，两个原因让我做出离开三尺讲台的决定：一是工作初期不懂得用嗓，被急慢性咽喉炎反复折腾着，极大地影响正常教学；二是自己很沉迷于数学教学研究，喜欢撰写教学案例、论文。当了学科教研员之后，学习的机会变多了，平台也不一样，我的教育教学理论得到了很大提升。

第二段是重返讲坛的激动忐忑。

2019年1月，组织任命我到扶绥县实验学校任科研副校长一职，从那一刻起，我决定把我人生定格在三尺讲台。我为自己能够再次踏上热爱着的"三尺讲台"、用汗水为一线教育事业贡献自己的力量而感到幸福！也有人问我，放着舒适的局机关工作不做，怎么又回到学校？我说："党需要我到哪里去，我就到哪里去！"

已脱离十年课堂教学实践的我，带着初心与理想站在新的起点上。虽然在担任学科教研员时，从未脱离过数学教学研究，却都是纸上谈兵，纵有理论在，但无试验田。接下来，和学生磨合，和从未接触过的希沃白板磨合，和新的领导岗位磨合……这些，都等着我去一一面对！夹杂着青涩和幸福，才明白理想和现实的差距！那时，顶着"崇左市教坛明星"头衔的我常常反思自己：我的优势在哪里？我的差距在哪里？作为一名党员教师，如何面对教育新形势下的竞争与挑战？我希望在不断的求索中，蜕变新生，然后，把每一天都当成新的起跑线，奔跑着，迎来下一个灿若春华的明天！任何挫折，都不能阻挡我停下追逐梦想的力量！

经历一番寒彻骨，主动学习潜心研，我渐渐上手还欲罢不能。而今的我，谛听着自己踩踏的强劲足音，享受着职业的幸福：我喜欢走在路上，听孩子们远远地叫我"钟老师好"；我喜欢坐在课桌前，批改一份份书写工整的作业；我喜欢登上讲台，看台下期待和信任的目光；我喜欢拿起粉笔，为祖国的花朵导航……这是一名党员教师的初心，当再次走进课堂的那一刻，使命在肩的责任感便油然而生！

作为一名党员教师，我一直努力在岗位上发挥示范引领作用，去影响、凝聚、引领一批教师，去奏响"勇争第一，强县有我"的时代强音！我一直坚信：最美的风景，就在永不停歇的研修路上！我把每一天都当成新的起跑线，踏上征程，为梦奔跑！

二、享受，书籍中的厚度积淀

我喜欢向书本学习，读书能让人静下心来，排除杂念，生成智慧。苏霍姆林斯基《给教师的建议》让我读懂了：善于鼓舞学生，护其学习自尊心，是教育中最宝贵的经验。教师坚定地走在教学研究这条道路上，能够帮助自己破解实际教学中的问题，生成多种策略。

《第56号教室的奇迹》中说：很多教师为了维持教室秩序，什么事情都做得出来，这种无所不用的做法，虽然表面上使教室安静下来，但给学生造成的心理伤害是无法评估的。而56号教室之所以特别，不是因为它拥有什么，而是因为它缺乏了一样东西——害怕。学生的注意力程度决定了他获取和输出信息的精确度，注意力不集中的学生在学习上会显得困难重重。倘若教师用严厉的语言和强势的表情要求学生听课和完成学习任务，学生就会没有安全感，导致注意力无法集中，因此营造宽松和谐的课堂氛围和良好的师生关系是非常重要的。

《不跪着教书》一书的作者王栋生说：生命中做真爱的事，总是甘之如饴。你爱他，就没有什么困难可言。一切感受都注定是'套餐'，无论是幸福还是苦痛，酸甜苦辣，全是应有的，缺一不成滋味。当我们从心底喜欢学生，乐于帮助学生时，任何困难都会迎刃而解，并真切地感受到教育人的幸福。爱是教育的出发点，有情怀的教育才是教育的最高境界。

多样化深度阅读，从书籍中汲取营养，丰富我的内心世界，增添智慧和灵感，拓宽视野。

三、享受，课堂里的春暖花开

2000年9月，工作的第二年，我开始了为期2年的邑盆乡中心小学支教生涯。

那个年代，不像现在交通这么便利，于是，便安安心心地住在乡镇学校里，周末才回县城的家。当时，邑盆乡中心小学的领导征求我的意见：想上什么课。当时我坚定地回答：我最想上数学课。后来，我如愿以偿地拿到了数学课本教书。

支教工作开启一周之后，我撰写了一篇文章《支教随笔》，讲述自己对支教的理解和想要做出成绩的决心，后来这篇文章发表在《扶绥报》上。过后不久，邑盆乡教育站的陆副站长到校开展工作视导时，笑着跟我说："钟老师，下周我们要听你的课，你好好准备一下。"

一周之后，那节课如约而至。这节课的背后是感受寂寞的自我磨砺，承载着一个星期日日夜夜的深深思索，这是我教学生涯的第一节公开课，这节课也成为我人生中重要的一个里程碑。当时，拿着数学课本教书一个多月的我，因为那节公开课上得不错，获得听课老师的好评，随即，在接下来的邑盆乡送教下乡展示课活动中，我有幸成为送教下乡展示课教师中的一员。

后记

去送教前，邕盆乡教育站的数学学科辅导员王建老师很用心地帮我梳理教学环节。

那一次，去邕盆乡那标小学上展示课给我留下很深的印象。当我坐着王建辅导员的两轮摩托车风尘仆仆地来到那所村级小学，一路黄土飞扬将我的黑裤子上了色，已来不及拍去身上的尘土，因为全校的数学老师早已经坐在教室后面了。老师们的耐心等待和孩子们的虔诚期待，深深打动了我，也坚定了我要上好这节课的决心。

带着自信和热情开始上课，我上的是三年级《小数的初步认识》。开课、新授环节都很顺利，教学氛围浓郁，学生学得生动活泼，思维活跃。到了练习环节，我设计了一个抢答活动，我手举着元、角、分大小不等的钱，引出以"元"为单位的分数的表示、小数的表示，分别是什么？

开始活动前，我先举一张1元钱纸币，提问：1元中有几角？目的是考查学生对元和角之间进率的理解，孩子们说出"1元中有十角"或者"一元等于十角"都是正确的。

我的目光注意到一个坐在角落的男孩子，只见他高高地举起小手自信满满的样子，我示意让他回答这个问题。他兴奋地快速站起来，用响亮的声音说："1元中有4个角"。话音刚落，全班学生先是目瞪口呆，接着是暴风雨般的嘲笑声，场面接近失控，就连后面听课的老师们也忍不住笑了，兴许大家都认为这么简单的题目，谁都不会出错，包括我在内，可是小男孩却有不一样的回答。小男孩瞬间尴尬了，从满脸自信到满脸通红。

"4个角"？这个回答的确不在我的教学预设范围内。不过没错啊，一张一元钱确实有4个角，知道原委之后，我面带微笑，对着全班同学说："这位男生太幽默了，他说的没错呀，一元中确实有1、2、3、4这四个角，这都能想到，感谢他给我们带来了欢乐。但是，如果从元和角的进率考虑，1元中有几角呢？"全班瞬间响起了整齐坚定的回答声："十角"！那一刻，同学们的目光变得友善了，小男孩的头也抬起来了。

后来，我结合这个教学小插曲，写成了一篇文章《用心读懂学生》，发表在《崇左教育》上。

苏霍姆林斯基说过,有修为的老师在工作中会尊重学生,注重保护学生的自尊心,让学生能够感受到师爱的温暖,从而保持着学习的热忱。

15年的教学生涯,无论是课堂教学实践,还是思想教育工作,我都会尽最大的努力让孩子们建立学习自信心:"我就是爱迪生,我就是华罗庚,我就像太阳,我一思考,就会灿烂!"

作为一名教师,还应该有"平等对待每一位学生"的情怀。尊重学生个性差异,照顾特殊的学生,不歧视分数不高的学生。

首先,要我们要认识到:学生成绩不好的因素是多方面的,也许是老师的教学存在问题,也许是学生根本没把学习当作一回事,态度上出现问题。

其次,要看到学生的先天禀赋是有差异的,十个手指有长短,不能强求一致性。对待更要使出"特别的爱献给特别的你"的人文关怀。

我曾教过一名"特殊"的学生。孩子看上去和正常的男孩子没有任何区别,长得白净帅气。一年级的时候,我发现教他"1+2"等于几,他自己用数手指的办法是数不通的,用数小棒的方法还可以。他似乎无法建立数的表象,如,三个手指或三根小棒摆在他面前,他要从1开始数:1、2、3,数完才知道是3。刚开学一星期,他的语文课本被家长从中间撕成两半,你可以想象家长对孩子学习的那种"绝望"。到了二年级学习乘法口诀,他可以从头到尾背诵口诀,但是你问他"二五"的口诀后半句,他根本不会,他要从口诀的起始句"一一得一"开始背起,直到背到"二五一十"才知道答案。语文课本后面的生字,他可以从头到尾读完,但是你要是指到其中任何一个汉字,他都不会认读,最简单的也不会,他要从头读一遍,直到读到那个汉字才行。他的成绩可想而知。

为了消除他的自卑感,首先,我和搭班的老师以及孩子的家长统一了意见:不要因为成绩的好坏、学习的效果去责怪他,他不具备正常人的学习能力已经够可怜了,要给予他不一样的要求和关爱。其次,在班上,我也时不时表扬这个孩子:"上课安安静静的,不影响他人学习"。课后,让他做一些力所能及的小事，让他有存在感和主人翁意识。渐渐的，他成为班上做事最勤快的人，脸上时常挂着笑容。这个班，我从一年级一直带到四年级，这个孩子每一次数学作业都会上交，如果落下，那就是请假了。他对待其他学科作业就做不到这样。当然我不是神话，孩子的作业几乎没有一道题是对的，但是我觉得他的这份"坚持"就是对我工作莫大的肯定！

在岜盆乡中心小学支教的两年中，我个人成长进步较快。当时，岜盆乡的教学教研氛围很好，每个学期都开展全乡教师教研活动和比赛。而我在两年中，分别斩获全乡教师基本功比赛、演讲比赛、课堂教学比赛的第一名。一有比赛，领导说：钟老师上吧！我自然是欢喜，内心想：上就上！因为年轻无所畏惧，勇于挑战，敢于追梦。

记得第一次我参加全乡教师基本功比赛，当时的五项基本功分别是：说课、钢笔、毛笔、粉笔画、速算。赛前，学校领导告诉我要做好比赛准备，没有特别交代一些比赛的具体要求，第一次参加这类比赛的我也没有任何经验，我在"五一"长假期间，认真地做各项比赛准备。对于速算我很有信心，年轻时脑子特别好用，口算题做得贼快。我在"五一"休假期间用心完成一份手写的说课稿，共13页信笺。休假结束之后上班的第一天，教导主任叫来了数学教研组长，要一起看我备赛情况。先从说课开始，我拿着说课稿照读，主任说："怎么是读的，不应该是背的吗？"坏了，假期，我倒是认认真真、反反复复打磨了很多遍说课稿，可就是没有想过要背下来。主任露出失望的表情说："钟老师，你中午好好背，下午再来看你。"走之前，他交代教研组长下午继续帮我指导。

那时，还没有电脑和手机，13页说课稿，虽然是自己的原创，但要一个中午背下来，这太难了，而且明天就要比赛，我的内心开始焦虑了。尽管除了午餐的时间之外，我都在背稿，但到了下午的赛前打磨时间，我还是将说课稿背得疙疙瘩瘩的，一点都不顺畅，大家开始对我明天的比赛结果没有什么期待了。

到了第二天，比赛开始了。我抽中1号签，第一个上去展示说课，结果非常流畅，用他们的话说"简直是倒背如流"。最后还拿了第一名，大家都觉得不可思议：昨天的尴尬不已，今天的光芒四射，怎么可能在同一个人身上上演！但是，我做到了。当时他们吃惊的表情，深深印在我的脑海里。

只有自己知道：哪有什么天赋，不过都是拼出来而已。从前一天的中午开始到比赛前的20个小时里，除了吃东西和短暂睡觉，剩下的时间几乎都被我的说课稿给"霸占"了，我把房间的墙壁当黑板，说了不下一百遍。

支教两年结束后，我调到了吉阳小学任教，回到小学时的母校，感觉工作很带劲。记得进入吉阳小学的那个学期，我就上了三节课题不同的校级公开课。由于对教学充满热爱，领导布置任务下来我都乐于接受。我沉浸在对课标的研读和课改的实践中，努力寻找突破口，找自己的特色、亮点，提炼自己的教学主张。不断学习、反思、重构，一开始，只是发现教学的乐趣、设计的巧妙，后来，逐渐意识到自己在孩子们心中播下精神的种子，让课堂有了春暖花开的感觉。

在接下来的从县级到市级，从市级到区级的比赛中，我又接连拿下教师基本功比赛、说课比赛、课堂教学评比、教学能力测评等比赛佳绩。这些成绩的取得皆离不开我与科研有不解之缘。

四、享受，科研中的自由绽放

教育家苏霍姆林斯基曾说过：如果你想让教师的劳动成为他们幸福的生活，使一节节课不至于成为教师单调乏味的义务，那么你就把教师们引导到从事教育科研的幸福道路上来。

苏霍姆林斯基曾经是退伍军人，魏书生曾经是工厂干事，还有于连……当他们从事普通的教育工作之时，开始沉浸在对教育艺术不懈追求的幸福之中，最终他们找到教育研究的金钥匙，成为教育家。于是，孜孜以求的我开始了走在寻找这把"金钥匙"的道路上。

开始教育科研的沉浸式探寻时，我首先从实践教学中的真问题、微现象开始，注重问题导向和策略生成，目标导向和结果成效，关注研究成果转化为实际应用。接着，从写教学反思、教育随笔入手，进而写教育教学论文和案例。从教以来，我撰写了多篇教育论文、教学设计、案例分析、教育故事等，其中发表的有8篇，共有14篇获得市级、区级一等奖。当写作和反思多了，各种教育教学设想会越来越清晰，个人的教育科研水平逐渐得到提升，教育科研也逐步走向科研课题。

我乐于参与课题研究，主持多项区市级课题，积极引领老师们参与到做科研课题研究的幸福道路上来。渐渐地，我开始有了探索教育新领域的欲望，让我印象最深的是：2021年6月，我主持的广西教育科学规划2021年度"义务教育学校常规管理研究与实践"专项课题《县镇小学教学教研常规管理的实践研究》结题时获得"优秀"等级。该课题探索学校的教学教研管理方式，我提出以教研文化赋能教学改革，引领教学模式教研方式创新，带动管理人文化。在历经三年的课题研究历程中，我们实现了新的突破，构建了两个教学模式和一个教研范式：①完善了学科教学渗透德育的"三阶三维五环"教学模式。我作为主持人，以此项目申报基础教育教学成果奖，获得自治区二等奖。②构建了小学数学"疑思课堂"教学模式，撰写案例获得自治区级国家质量检测结果应用优秀案例。③提出了"实证+"校本教研范式，相关案例获得市级优秀案例和市级教研活动展评案例一等奖。有了这样深入的研究，不仅提升了理论素养，提高了业务水平，获得了专业成长，同时，也获得了更高的职业幸福和专业尊严！

五、享受，研修中的永不停歇

在虔诚求索的教育路上，幸运地得到很多学习研修的机会，感恩遇见研修途中志同道合的伙伴，珍惜每一次学习和交流的机会。每一次的培训，我都怀着空杯心态去认真对待，在技能、方法、理念和视野上有了更深入的体会和思考。

我很喜欢泰戈尔说过的一句话："不是短暂的敲打，而是水的载歌载舞，使粗糙的石头变成了美丽的鹅卵石。"作为一名教育者，应当学会做那高歌流动的水，使那些千姿百态、色彩斑斓的"小石头们"在水的抚摸和浸润下，出落得更加光亮、更加美丽！当我们有了读书与思考的积淀，教研与教学的连通，科研和研修的行动，我们课堂中的"教"与"学"必定充满智慧与活力。

2007年10月，通过遴选，我成为广西第二期小学数学骨干教师"园丁工程"培训的一名学员。当年12月，我们开始了为期一个月的"魔鬼培训"，白天夜晚坚持学习，研修任务之新之重前所未有：完成课例分析、课题研究、微课制作、文献研究……正是这个研修学习，迅速提升了专业素养。

2008年4月，我曾受聘于崇左市教学研究室，作为市级课改视导活动的视导组成员，到宁明县、龙州县、凭祥市和江州区上教学示范课。当时要求：每到一个地方，分别在县城和乡镇各一所学校上课，在县城学校借助多媒体上课，在乡镇学校不运用信息化手段上课。这就需要我在设计教学时拿出两套方案来，且面对不同地域、不同班级、不同水平层次的学生，只有保持鲜活的教学方法才能牵住孩子们自主探索知识的心。这样的经历给我提出很大的挑战，使我的教学经验得到较大的提升，同时也意识到坚持研修、反复实践和反思修正才能获得更大进步。

2017年，我成为崇左市质量提升工程"名师培养项目"的50名学员之一，在为期三年的研修学习中进一步积淀专业素养。

2018年，我在北京奥鹏远程教育中心承办的2018年崇左市"国培计划"乡村教师工作坊坊员集中培训项目中，受聘担任授课专家，作专题讲座《小学数学课堂教学策略》。

2019年，根据学校科技教育发展的需要，我自己利用业余时间通过线上学习并考取了编程、机器人师资课程的等级证书，对新领域的学习和开拓让我充满教育的激情。

2020年，我被广西民族师范学院聘为"国培计划（2020）"自治区统筹——中西部项目乡村中小学教师专业能力建设项目（新教师入职）培训班学员，作专题讲座《学生学习的动力来自何方》，分别在扶绥县、凭祥市、龙州县、宁明县、天等县五个地方开讲。

2021年5月，我在奥鹏远程教育中心举办的第三次全国能力提升工程2.0实施交流会上做《立足校本　促进信息技术与学科教学的融合创新》课例展示；同年8月，我受聘于宁明县教育局和扶绥县教育局，在新教师课堂教学能力提升培训和新教师入职培训中，讲授课题《小学数学课堂教学观察与评价》。

这样的经历，更激励我无限相信书籍的美丽和研修的力量！

而今，我依然在永不停歇的研修路上奔跑着，积淀着，始终怀揣着对教育的梦想，一日一夜执着坚守！